美国环境法与能源法译丛

水法精要(第4版)

[美]戴维·H.格奇斯(David. H. Getches) 著

陈晓景 王莉 译

南开大学出版社
天　津

图书在版编目(CIP)数据

水法精要 /（美）戴维·H.格奇斯
(David H. Getches) 著；陈晓景, 王莉译. —天津：
南开大学出版社, 2016.6
（美国环境法与能源法译丛）
书名原文：Water Law in a Nutshell 4th Ed.
ISBN 978-7-310-05184-7

Ⅰ.①水… Ⅱ.①戴… ②陈… ③王… Ⅲ.①水
法—美国 Ⅳ.①D971.226

中国版本图书馆 CIP 数据核字(2016)第 196433 号

版权所有　侵权必究

南开大学出版社出版发行
出版人：刘立松
地址：天津市南开区卫津路 94 号　邮政编码：300071
营销部电话：(022)23508339　23500755
营销部传真：(022)23508542　邮购部电话：(022)23502200

*

北京楠海印刷厂印刷
全国各地新华书店经销

*

2016 年 6 月第 1 版　2016 年 6 月第 1 次印刷
185×130 毫米　32 开本　12.875 印张　2 插页　272 千字
定价：39.00 元

如遇图书印装质量问题, 请与本社营销部联系调换, 电话：(022)23507125

水法精要（第 4 版）

Water Law in a Nutshell (4th edition) by David H. Getches
©2013 LEG, Inc., d/b/a West Academic Publishing.
All Rights Reserved
This translation Water Law in a Nutshell by (4th edition) David H.Getches is published and by arrangement with LEG, Inc., d/b/a West Academic Publishing.

本书中文简体字版由西部学术出版公司授权南开大学出版社翻译出版。版权所有，侵权必究。

天津市出版局著作权合同登记号：图字 02-2014-258

译丛序言

我国环境法制建设离不开对国外经验的借鉴,在这方面,外国环境法译介起着不可替代的作用。美国作为现代环境法制建设的先行国家,其在解决诸多环境问题方面的做法受到国内理论和实践部门的广泛关注。然而,不无遗憾的是,目前国内有关美国环境法的译作并不多见,南开大学出版社组织翻译出版的本套《美国环境法与能源法译丛》,在一定程度上弥补了这一不足。

本译丛选自美国的《法律精要系列丛书》(Nutshell Series)。该系列丛书以简洁、明快的风格著称,每本书都由经验丰富的法学教授执笔,对相关法律的基本原理、法律规定以及重点案例做了精确、权威性的分析解读,深受读者的欢迎和喜爱。本译丛推出的七本书既包括对美国环境法与能源法的总括性分析,也包括对危险废物管理、有毒物质侵权等专门领域的重点解读,不仅涉及水法、动物法等传统环境法律部门,也包含了对气候变化与可持续发展这一新兴环境法领域的介绍,有助于国内读者更为全面深入地领会美国环境与能源法体系。

对环境法著作的翻译是一项极具挑战性的工作,其中不仅涉及相关法学术语,还涉及大量有关科学、技术、经济、管理等各方面的专业术语,需要译者付出艰辛的努力。本译丛由工作在环境法与能源法学术研究与法律实务一线的学者、专家担任译者。秉持译者文责自负的原则,在具体翻译过程中各书译者享有充分的自主性。

对于本译丛的几个体例问题说明如下。

第一,为充分体现译者负责的主旨,本译丛各书仅设译者,未设审校者。

第二,为了便于读者查找原文和深入学习,本译丛对书中涉及的部分人名、案例名称未做翻译,对于无法准确译为中文的地名也保留了英文原名。

第三,对于美国使用的诸如英尺、英亩、夸特、加仑等计量单位,本译丛遵从原著用法,未做换算。

谨以此书献给 Clyde O. Martz
导师、领导、学者和自然资源法学界的引领者

第4版序言

在美国范围内,水法日益成为一个被律师和政策制定者关注的领域。在美国西部,水法比原来更加重要。随着人口增长和气候变化,目前美国东部地区也开始感受到那种干旱地区长期以来非常熟悉的限制用水的压力。我们可以预计,将来美国会有更多地区、更多律师呼吁去认识和解决水权问题。该书初版的读者主要是法学院的学生,但律师们对水法问题不断高涨的需求和兴趣引致本书第4版的出现。

从早期美国西部扩张开始,水法已经成为美国半干旱地区的热门话题。从最初的农业、矿业到后来城镇的安置、发展,这些都需要并不富足的季节性供水。在美国西部许多地区,水使用者早就(多年前)确立了沿河充分取水的法律权利。当前,西部作为美国最城市化的地区,水资源的缺乏是显而易见的,这里的城市不得不寻求从远处调水,并通过高昂的水权交易,从那些拥有古老水权的农民手中购买和租用水权。目前的气候变化更加剧了美国西部的长期干旱。

对美国东部各州来说,目前尤其重要的是地下水的需求。地下水需求紧张导致政府更严格的水管理以及水用户间更多的冲突,因为市政抽取地下水经常会影响到小规模的水井。最近十年,有些曾经运用西部水法最积极的地区已经在地下水的使用中面临着困境,因为地下水的使用损耗了那些直接从河中取水的用户的地表水供应。

还有一个用水领域的重要性也在不断增强,这就是有关娱乐、渔业和野生生物的水使用。因为这些水使用的经济价值与农业和其他已经确立水权的水使用的价值之间发生了竞争,这是水使用分配原则要做出的部分努力之一——因为传统上把水作为公共资源——要符合公共利益原则。美国东部和西部的水管理者在颁发水权许可证时同样都面临着确定和适用公共利益标准的挑战。对于共享河流,尤其是科罗拉多河流和东南部的几条河流,州际冲突仍然存在。

所有这些问题,本书都会涉及,至少会根据书的标题做简短介绍和系列概要。根据保守方法计算,最近几年水法的强力发展已经导致超过 50 个新案例引证的增加和许多法令的援引,这些案例仅仅包括的是最重要的或者最具有说明性的。因为本书是一本基于该领域三本重要案例教材的配套教程(support courses),几乎这些书中的每一个主要案例都会被引用和讨论。本版次保留了被学生和教师赞誉的早期版本的条理性。水污染防治法的相关领域本书粗略带过,因为这个问题会在其他地方,比如简明水污染防治法中被充分讨论。

和前几版一样,资料更新一直是科罗拉多大学优秀的研究人员所孜孜追求的。在这里,我要特别感谢 Amy Steinfeld(2005 级)、Craig Corona(2006 级)、Janel Chin(2007 级)及 Susie Tehlirian(2008 级)。Amy Steinfeld 从法学院毕业后仍然不断地关心和帮助本书的出版工作,其在加利福尼亚州进行的卓有成效的水法实践是本书的无价之宝，并使本书具有连续性、流通性和准确性。我的助手 Douglas Enzor 对本书进行了仔细评阅，并进行了格式整理和分章安排。同时 Enzor 先生还指导 Matthew Hoppe（2009 级）和 William Wombacher（2010 级）对本书进行校对、引证检查以及索引工作。

感谢所有为本书的专业出版做出努力的人。

DHG

博尔德，科罗拉多

2008 年 12 月

第3版序言

1984年,当本书第一次出版的时候,当时还缺乏最新的补充资料来帮助学生和律师获得对水法的基本理解。这种情况随着1988年由 A. Dan Tarlock 所著的名为《水权和水资源法》专著的出版以及由 Robert E. Beck 编辑出版的《水与水权》多卷本著作的彻底修订而改变。鉴于来自实践律师和学生的良好反响,本版本内容上继续强调对双方都有用的水法的基本原理。更深的研究则参见以上两本专著。

本版本添加了100多个案例的引用,时间上从现在到1996年夏天。像以前的版本一样,本版仍然要尽量囊括三个顶尖法学院的案例教材里涉及的每个主要案例,这三本教材是:Tarlock、Corbridge 和 Getches 所著的《水资源管理》(第4版,1993)、Gould 和 Grant 所著的《水法》(第5版,1995)和 Sax,Abrams 和 Thompson 所著的《水资源的法律控制》(第2版,1991)。

《水法精要》第3版的修订目的是想捕捉水法中快速发展领域的最新进展。美国西部对水的竞争一直如火如荼。目前,城镇化和人口增长的后果使美国东部水使用的短缺和冲突更加频繁。随着水流在娱乐以及水生态完整性方面的价值提升,水的竞争变得更加复杂多样。

美国各州立法反映了水资源在多样性与扩张性使用方面的压力。美国法院、行政机构和立法机关在进行有关水决策时开始平衡公共利益与环境保护之间的问题。为了对付日益增长的需求,各州正收紧他们对水权的管理,并坚持最大效益和保存原则。许多州还通过将各种权利赋予一条流域来确保水资源管理有更多的确定性,并同时剔除未使用以及过度使用的水权利。地表水使用法也持续改变以回应娱乐用水的需求。各州也越来越趋向将地表水和地下水统一管理来达到可用水资源的最优使用。河岸法和先占法的基本原则没有大的改变,不过相比于行政规章和许可法规的行政要求,这些基本规则目前的确很少对争议有决定性的意义。唯一的例外是,原来先占法中的合理使用原则正慢慢演变,这种演变反映了一种正在改变的理念:各种水使用应该合理用于社会。

在决定有关水分配以及水特定目的的使用方面,美国联邦法的作用比原来更加广泛。通常州在水法中综合考虑环境和其他公共利益时一直比较迟钝,联邦法在某种方面填补了一些差距。一些联邦法包括清洁水法中的水质保护、湿地保护、注水和排水时水道保护的条款、濒危物种法,这些联邦法都深刻影响着水怎么使用、在哪里使用。另外,美国联邦在20世纪中的大部分时间都以资助和建设水工程为主,目前这种突出作用已经减弱。

我非常感激科罗拉多大学法学院的学生研究助手给我的极大支持。Christopher Wirth(97级)在寻找法律的新发展时非常认真和勤勉,并为本书的编辑和结构组织方面做出了努力。Morgan Word(97级)为本书做了坚实的研究工作。Scott Miller(98级)也为本书编辑工作给予了帮助。在这里一并致谢!

DHG
博尔德,科罗拉多
1996年8月

第 2 版序言

自从《水法精要》第一版出版后,水法一直是一个特别活跃的领域,不仅出现了上百个法院判例,有几个州相关的法令也发生了变化。另外,水法领域的学术研究也一直在扩展。目前,有三个水法案例教材在法学院得到普遍使用,由 A. Dan Tarlock 所著的《水权和水资源法》这一新的学术专著也已出版;更多有关水法的法律评论文章也在不断被撰写。

本书是 1989 年末以来根据法律的变化对第一版的修订。首先,本书在相关地方引用了由 Meyers、Tarlock、Corbridge 和 Getches 所著的《水资源管理》(第 3 版,1988),Trelease 和 Gould 所著的《水法》(第 4 版,1986),Sax 和 Abrams 所著的《水资源的法律控制》(1986)中的所有主要案例。而且,鉴于公共娱乐用水日益增长的重要性,本书就地表水的使用新加了一章内容。另外,该版本在适当的地方扩充了水流保护、水使用和水分配中的水质和公共利益保护问题。这些修订反映了全国上下对这些问题的不断关注。然而,对于水污染控制的治理等相关内容,读者得去查阅包括环境法精要等其他资源。

我很感激来自科罗拉多大学法学院的研究助理,正是他们的辛勤工作才成就了本书的再版。Ellen Ostheimer

Creagar 和 Michael James Grode 在确保本书内容的精确、出版发行以及手稿校对方面花费了大量时间。同时，我也要感谢 Elizabeth Thomas 和 John S. Hajdik 对本项目早期的帮助。

DHG
埃斯卡苏，哥斯达黎加
1990 年 4 月

第1版序言

尽管水法中有许多有趣的问题并有着非常重要的现实意义,但目前仍然缺乏对学生有用的关于水法的资料来源。或许几本长篇专著可以帮助专业人员找寻一些疑难问题的答案,但这些长篇专著也缺乏基本的资料来源。本书瑾致力于为学习水法的学生提供一种更易于适用的智力来源,同时也可以为那些没有在该领域受过常规教育的律师以及需要该领域背景的非律师提供方向性的引导。

从美国几个州现存的不同制度来看,水法的研究是非常复杂的。本书在这里不对任何特定州的完整法律进行汇集和阐明。本书仅阐述适用于水法主要制度的一般规则并试图给出适用于某些特定州的特殊规则的例子。一般来说,州法中的成文法和判例法从1982年起适用,相关的美国高等法院判例从1983年7月起适用。

本书的出版得益于很多人的帮助。科罗拉多大学法学院的许多学生研究助理做了大量准备工作。Mark Cohen 工作勤奋,并对第2章和第4章做了重要的出版说明(imprint)。Richard Cauble 倾注了大量时间对第5章、第6章、第8章和第9章进行了卓有成效的专业性贡献。George Jent,Stephen Ellis,Sharon Nelson 和 Dary James 都对第3章的部分内容做出了贡献。

作者非常感激 Ann Amundson,她为本书手稿做了非常好的编辑。我的同事 Charles Wilkinson 教授和 James Corbridge 教授审阅了手稿的草稿部分并提出了非常重要的改进建议。同时,我也非常感激 Ann Guthrie 连续几稿的打印工作。最后,感谢我的妻子 Ann 和我的孩子在该书写作时期对我的支持。

DHG
博尔德,科罗拉多
1984 年 2 月

目 录

第 1 章　水法概要 ·· 1
　1.1　对水法的研究 ·· 1
　1.2　水分配的法律制度 ······································ 3
　　1.2.1　河岸权 ·· 3
　　1.2.2　先占优先权 ··· 5
　　1.2.3　混合水权 ·· 6
　1.3　水的特殊类型 ·· 6
　　1.3.1　地下水 ·· 6
　　1.3.2　地表积水 ·· 8
　1.4　公共权利 ··· 8
　1.5　州际管理难题 ·· 9
　　1.5.1　保留水权 ·· 9
　　1.5.2　联邦行为影响州的水权 ························ 10
　　1.5.3　州际难题 ·· 11
　1.6　水机构 ·· 11

第 2 章　河岸权 ·· 12
　2.1　河岸权的历史沿革 ····································· 12
　　2.1.1　欧洲惯例 ·· 12
　　2.1.2　美国东部的早期发展 ···························· 15
　　2.1.3　美国西部的否定和认可 ························ 16

2.1.4 美国河岸权立法现状 ········ 18
2.2 河岸土地 ······················ 18
2.2.1 毗邻水源 ················ 18
2.2.2 水道的类型 ·············· 19
2.2.3 河岸土地的范围 ·········· 23
2.3 河岸权的本质 ················ 26
2.3.1 河岸所有者的权利 ········ 27
2.3.2 利用河道水面的权利 ······ 36
2.4 河岸权的限制 ················ 38
2.4.1 合理用水限制 ············ 38
2.4.2 非河岸土地的用水 ········ 42
2.5 许可证制度 ·················· 46
2.5.1 许可证的适用范围 ········ 48
2.5.2 许可标准 ················ 48
2.5.3 许可证的立法规定 ········ 49
2.6 河岸权的转让 ················ 50
2.6.1 附属 ···················· 50
2.6.2 授予与保留 ·············· 50
2.7 河岸权的丧失 ················ 55
2.7.1 不使用导致丧失 ·········· 56
2.7.2 分离和堆积 ·············· 56
2.7.3 消灭时效 ················ 57
2.7.4 立法规定 ················ 60

第3章 先占 ·························· 62
3.1 导言 ························ 62
3.2 先占优先权理论的发展 ········ 65
3.2.1 联邦法令 ················ 66

3.2.2 现代法律体系的发展 ·············· 68
3.3 先占优先水权属于所有权 ············ 69
3.3.1 流动的水资源不存在个人所有权 ········ 69
3.3.2 州宪法和法律的规定 ·············· 71
3.3.3 限制河岸权的法令 ··············· 71
3.4 占有的要件 ······················· 74
3.4.1 占有目的 ····················· 74
3.4.2 引水行为 ····················· 78
3.4.3 合理用水 ····················· 83
3.5 优先权:先占优先权的核心 ············ 86
3.5.1 优先权 ······················· 86
3.5.2 时序在前优先权人的权利能力 ········ 88
3.5.3 优先权的实施 ·················· 89
3.5.4 优先次序 ····················· 90
3.6 占有的水体 ······················· 91
3.6.1 天然水体 ····················· 92
3.6.2 人工水体 ····················· 94
3.6.3 从占有水量中留存的水 ············ 98
3.7 先占优先权的行使范围 ·············· 101
3.7.1 优先权的衡量标准:合理用水 ········ 102
3.7.2 合理用水的限制 ················ 104
3.7.3 回收和再利用 ·················· 112
3.8 先占优先权的完善和执行程序 ········ 118
3.8.1 早期的法律体系 ················ 118
3.8.2 现行的许可证制度 ··············· 120
3.8.3 司法裁判 ····················· 130
3.8.4 水量分配的监管 ················ 132

3.8.5　科罗拉多州的许可证立法 …………… 133
　3.9　水权的转让和变更 ……………………………… 135
　　3.9.1　水权转让概述 ………………………… 136
　　3.9.2　水权单独转让的限制 …………………… 137
　　3.9.3　跨流域引水的限制 ……………………… 138
　　3.9.4　水权的变更 ……………………………… 140
　3.10　水权的丧失 ……………………………………… 154
　　3.10.1　放弃 …………………………………… 154
　　3.10.2　没收 …………………………………… 155
　　3.10.3　无权占有和时效水权 ………………… 157
　3.11　通行权 …………………………………………… 158
　　3.11.1　通过公有土地 ………………………… 159
　　3.11.2　通过私有土地 ………………………… 159
　　3.11.3　修建输水渠道权是水权的从权利 …… 162
　3.12　蓄水 ……………………………………………… 163
　　3.12.1　蓄水权的获得 ………………………… 163
　　3.12.2　蓄水权的行使 ………………………… 165
　　3.12.3　蓄水的限制 …………………………… 165

第4章　混合水权及其他变体 …………………………… 167
　4.1　混合水权体系的历史发展 ……………………… 168
　　4.1.1　加利福尼亚州早期对先占优先权和河岸权的双重认可 ………………………… 168
　　4.1.2　联邦对先占优先权的认可 ……………… 170
　　4.1.3　河岸权的限制 …………………………… 172
　4.2　混合水权体系下河岸权制度的修正 …………… 173
　　4.2.1　合理使用的限制 ………………………… 173
　　4.2.2　未使用河岸权的丧失 …………………… 174

    4.2.3 宪法的挑战 ·················· 174
  4.3 混合水权制度的行政管理 ········ 177
    4.3.1 解决用水者之间的争议 ········ 178
    4.3.2 未使用河岸权的裁决 ·········· 179
    4.3.3 时效水权 ···················· 180
  4.4 其他水法的变体 ················ 182
    4.4.1 夏威夷水法 ·················· 182
    4.4.2 路易斯安那州的水法 ·········· 187
    4.4.3 普韦布洛水权 ················ 188

第5章 航道水面的使用权 ············ 192
  5.1 适航水域的公共权利 ············ 193
    5.1.1 适航性的界定 ················ 194
    5.1.2 适航水面的公众使用权 ········ 197
  5.2 公共信托原则 ·················· 198
  5.3 州认可的非适航水面的公众使用权 ··· 200
  5.4 合法通行权的取得 ·············· 203
    5.4.1 征用取得 ···················· 204
    5.4.2 默示取得 ···················· 204
  5.5 河岸所有权人的互惠权 ·········· 207

第6章 地下水 ······················ 210
  6.1 基础水文学 ···················· 210
    6.1.1 地下水的产生原理 ············ 210
    6.1.2 水井的工作原理 ·············· 214
  6.2 地下水的分配权 ················ 217
    6.2.1 权利的本质 ·················· 217
    6.2.2 归则原则 ···················· 223
    6.2.3 规则的经济效应 ·············· 229

6.2.4　许可证 ………………………………… 231
　　6.2.5　抽水的立法限制 ……………………… 234
　6.3　综合利用 ……………………………………… 239
　　6.3.1　与地表水相连的地下水的规定 ……… 239
　　6.3.2　输入供应和集约管理:以加利福尼亚州
　　　　　为例 ………………………………… 247
　6.4　地下水的存储 ………………………………… 248
　6.5　地下水的污染控制 …………………………… 251
　　6.5.1　规范地下抽水 …………………………… 252
　　6.5.2　规范污染活动 …………………………… 253

第7章　地表积水 …………………………………… 257
　7.1　水道和地表积水的区别 ……………………… 257
　　7.1.1　水道 ……………………………………… 257
　　7.1.2　地表积水 ………………………………… 258
　7.2　地表积水造成危害的保护措施 ……………… 259
　　7.2.1　一般防御原则 …………………………… 260
　　7.2.2　民事法律原则 …………………………… 261
　　7.2.3　合理使用原则 …………………………… 263
　　7.2.4　地表积水的公共调控 …………………… 264
　7.3　地表积水的使用 ……………………………… 265
　　7.3.1　获得地表积水的权利 …………………… 266
　　7.3.2　地表积水使用的州调控 ………………… 266

第8章　联邦和印第安人的保留权利 …………… 269
　8.1　权利保留原则 ………………………………… 269
　　8.1.1　原则的起源——Winters v. United Stated
　　　　　……………………………………………… 269
　　8.1.2　原则在联邦(非印第安)土地上的应用 … 272

- 8.1.3 联邦政府的权力 …………………… 273
- 8.1.4 与州水法的关系 …………………… 275
- 8.2 保留权的优先性 ………………………… 277
  - 8.2.1 保留权的设立日期 ………………… 277
  - 8.2.2 基于土著印第安人权利的早期优先权 … 277
- 8.3 保留水量 ………………………………… 278
  - 8.3.1 保留的目的 ………………………… 278
  - 8.3.2 原始目标之外的水资源使用 ……… 281
- 8.4 水资源的保留 …………………………… 282
  - 8.4.1 毗邻或横穿保留区的水域 ………… 282
  - 8.4.2 离保留区较远的水域 ……………… 282
  - 8.4.3 地下水 ……………………………… 283
- 8.5 保留权利的转让 ………………………… 284
  - 8.5.1 公共土地或者印第安土地的使用者 … 285
  - 8.5.2 印第安个人的分配 ………………… 285
  - 8.5.3 印第安保留区外的用水 …………… 287
- 8.6 保留水权的量化 ………………………… 288
  - 8.6.1 裁判 ………………………………… 289
  - 8.6.2 其他的量化方法 …………………… 295
  - 8.6.3 监管机构 …………………………… 295
- 8.7 联邦的"非保留"水权 …………………… 299

第9章 联邦控水与水资源开发 …………… 301
- 9.1 联邦权力 ………………………………… 301
  - 9.1.1 适航性与国会权力 ………………… 302
  - 9.1.2 航行地役权 ………………………… 305
- 9.2 水电项目的联邦许可 …………………… 315
  - 9.2.1 《联邦电力法》(FPA) ……………… 315

9.2.2 与州法律的冲突 ·················· 316
 9.2.3 对鱼类和野生动物的保护 ············ 319
 9.3 联邦复垦工程 ······················ 321
 9.3.1 目的 ························ 321
 9.3.2 国会的权力 ···················· 322
 9.3.3 项目受益人的限制 ················ 323
 9.3.4 与州水法的冲突 ················· 325
 9.4 环境立法 ························ 328
 9.4.1 《濒危物种法》 ·················· 328
 9.4.2 《清洁水法》 ···················· 329
 9.4.3 《鱼类和野生动物协调保护法》 ········· 338
 9.4.4 《自然与风景河流法》 ··············· 338
 9.4.5 水权实施的影响 ················· 339
 9.5 国际条约 ························ 341
 9.5.1 国际条约范例 ··················· 342
 9.5.2 条约效力高于国家水法 ·············· 345

第10章 州际水资源分配 ·················· 346
 10.1 裁决 ·························· 346
 10.1.1 私人团体之间的诉讼 ·············· 346
 10.1.2 州际管辖权 ··················· 350
 10.2 合约的形成 ······················ 354
 10.2.1 宪法授权 ···················· 355
 10.2.2 合约的管理和实施 ··············· 356
 10.2.3 合约的法律效力 ················ 357
 10.3 立法分配 ······················· 359
 10.4 州政府对水资源输出的限制 ············· 363

第11章 水资源服务和供应组织 …… 366
11.1 私人组织 …… 368
11.1.1 水资源公用事业 …… 368
11.1.2 互助水务公司 …… 368
11.1.3 输水渠道公司 …… 369
11.1.4 互助水渠和灌溉公司 …… 369
11.2 社会团体 …… 373
11.2.1 监管和规划团体 …… 373
11.2.2 市政当局 …… 373
11.2.3 灌溉区 …… 375
11.2.4 市政用水区 …… 379

第1章 水法概要

1.1 对水法的研究

对一个地区的特定资源进行法律界定是不寻常的事情,但人类对水需求的广泛性和重要性却无可替代,水可以使我们解渴,给我们赖以生存的庄稼以生命,给鱼类资源提供栖息地,满足我们娱乐和审美的需要并净化空气。水不仅是世界上最丰富的自然资源之一,同时也被认为是稀缺资源,因为我们并不能总是在合适的时间、合适的地方得到足够的适合水质要求的水。

水的稀缺使众多水使用者之间存在着激烈的竞争。一条溪流可能同时供农民灌溉,供市政用水,供工厂废物处理,使发电厂冷却,供燃煤公司的煤浆运输,满足划船者和渔民的需求,维持溪流自然状况的生态用水要求。一个为了特定目的而使用水的决定会有深远的影响。例如,从农村经过山区向城市调水的决定,尽管维持了城市的用水要求,但也会造成农业生产力和牧场社区的萎缩;尽管促进了输入地的快速发展,但也妨碍了输出地的进一步发展;尽管满足了娱乐需求,但由于水量减少,废水溶解力下降也导致污泥处理更加困难,从而也使输出地地下水无法回灌,最终导致两地生态系统的变化。

当许多变数亟待确认时,法律的作用就显得相当重要,能清楚界定权利义务规则的缺失是危险的。由于缺乏明晰的水规则,美国西部各州发生了很多水事争议,更为重要的是,伴随着这些争议许多生命实质上也消失殆尽。

尽管水使用权是特别的,对水法的研究在某种层面上是对产权概念的研究。水是流动资源的事实限制了传统所有权概念中对占有性的理解。同时,尽管水法千差万别,但在历史的长河中,确定水资源中明确的公共权利思想在整个分配制度中是永远的主题,由此导致法律制定者在相应的水管理制度中为了实现广泛的公共利益而努力规制私人产权。

另外,对水法的研究也是对法律程序的研究。在许多领域,法律已经完善,变化很少,因此也没有受到太多关注。但水法是一个相对年轻而有活力的领域,水法向人们阐述了法庭和立法者如何根据社会发展创造和改变法律,一系列历史条件如何推动着水法的初始发展,但不同的现实环境又如何促使水法的不断改变。

法律研究的三个中心任务是:对已确立的法律制度进行比较研究;对法律的实施情况进行批判性的诊断;对未解决的难题寻求解决办法。任何法律领域的成功,尤其是水法领域,都应该根据社会需求进行评价。

因为我们深深地依赖着水资源,所以水资源在我们的生活中最为重要。除了普遍的商业价值,水资源在我们所关心的事情中居于核心地位,我们的健康、营养、生态完整性和审美需求都离不开水资源,它甚至能提供社区认同和精神满足。因此,我们要在许多方面拷问水法,水法可能满足以上所有价值吗？水法能设计一套既稳定又公正的法律制度吗？伴随着这么多的风险，水法向人们展示了它无与伦比的优势和创新的能力。它是一个在人们最珍爱的各种价值中充满着斗争的、逐渐演进的领域。

1.2 水分配的法律制度

在美国司法中，各州水法体系可以大致分为三类：河岸权制度、先占优先权制度和混合水权制度。本书分别论述这三种体制，这样读者可以把注意力集中在一个特别感兴趣的体制内来思考问题。然而，这三种体制又常常是相互重叠的，不过这种重叠也有利于对它们进行比较研究，从而能够相互借鉴。同时，在实施方面它们三者都依赖于州行政机构的许可制度。

1.2.1 河岸权

与一个水道相邻的土地所有者被认为是河岸权人。在美国许多州的法律中，河岸权人的地理位置给予他们某些附属的权利。历史上，相邻河岸的地理位置有特别的优势，因为它能使土地所有者操作水磨，而且可以在水面上划船、捕猎、捕鱼。

理论上，美国司法参照了自然水流规则，该规则赋予每一个河岸所有者有权拥有通过其土地上的水流，并且水质和水量不受影响。事实上，从一些最早的案例中可以发现，法庭运用"合理使用"原则调和了优先占有原则。除了对家庭使用水做出例外之外，早期的法庭也特别关注现存的水使用者。今天，所有运用优先占有原则的州（大部分位于美国东部）都允许河岸权人可以相对于其他水使用者以合理的方法使用水。如果没有充足的水满足所有河岸权人的需要,所有水使用者必须根据他们的权利比例减少用水量,有时候是根据他们所拥有的土地数量减少用水量。一般来说,非河岸权的土地没有权利用水,除非他们赔偿河岸权人因此所造成的损失。因为河岸权因土地所有权而存在,因此该权利本身相对固定。这种情况下的土地所有者可以在任何时候启动对水的使用,而其他水使用者必须相应地调整他们对水的使用。

目前,河岸权规则已经随着成文法和判例法而改变,因此,那些运用河岸权规则的州今天已经不是仅仅根据普通法来规范水使用。在典型意义上,河岸权人使用水必须从州相关机构得到许可,当然,许可也适用于非河岸权人。

不过,河岸权规则(本书第 2 章具体讲述)仍然在某种程度上应用在美国 29 个州,这 29 个州具体是:亚拉巴马州、密苏里州、阿肯色州、新罕布什尔州、康涅狄格州、新泽西州、特拉华州、纽约州、佛罗里达州、北加利福尼亚州、佐治亚州、俄亥俄州、伊利诺伊州、宾夕法尼亚州、印第安纳州、艾奥瓦州、罗得岛州、肯塔基州、南加利福尼亚州、缅因州、田纳西州、马里兰州、佛蒙特州、马萨诸塞州、弗吉尼亚州、密歇根州、西弗吉尼亚州、明尼苏达州、威斯康星州。

该原则在适用混合原则(见本章 1.2.3)的州也具有可行性。

在所有的州中,不管对水使用采用何种权利分配制度,有河岸权的土地所有人有特定权利来利用与之土地相邻的地表水。如果利用的水道是适航行的,使用该地表水的公共区域成员不能排除河岸权人使用水。

1.2.2 先占优先权

美国西部的土地所有权由美国联邦政府确定。早期的采矿人,尤其在加利福尼亚州,经常为了在公共土地上采矿而寻找水。美国西部地区水资源稀缺,因为在西部广袤的沙漠里,仅仅百分之一的土地上才有水资源。因为不拥有土地,矿主们不能确定河岸权,所以他们对水权的确定就简单地遵循在解决采矿争端时相同的规则:谁先到,谁先得。最早到的矿主在采矿用水时有权利持续使用水而排除其他人对水的使用。

在美国西部,早期的法庭裁决对水权的设定以采矿人的习惯为基础。这种制度设计在农场主中也很受欢迎,从而在西部各州法律中确定下来。因此,水权属于那些将水合理使用的任何人,不管是在河岸还是非河岸的土地上;相对于后来开始使用水的人,那些将水合理使用的人对水的使用具有优先权。不像河岸权法,先占优先权的确定是根据使用的情况而不是根据土地所有情况。一旦一个人将水合理使用并符合成文法的要求,其水权就是完整的,并持续有效。

在河岸法和先占优先法的选择上,许多州认为河岸法至少在理论上比较严格,因此不适合地方的需求。需要水的矿场和农场不可能总位于河岸的土地上,相反河岸区域的水道经常比较少而且离矿场和农场较远。而且,如果沿河的土地所有者垄断着稀缺水资源而不让其他人使用水,那么矿场和农场的开发就会相当困难。当然,如果不损害其他人实施既得水权的话,先占水权也可以转移。

目前美国秉承先占优先权原则的州有9个,分别是阿拉斯加州、内华达州、亚利桑那州、新墨西哥州、科罗拉多州、犹他州、爱达荷州、怀俄明州、蒙大拿州。以上所有纯粹运用先占优先权原则的州（除了科罗拉多州），均要求在占有水时要有许可证。管理机构发放许可证是基于保护其他水使用者，大部分州政府也考虑到对公共利益的保护。先占优先原则本书第3章具体详述。

1.2.3 混合水权

有几个州最早接受河岸权原则，后来转为先占优先制度，但却同时保有现存的河岸权。这些州包括：加利福尼亚州、俄克拉何马州、堪萨斯州、俄勒冈州、密西西比州、南达科他州、内布拉斯加州、得克萨斯州、北达科他州、华盛顿州。

夏威夷州对水权制度的规范结合了古代夏威夷王国的法律以及最近的成文法。路易斯安那州的水法来源于《法国民法典》。夏威夷州和路易斯安那州的水法随着混合原则在本书第4章一并讨论。

1.3 水的特殊类型

大部分水使用属于以上所列的三种水分配机制，但有一些水不属于这些范围。

1.3.1 地下水

水法重点规范两个方面：一是防止不可更新的地下水储量的枯竭；二是调和水井所有者之间的竞争。另外水污染也日益严重并导致了一系列的法律问题。

丰富的地下水资源供应了国家和民族的需求。地下水水权分配和纠纷解决机制的法律规范一直发展缓慢。近年来，地下水产生和运动态势的不确定性，甚至变幻莫测，因此对此类问题的法律规范也变得困难起来。美国一些州企图运用综合手段来规范地下水,但并没有收到很好的成效,反而使地下水的众多所有者任意从他们土地下面抽取地下水。

对于那些连接着河流和湖泊的地下水使用问题,法律要么在不同要素中分类规范,要么根本就没有规范。目前,很多开明的法律把地下水和地表水进行一体化管理。例如,当从一个井里抽水影响到其他正在使用河水的人的权利时(反之亦然),美国许多州目前就把地下水管理归入到对河流的制度体系中一并规范。鉴于水是从含水层中抽取出来,且含水层的水是不可再生的,有的法律就针对含水层对地下水的使用进行规范,这样地下水就必须随着时间的推移被谨慎分配。

对地下水的管理还必须有特别的规定,因为人类抽取水的速度比水补充的速度要快得多。另一个难题是新的水井会威胁到现存的水井。一些有关地下水权利分配的理论类似于河岸权理论(对土地下面的水拥有绝对的所有权)和先占优先权理论(地下水适用于先占原则,保护老的水井使之免于来自新的水使用者的损害)。

然而,地表水分配制度不符合地下水的物质状态。所有权理论并不能防止对含水层的迅速抽取,也不能保护相邻的水使用者的利益。至于对占有概念的理解,如果严格应用的话,该概念只对第一个用水者给予完全的保护,几乎任何后来的、新的水使用者都会导致损害问题,从而遭受法律的抗议。

因此,特殊规则自然就应运而生,一是为了平衡新、老水使用者之间以及不同所有者之间的利益竞争;二是在保障水资源高效利用的同时,也有利于政府履行保护水资源的义务。在许多司法案例中,法官经常把合理使用原则作为判断水使用者和新水井颁发许可证之间的责任规则,要求对水的使用要相对有效用并要求不同利益主体之间的公平。地下水法将于本书第 6 章讨论。

1.3.2 地表积水

一般来说,国家仅对自然水流进行法律规范。当然,政府不可能规制地球上所有的水,因此,水权制度就排除了海洋水、自然蒸发和蒸腾的水以及沉淀水。有一段时间,地下水没有纳入到法律规范中,因为没有先进的技术查探地下水的运动并了解到能在哪里得到水、能得到多少水。

地表积水是指那些因为下雨、融雪或者洪水而滞留在地面上的水。总的来说,地表积水不适用于水的分配规则。几乎所有的州都许可土地所有者不加规制和限制地收集和使用地表积水,因为这样的水不属于国家控制之内。

有关地表积水特别规则的发展主要用于确定两个土地所有者之间的法律责任。也就是说,当一个土地所有者为试图避免地表积水而对另一方土地所有者造成难题时,适用有关地表积水的特别规则。美国大部分州同意土地所有者基于情势合理原则在其土地上对洪水进行分岔和引渠。这些问题将会在本书第 7 章讨论。

1.4 公共权利

水在法律上和历史上都是一种公共资源。尽管私人产权在水使用中运行得非常好,但水在根本上还是公共资源;私人产权总是不完全的,而且从属于公共需求。这种公共需求的最早表述,目前仍然是可行的表述,就是关于航行的表述。适航行的水应任由公共使用并可以划船、游泳、钓鱼、捕猎,现在更多的用于娱乐和审美的需求。纵观水法的研究,很明显,水法普遍规定:影响水质和水量的私人产权在法律上不能妨碍公共利益的实现。

第5章专门详述使用水面的特殊公共权利,这些权利有利于对适航性进行界定,同时为水床所有权问题也提供了参考。另外,人们已经认识到,使用非适航水面的公共权利的基础是水面支持娱乐使用的能力、公共信托原则和各种州法令。如果公众对包含海滩在内的水体享有水面使用权,根据已有的一些理论,公众有权进入,并且从河岸进入这些水体的通行权已经被确定下来。

1.5 州际管理难题

尽管水使用的创造和规制主要是美国各州的事务,但在联邦层面仍然有许多重要的事务要做。第8章关注联邦政府为了特定目的(像公园、森林、军用设施和印第安部落的保留地)而保留的公共土地用水。

第9章针对的是国会权利的实施——从水工程到环境法,这些会影响到州水法运行的方式。

第10章关注于解决州际水权的调整难题。不同州内的居民对水这一共同资源的竞争性使用导致州际水权问题的纠纷。

1.5.1 保留水权

保留权原则可以追溯到早期的一场诉讼。这场诉讼目的是保护印第安保留地,促进印第安部落在美国西部安顿下来,并把印第安人转化为农民。美国最高法院认为,给印第安人提供充足的水可以使保留地更易于居住和耕作,从而使印第安部落更有意愿将印第安人移居到保留地。保留权原则认可了印第安部落享有足够水的权利,从而实现了保留地的目的。相同的原则后来也运用到公共土地的联邦保留问题。

无论是否使用过水,在保留地确立之日,保留水权就享有了优先权,在以优先使用为基础的水权制度体系中,主张保留水权会导致那些优先权晚于保留地确立日期的水权所有者之间产生混乱。为了减轻保留水权原则的影响,法院从狭义解释了保留水权的程度,国会也同意由州法院确定保留水权的具体数量。这方面各州的司法裁决在美国西部非常多,内容主要集中在联邦和印第安人的土地使用方面。

1.5.2 联邦行为影响州的水权

因为联邦具有至高无上的地位,美国联邦的相关行为有时候会影响,甚至可能会优先于州的水法。在20世纪60至70年代,联邦在水资源中的作用大多是提供财政支持,其管理事关航行、洪水控制、农业、发电以及其他有关水使用较大的水开发工程。20世纪70年代以后,联邦政府对水的管理不再限于水开发,而是更多集中于对水环境的规制。今天,那些保护濒危物种、湿地和水质的联邦法律至少和有关水开发和使用的州法一样重要。

所有这些联邦的作用对公共体中的大多数成员都是重要的。但是,当联邦行为与州的水权冲突时,严重的联邦主义问题就凸显出来,法院必须要确定是否国会的意图是为了推翻州法。

1.5.3 州际难题

由于共享河流、湖泊和地下水,相邻各州之间的关系经常处于紧张状态。各州之间可以通过制定合约进行水的分配。合约一般是经过国会同意或者通过司法程序裁决,由相关各方协商达成的州际之间的协定。例如,国会通过立法在相邻各州之间有效地分配科罗拉多河流的用水,从而显示出第三方对州际用水分配的方案。

为努力保护各自的水资源,各州不会错误地通过限制出口来抑制州际贸易。鉴于水被认为是一种商品,因此,有关水的交易必然不被相关歧视州际贸易的法律规范所限制。

1.6 水机构

最后一章描述了各种不同类型的水机构,这些水机构的作用是开发和分配水。它们是在全国范围内传送水的运行实体。

第 2 章 河岸权

在美国,有 29 个州基于河岸权原则建立了水法的制度体系,有 10 个州的水法立基于河岸权原则和先占优先权原则的结合(见第 4 章)。根据这些州水法依据的基本原则不同,所有的州被划归入不同的类别,分别列举在本书第 1 章 1.2 的河岸权、先占优先权和混合水权部分。

河岸权原则的基本原理是:河岸土地,即毗邻水体土地的所有权人,享有利用河岸水资源的权利。在不妨碍其他河岸土地所有者合理利用水的前提下,每一个河岸土地所有权人均可以在其河岸土地上合理利用水资源。如今,尽管纯粹的河岸权原则很大程度上已经被法律制度所取代,但是实际上在所有的司法管辖区内法院和行政机关还是运用该原则的基本原理来解决河岸权的权利归属和权利行使问题。

2.1 河岸权的历史沿革

2.1.1 欧洲惯例

学者们对河岸权原则的起源持不同的观点。有的学者认为它是大陆法系的产物,有的学者则认为它来源于英国普通法系。尽管河岸权原则最早可以追溯到法国和英国的惯例,但实际上它是一个起源于美国的原则。

18世纪之前,许多水事案件都涉及了航行权与捕鱼权的问题。工业革命的兴起和随之而来日益增多的水力磨坊,引发了大量与获取河流水量有关的水事争端,这些争端的解决亟须建立统一的法律法规。

1. 法国

公元533—534年,查士丁尼研究院公开发表了他们的观点:就像空气、海洋、野生动物一样,流动的水是物质世界"封闭社区"的一部分,不能被个人所有,在"封闭社区"的物质可以被利用,个人可以获得使用权,或者获得使用自然资源收益的权利,但必须制定立法以便有序利用并防止过度开采;水资源的使用权仅属于因拥有河岸土地所有权而可以接近水源的人,其他人则不可以非法侵入并利用水资源,除非该河流是公共的。

查士丁尼研究院的基本观点被1840年的法国民法典正式确认。法国民法典规定,如果所引水资源在流出土地之前,多余的水量能回流到原有的河道中,则河岸土地的所有者可以利用该河道的水灌溉毗邻的土地。据此,两大河岸权"规则"的雏形在法典中显现:一是限制,即只有河岸土地所有者才拥有水权;二是要求,即用水者必须把灌溉多余的水量返还原有的河道。法国民法典还规定,在河岸土地所有权人之间发生用水争议时,法院应当协调农业生产利益和河岸财产权之间的关系(比如,一个非农业生产的河岸土地所有权人拥有流经其土地经年不断的水资源)。该规定是"合理利用"理论的先驱,而"合理利用"理论最终被美国的河岸法借鉴吸收。

2. 英国

英国在诺曼底征服之后,就形成了常规的法院和律师制度。1066年之前,英国中央政府将大部分的行政权力下放给地方政府,因此水事纠纷当然就应该在地方得以解决。

英国早期法律中有关水权的规定与现代的先占优先权制度相似。一个从远古时代就开始使用某溪流的人,有权利一直使用,即使这种使用剥夺了其他人使用该河流水量的权利。18世纪,英国法院修正了上述的"远古使用"原则,并尝试替代使用"优先使用"原则。根据"优先使用"原则,如果一个人使用或引水剥夺了其他人对水流的使用时,这个人就不能使用该河道水流或引水。"优先使用"原则保护了早期磨坊免受新建磨坊在水量供给方面的妨害。①

"优先使用"原则的尝试是短暂的。在19世纪20年代,英国法院又开始接受"自然水流"理论,该理论认为每一个河岸土地的所有权人,包括重要的新建工业用水者,都享有平等的使用河流水资源的权利,都承担不减少河流水量的义务,否则就会影响位于下游经营者的用水权。②"自然水流"理论在英国法律中沿用了几十年,直到英国法官借用美国法官斯托里和肯特的观点,把"合理利用"理论吸纳引入到英国的河岸权立法。③"合理利用"理论修正了"自然水流"理论的缺陷,认为每一个河岸土地所有权人都可以合理利用水资源,只要这种使用不妨碍其他河岸权人的合理利用。

---

① 例如 Bealey v. Shaw,102 Eng. Rep. 1266(Eng. 1805)。
② 见 Wright v. Howard,1 Sim. St. 190(Eng. 1823)。
③ 见 Mason v. Hill,110 E. R. 692(Eng. 1833)。

2.1.2 美国东部的早期发展

美国革命战争之后,每个州都开始发展自己的判例法。在人口稀少的美国,人们大部分居住在东部沿海地区,这里雨量充沛、河流密集。包括康涅狄格州和马萨诸塞州在内的一些州,河流利用方面的限制很少,只要引水者可以把多余水量返还河流,就允许人们从河流中引水。其他州,如新泽西州,采用了自然流动法则,允许河岸土地拥有者在自然状态下利用河流水资源,禁止任何形式的引水,因为引水实质上减少了河水水量,并使水流入另一条河流。[1]

19世纪,随着美国工业的发展,大型的磨坊为了蓄水需要修建水库,灌溉农业和工业分布在远离水源的地方,也需要利用水资源。为了最大化利用水资源,人们放弃了保护河流自然流动的观念,认为需要改变河流的流向。在此背景下,1827年著名的案例 Tyler v. Wilkinson 案[2]被审结。泰勒(Tyler)案中的原告是河岸的所有者,他拥有的磨坊靠近一个用来拦截水的小型水坝,导致水坝在放水的时候,水就很快地流过他的磨坊。被告在河水上游修建水坝,并且在高于原告磨坊的地方将河水引入另一条沟渠。因此,被告在使用河水时,就剥夺了原告在较低水坝下面另外存储水量的权利。斯托里法官认为,尽管河岸主原告有权利用河流中自然流动的水资源,但是任何水坝和磨坊目的的用水权都必须基于"实际占有并使用"。斯托里法官进一步指出,被告有权利用通过大坝引入到沟渠中的水资源,

---

[1] 见 Farrell v. Richards,1879 WL 6789(N. J. Ch. 1879)(法院也强调原告必须长期稳定的利用水资源)。

[2] 见 Tyler v. Wilkinson,24 F. Cas. 472(C. C. R. I. 1827)。

该水资源在提起该诉讼前的二十年里就已经存在,(时间的经过构成了毋庸置疑的推定,即被告对河水享有权利)。斯托里法官认为,通常情况下,根据已有的河道法律适用规则,所有河岸权人都拥有平等利用水资源的权利,撇开自然水流理论,在不妨碍其他河岸土地所有者合理用水的前提下,每一个河岸权人都有资格合理利用水资源。

1828年,在斯托里法官审判 Tyler v. Wilkinson 案之后不到一年的时间,肯特校长在他的实况评论报道中详细阐述了关于水权的法律。他接受了"合理利用"原则,并且特别引用了斯托里法官的观点以及许多民法权威人士的观点(大部分观点论及地表积水问题)。在美国和英国,许多法院在审理水事纠纷时,依据的都是肯特在实况评论中的观点和斯托里法官对 Tyler v. Wilkinson 案的判决理由。

如今,所有基于河岸权原则建立了水权制度体系的州,都已经采用某种形式的"合理利用"原则。几乎所有的州都进一步摒弃了早期的河岸权原则,建立了法定的许可证制度体系。"自然水流"原则通常更多地停留在理论层面,欠缺实践操作,时至今日,该理论只具有史料价值。尽管一些法院仍然继续沿用"自然水流"理论,但实际上大多数法院适用了各种各样的"合理利用"原则。

2.1.3 美国西部的否定和认可

美国西部扩张是各种因素的产物。从外国获得的土地以及对印第安人的征服为绝大多数人定居西部铺平了道路。西部开发地区丰富的木材、皮毛和矿物资源,以及广袤的、适合耕种的土地,为西部大迁移提供了强大的动力。

河岸权原则被认为不适用于超过百分之一子午圈(从北达科他州中部到得克萨斯州的一条横贯南部的分界线)

的干旱地区。河岸权制度限制了毗邻河流土地拥有者的权利和原有流域的水资源利用,在美国西部的发展受到了阻碍。尽管西部地区大部分的土地归联邦政府所有,但是自耕农和矿工们仍被鼓励到西部地区定居。实质上,因为最有可能被开采的矿藏通常都远离河流,没有水,许多矿井,尤其是砂石沉积矿井都无法被开采。所以早期定居西部的矿工与自耕农们的用水是非法侵占公共水域,他们不能享有河岸权。而按照河岸权原则,除了合法土地所有者之外的其他人均无权使用水资源,水资源只能被使用在毗邻溪流的土地上。通常,定居在干旱地区的农民远离河流,需要从外边引入必要的水量。

面对这种状况,美国联邦政府慢慢默许了定居者侵占公共土地和使用水资源的行为。定居在西部的矿工们也慢慢发展了他们所遵守的习惯"法"。矿工们反对河岸权原则,只允许人们从河流中引走一定的水量,把这些水量运输到数公里之外的地方——通常通过沟渠,把水用于矿业开采和农业灌溉。这种"占有"一定水量的权利体现了先到先得的道理。任何人在不剥夺"先占优先权者"业已引取水量的前提下,都可以进行引水。先占优先权理论逐渐被州法院采用,并且被州法律吸纳。在早期的《采矿法》和1877年《干旱土地法》中,联邦政府也认可了这一理论的合法性。[①]

美国一些西部州郡,最初为了保护他们所拥有的湿润地区,采用了河岸权原则。到最后,所有的州均以立法的方式淘汰了河岸权,但仍有许多州保护已存续的河岸权。一些实行"混合"水权的州仍然依据《河岸法》来解决当地出现

---

① 详见第3章。

的案件。①

2.1.4 美国河岸权立法现状

随着人口的增长和美国社会的发展,大多数实行河岸权制度的州开始对部分或全部用水采用法定的许可证制度。② 在早期法令与判例法中,有关合理使用的界定在许可证制度中有所体现。此外,私人之间的普通法争议可以参考河岸权的原则来解决。

土地所有者有权合理利用流经自己土地的水资源,该权利应当得到河岸权人的维护。除此之外,河岸所有权还包括维持水资源不受污染的权利(清洁水权)、捕鱼权、达滨权和保护河岸不受侵蚀的权利。在实施先占优先权制度的州和河岸权制度的州,这些权利已经全部得到了某种程度的支持。

2.2 河岸土地

只有河岸土地的所有者才可以获得利用其毗邻河道水资源的任何权利。本部分界定了河岸土地的组成以及毗邻河道土地所有者可以拥有权利的水体类型。如果河岸土地被分割成若干小部分,这种情况下的河岸权利将会在后面章节进行讨论。

2.2.1 毗邻水源

所有的大陆都被水体包围着。从这个意义上来说,所有的土地都能被称为河岸土地。然而,法律通过所有权这

---

① 详见第 4 章。
② 详见本章 2.5。

一人为概念,将河岸土地和非河岸土地区分开来。虽然只有接近水道部分的土地所有者才拥有河岸权,但是并不要求土地所有者必须要拥有一部分河床才能享有河岸权。[①]河岸权人仅在河岸土地上才享有用水权,他们不能把水资源用于包含河岸土地在内的一大块土地的其他部分,如果这部分土地在水体的直接流域以外。

2.2.2 水道的类型

为了拥有河岸权,土地所有者必须拥有毗邻水体的财产,其中水体必须符合"河道"的定义。例如,毗邻地表积水,则不产生任何权利。

1. 河流

"河道"这一术语,是指一条自然河流在一个合理明确的天然渠道中,持续不断或者周期循环地流淌在地球的表面。河道也包括泉、湖、沼泽等一些河流发源地或者河流流经的地方。

在美国东部各州,法院一般只把经年流动的河流定义为河道。而在干旱的西部,一年中绝大部分季节,天然河流都干涸无水,只有在雨季时,河流才恢复生命力,在西部这样的河流也被认为是河道。

与河道水相比,地表积水通常来源于雨水的聚集或是积雪的融化,通常情况下,地表积水间歇性流淌并没有固定的水道。因此,只有地表积水流入了河道,才适用于河岸权制度。适用于地表水的特殊规则将会在第 7 章论述。

2. 湖泊与池塘

湖泊也是适用河岸权的一种河道。湖泊被定义为合理

---

① 详见《侵权法重述》第 843 条。

不变的水体,实质上它是在地球表面凹陷处,处于静止状态的水体。如果水体是河流的源头或是河道的一部分,并且处于非流淌状态,我们可以把它称为湖泊。与湖泊相比,拥有大量丰富水中生物的更小水体,有时被人们称为池塘,但是在法律上,池塘与湖泊不存在区别。在美国东部一些地区,被称为"巨大池塘"的水体通常被认为比许多湖泊要大。

一个拥有毗邻湖泊或池塘土地的人,在学术上被称为沿湖土地所有者,但通常也称他们为河岸拥有者。有些人认为沿湖土地拥有者实际上拥有的是湖泊中的水,而不是具体使用水的权利,因为湖泊中的水是静止的而不是流动的。这种说法忽视了水循环的现实性:水不断地从湖泊中蒸发变成水蒸气,湖中的水逐渐被来自其他地方的水所替代,如溪流水、山泉水、地表积水和雨水。现在法律已经规定毗邻湖泊或池塘的土地与毗邻河流的土地享有相同的河岸权利。

沿湖土地所有者通常会行使他们所享有的湖面权利进行垂钓和划船活动,当然这些权利的行使取决于这个湖泊是否适航。这些权利会在本章的2.3.2中具体进行讨论。一般来说,任何人都可以对一个适航湖泊的水面进行利用,不管他是不是一位湖岸拥有者。由此,每个州都会对适航进行界定。如果这个湖泊不能适航,主要的规则是:一般情况下,所有湖岸拥有者都拥有使用水面的权利,每一个湖岸拥有者都可以使用全部的水面,只要其他湖岸拥有者的使用不会妨害相似权利的使用。美国一些州遵守这一规则,即使其中一位湖岸拥有者拥有全部的河床。然而,也有一些州规定,使用他人所有的湖床上面的非适航湖面构成非法侵占。

3. 泉水和其他天然水体

泉水是指从地下涌出到地表的聚集水流。土地上有泉水的土地所有者是否享有河岸权取决于泉水的源头。河岸权原则适用于发源于明确地下河道的泉水,被授权的土地所有者对这样的泉水只拥有合理利用的权利。在没有相反证据的情况下,可以推定泉水是由渗出的地下水组成并提供日常的水量。与地下水有关的法律适用将会在第6章进行讨论。

如果泉水在未到达确定的水道或者没有离开它所处的土地边界之前就消失殆尽了,这样的泉水将被作为地表积水对待。① 土地所有者拥有泉水并可以使用全部的泉水。但是,法院有时还是会把泉水视为水道,即使泉水在流经所有者土地的时候,没有进入常规的、严格意义上的河道。

4. 地下水道

在地下河道上方的土地所有者拥有河岸土地所有者的全部权利。但是,地下河流的流程与河道必须被明确查明。一条连接两个蓄水层的地下河道通常被认为是地表水系的一部分,而不认为是一条地下河流。② 通过土壤的含水量、干旱季节地表植被的生长状况,以及对比特定时期从水井中抽取的水量与在同一时期附近地表水水量的测量,来判断地下河道的存在。

如果河岸土地所有者认为相邻的水井会对其地表水的使用产生影响,那么为了确定水井所有者的责任,河岸土地所有者必须证明水是相互连接的。这可能会需要州工程师

---

① 详见第7章。
② 见第6章6.1。

们的证言。在美国许多州,存在这样的推定,即地下水就是地下水,并不适用于地表水(河岸权)原则。但是,如果水井非常靠近地上河道,一些法院将不会适用这一推定。

5. 外来水域

外来水域是指通过人为努力,从一个流域输送到另一个流域中的水资源。通常情况下,使用本流域以外的水资源本身是不合理的。但是,水资源一旦被输出,根据规定,输出者会获得利用水资源的权利。毗邻输送外来水的河流或沟渠的土地所有者通常不能被授予与河岸土地所有者相同的用水权。

6. 人工河道

有时运河的修建、河流的改道、人工湖的建立都是可以通过人类的努力来实现的。对于临近这些人工河道的人来说,新的水体成为他们最重要的水源,但是,一般的规则是河岸权仅适用于毗邻天然河道和湖泊的土地所有者。因此,河岸权原则并不适用于毗邻人工河道的土地所有者的权利。然而,那些持续存在时间特别长的人工河道会被法院视为自然河道。在 Bollinger v. Henry 案[①]中,法院会把一条有着一个世纪历史的、为水车提供水源的水流(一条为磨坊带来动力的渠道)视为一条河道。

如果是修建大坝形成的人工湖,那么依据信赖的、平等的、互惠的地役权,临近湖泊的财产所有权人可能会获得一定利用湖水的权利。在经常被援引的 Kray v. Muggli 案[②]中,一个大坝拦截了湖泊中的水资源,40年后,被告想要拆

---

① 见 Bollinger v. Henry, 375 S. W. 2d 161(Mo. 1964)。
② 见 Kray v. Muggli, 86 N. W. 882(Minn. 1901)。

除这个大坝。法院做出了不利于被告的判决,因为原告已经根据湖泊的水位,对湖泊做出了一些改善措施,比如建造船坞。法院注意到被告拥有一项时效权利(流动地役权)来漫灌原告的土地,因此,原告也拥有保持人工湖水位的对等时效权利。

反映现代趋向的典型案例是 Kiwanis Club Found., Inc. v. Yost 案①,法院裁定认为,大坝的建造让上部的土地所有者(在河岸上修建了一个小孩用的帐篷)足以信赖水位是人为形成的,他们没有义务维持湖水水位不变,并且大坝的修建者应当允许处于地势较低的土地所有者任意改变水位。但在 Greisinger v. Klinhardt 案②中,判决结果与此不同,在该案中,一个乡村俱乐部将处于人工湖湖畔的土地卖给原告,原告以为湖将会是永久不变的,受此诱使,原告对土地做出了一些实质上的改变。

为了支持原告在人工河道所享有的权利,法院在 Kray 和 Greisinger 的案例中并没有提及河岸权存在于人工水域中。相反,法院认为:为避免否认原告的权利,应当禁止被告反言,或者法院找到了这条水道已经有效地成为一条自然河道的证据。

2.2.3 河岸土地的范围

河岸权并不依附于确定的土地。但是例外的情况如下:一是,河岸权不隶属于流域之外的土地;二是,如果土地没有任何一部分临近水道,或者在土地被单独转让的范围

---

① 见 Kiwanis Club Found., Inc. v. Yost, 139 N. W. 2d 359 (Neb. 1966)。

② 见 Greisinger v. Klinhardt, 9 S. W. 2d 978(Mo. 1928)。

内,权利可能丧失。

1. 受流域的限制

河岸权仅依附在流域范围内的土地。因此,无论是河岸土地所有者所拥有的不毗邻河流的地块,还是在其他流域内的部分河岸土地均没有资格享有河岸权。尽管这些地块并不附属河岸权,但河岸土地拥有者仍然可能会在其所有的流域以外的土地上使用水资源。然而,一些司法管辖区禁止在流域之外使用所有的水资源,其他司法管辖区则允许在流域之外使用,但却要受到合理利用的限制。尽管大多数司法管辖区认为对流域之外的水资源利用本身具有不合理性,但是很多时候法院并不阻止这种使用,除非它对其他河岸权人造成了实际损害。长期存在的非流域使用可能慢慢会演变成一种时效权利。流域限制的一些例外已经形成。①

2. 河岸土地的划分

河岸土地的转让,所有附属的河岸权利也随之转让,除非这些权利已经与土地分离。权利会在多大程度上被让与人保留,或转让给受让人,这将会在本章的2.6进行讨论。

河岸权仅附属于临近水资源的土地,因此,当一个河岸拥有者转让整块土地中不临近水的一部分土地,那么河岸权就不再适用于被转让的这部分土地。如果这些地块在共同所有权下被重新连接起来,根据在司法管辖区广泛适用的下述规则,不临近水的一部分土地可能仍然保持没有河岸权的状态。

---

① 详见本章 2.4.2。

(1)整体性规则

在整体性规则下,拥有靠近水道的一整块土地的单一所有者有资格享有河岸权。整体性规则并不关心这块土地以前曾被分成几部分,也不关心其中的某些地块并不毗邻水道。因此,毗邻河岸地块的所有土地如果被同一个河岸所有者拥有,则这些土地的所有者拥有河岸权,无须考虑这些土地何时或从何人手中转让而来。大多数实施河岸权制度的州都采用这一原则。

例子:在图 2-1 中,简把河岸土地分成两部分,并把北边靠近河岸的地块转让给了史密斯,这样仅仅只有史密斯拥有河岸权。根据整体性原则,如果史密斯最后把北边土地的所有权归还给了简,那么整块土地(南北两块)都将拥有河岸权利。同样,如果史密斯转让了南边的部分土地,留下了北边的土地,到最后又重新获得南边土地的所有权,那么河岸权将会适用于整片土地。

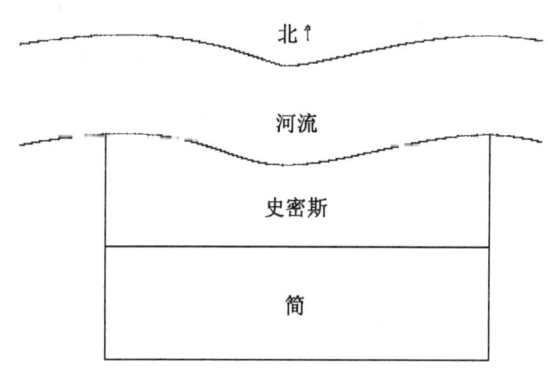

图 2-1 示例图 1

(2)权源一致规则

根据权源一致性原则(也称为最小土地原则),在归属于当前所有者的一系列权益中,河岸权只附属于毗邻水域地块中最小的那一部分地块,因此,即使最初的河岸拥有者最后重新获得了整个大块土地,也仅仅只有毗邻河道的最小地块才附属河岸权利;任何通过转让不再与水道毗邻的地块,将永远不会恢复河岸权利。根据这一原则,由于财产转让,使得部分地块与毗邻水道的地块分离,导致河岸土地的数量缩减。作为该原则的例外,承租人之间分割河岸土地通常不会使非河岸土地的河岸权利丧失。

权源一致原则适用于实施混合水权制度的西部各州。通过占有被分割土地获得河岸权利这一做法,使适用河岸权利的土地数量急剧减少的趋势有所缓和。尤其是在实施混合水权的州,这项原则进一步完善了河岸权范围缩减政策,并依据优先占有权理论进一步建立了可靠的制度体系。混合制度将会在第 4 章详细讨论。

例子:根据权源一致规则,在图 2-1 中,简将北边的部分河岸土地——临近溪流的一部分土地转让给了史密斯。河岸权将不会再适用于南边的土地。如果史密斯最后将北边土地的所有权重新归还给简,南边的土地依然不再适用河岸权。

2.3 河岸权的本质

根据河岸权原则,河岸权依附于河岸土地,如毗邻天然河流或湖泊的土地。河岸土地所有者事实上并不拥有水体,但是他们却拥有针对水体的诸多权利。在此意义上,河岸土地的所有者对水体的所有权有着强烈的兴趣。所有者的权利包括:

①拥有河流流量的权利；
②在不干扰其他河岸所有者合理使用的前提下，合理使用水体的权利；
③达滨权；
④捕鱼权；
⑤修建露天码头权；
⑥禁止河岸被侵蚀的权利；
⑦清洁水权；
⑧对非适航河流和湖泊的河床主张所有权的权利。

河岸土地的所有权不仅产生权利，也产生了责任。每个河岸土地所有者都有不妨碍其他河岸所有人行使权利的责任，并且，河岸权还被可使用特定水域水面的"公共权利"进一步限制。根据普通法，所有人都有权在任何适航的河流通行并行使相关的狩猎或捕鱼的权利。如今，公共使用不仅涉及适航，而且还包含公众娱乐，并且在许多州，公共使用也扩大到了非适航水域。公众的水面使用权将在第5章讨论。

2.3.1 河岸所有者的权利

1. 优先满足"自然"用水

河岸法对"自然"用水和"人工"用水进行了区分。自然使用主要包括满足河岸所有者家庭日常需求的用水，如饮用、洗涤、浇灌小花园或是喂养牲畜。根据自然水流原则，一个河岸所有者可以出于自然（或家庭）的目的使用河水，即使这种使用会减少河水流量并对下游河岸所有者造成损害。自然使用是唯一一项被承认的消费性使用。

合理利用的原则也反映了自然使用的优先权。[①] 如今,在大多数地区,任何河岸权人无须需考虑对下游河岸权人所造成的影响,可以对毗邻溪流的河水进行自然使用。但对于人工使用,如出于农业和工业目的的用水,会受合理利用理论的限制。

给予自然使用或家庭使用优先权,存在如下实际的理由:第一,自然使用不会消耗太多的水以至于会对下游河岸权人造成损害;第二,严格执行家庭用水的任何限制性措施是困难的;第三,自然使用对维持生命的存续是必需的,此类使用应当是合理使用。

2. 灌溉、工业和采矿用水

根据普通法,任何大型的灌溉都被视为"人工"用水。从理论上讲,除了家庭小型花园的浇灌用水之外,任何灌溉用水都不被允许。但是,在合理使用原则下,仍允许"合理"灌溉的存在,这将会在第4章进行讨论。美国一些实施河岸权制度的州已经制定了农业用水优先的法律,来表明他们的公共政策。例如,在肯塔基州,其他河岸用水需要许可,但农业用水不需要许可。其他地区则挑选特殊的农作物进行区别对待(例如,在威斯康星州,允许种植蔓越橘的农户们引水灌溉他们的农作物)。通过法律将农场的池塘与大坝的建造分开管理,农业也会获得优先用水的对待。

像农业用水一样,制造业和工业用水,都属于人工用水。如今,这些使用均受制于合理使用规则。

矿业开采通常需要大量用水,它也被认为是一种人工用水。然而,很多实施河岸权制度的州(如密歇根州和威斯

[①] 例如 Prather v. Hoberg,150 P. 2d 405 (Cal. 1944)。

康星州),已经宣称矿业开采将会成为公众热点,因此在确定矿业用水合理性的时候,应该给法院其他一些考量因素。一些采用许可证的州(如明尼苏达州),在颁发许可证之前,需要一项调查结论,即特定的采矿作业是符合公众利益的。其他一些州已经制定法律授权采矿者拥有进入这些水资源的权利,这隐含着采矿者有权使用这些水资源(如佐治亚州、缅因州和北卡罗来纳州)。

工业和采矿用水可能与现有河岸权人的清洁水权产生冲突。合理使用规则要求进行平衡测试,该测试可能会允许某些污染的存在,这与由私主体提起的私人妨害或公共妨害诉讼中使用的方法相似。在州或联邦制定的处理水资源污染法律中,合理性可能会通过一些法定的标准来衡量(如美国联邦《清洁水法》)。在实施河岸权许可制度的州,在颁发取水许可证时,有无污染是衡量颁发许可证的因素之一。

3. 市政用水

当美国还处在农业占主导地位的时期,本地的河流和私人的水井提供了大部分所需要的家庭用水。随着城市化的兴起,日益增加的市政供水系统提供了家庭用水、灭火,以及浇灌公园用水。鉴于实质上为城市本身和居民提供用水的不是市政供水系统,而是河岸土地所有者,所以河岸权原则不得不做出调整以便应对市政用水的例外。

(1)普通法

通常情况下,边界涵盖或毗邻流域中河流或湖泊的城市不是河岸权人,除非其拥有毗邻水体的土地。因此,城市没有权利使用水资源。与其他的河岸土地所有者一样,如果一座城市的确拥有一片河岸土地,城市因此成为河岸土地所有者,有权在其毗邻水体的土地上进行合理使用。①但是,当为了供城市居民使用需要抽取足够水量的时候,城市不得不持续增加其所拥有的河岸土地,以便证明其给河流附加的沉重负担是"合理的"。

征收权允许政府当局为了公共目的征收私有的河岸水权,如果只需要支付赔偿金的话。② 征收权需要支付的费用很高,尤其是在自然流量规则下,因为该规则甚至是在没有损害的情况下也要求赔偿。征收河岸权的赔偿金相当于受影响河岸土地价值的减少。如果一个城市没有征收河岸权就从河流中取水,受到损害的河岸土地所有者可以就逆向征收提起诉讼,其目的在于迫使城市征收其河岸权并赔偿其损失。

(2)法令和宪章的规定

诸如为了灭火、浇灌公园、公共建筑物用水和城市居民家庭生活用水这样的目的,大多数城市联合制定的纲领性文件授予城市取得水量供给的权力。各个州也已经通过了特定的法案,把这样的权力授予给特定的城市。当前的发展趋势是一般的法律都会把这样的权力授予给所有的政府当局。

在一些案件中,州的法律授权私有公司提供家庭用水,并授权私有公司征收土地和水权。③ 通常,这些公司与公共事业单位一样受到政府的监管。

---

① 例如 Botton v. State ,420 P. 2d 352(Wash. 1966)。
② 见 Dimmock v. New London,245 A. 2d 569(Conn. 1968)。
③ 见 Adams v. Greenwich Water Co. , 83A. 2d 177(Conn. 1951)。

4. 蓄水权

河岸所有者可能会渴望在多雨的季节修建一座蓄水的大坝,并把这些水资源存储起来以备干旱季节使用。少数几个法院已经裁决蓄水自身必须是合理的。① 随着自然水流观念的消亡,大多数的法院确信,一般情况下,蓄水应当受到合理使用规则的调整。现代法律给予环境保护机构颁发引水和修建蓄水设施许可证的自由裁量权。②

根据合理使用规则,河岸所有者可以蓄水,只要不损害其他河岸所有权的合理使用。③ 与合理使用规则相一致,法院认为当河岸所有者从蓄水设施中放水的时候,他们不能不合理地改变水资源的流量。在 Moore v. California Oregon Power Co. 案④中,原告拥有克拉马斯河的河岸土地,被告在原告的土地上有一个为发电用的大坝,为了满足电量的最大需求,被告需要不断从大坝中释放水量,这造成了大坝下游的水位波动很大,波动的水位不停地冲刷着原告的引水设施。在这个案件中,加利福尼亚高等法院做出了有利于原告的裁定,因为被告的用水剥夺了下游河岸所有者应当拥有的河流自然流量。根据合理利用原则,结果可能也会是相同的,因为被告蓄水和释放水量的方法是不合理的。

---

① 见 Evans v. Merriweather,4 Ill. 492(1842)。

② 例如 Hudson River Fisherman's Ass'n v. Williams,531 N. Y. S. 2d 379(N. Y. A. D. 1988)(允许有鳟鱼的河流枯竭)。

③ 见 Heise v. Schulz,204 P. 2d 706(Kan. 1949)。

④ 见 Moore v. California Oregon Power Co. , 140 P. 2d 798 (Cal. 1943)。

大部分州的法律遵循在 Rylands v. Fletcher 案[①]中确定的规则,即在大坝后面蓄水会构成非常危险的作业,因此,大坝的所有者释放水量对其他财产所有者造成的任何损害承担绝对的责任。

5. 利用水能

利用河水流量来发电是一种最古老的用水方式。水能的使用范围从最早期的水车到大型的水力发电大坝。

(1)水车、磨坊等的使用

在国家成立的早期,小型水车和磨坊点缀着数以万计的河流,提供了廉价的、可以利用的能源。最终,工业制造需要大一些的磨坊,于是随着大型水车的需求,为了泄水后生成可以提供更为强大水量的蓄水池,通常需要从磨坊所在河流的上游建造大坝。这可能会加深并减慢河流水量,妨碍其他用水者的使用。因此,一些州的立法机关制定了大坝法案以便允许蓄水大坝的建设,只要他们不损害既存的磨坊。通过确保对最早依靠河流水量用水者的保护,形成了河岸权制度中优先权的一个要件。

(2)水力发电

发电是一种重要的河岸权使用方法。根据合理使用原则,发电水坝的运行可能会不合理的蓄水或者泄水,对其他河岸权人造成损害。在确定大坝运营者蓄水和泄水方法合理性时,需要权衡的因素包括河流的面积、技术状态和其他河岸所有者使用河流的情况。[②] 尽管河岸权原则通常把水

---

① 见 Rylands v. Fletcher ,1868 WL 9885(Eng. 1868)。

② 见 Hazard Power Co. v. Somersville Mfg. Co., 61 A. 519 (Conn. 1905)。

资源使用限制在河岸土地上,但是从大坝产生的水电可能会被输送到非河岸土地,并被非河岸土地所有者使用。

公众也会很关切水电站大坝,因为这样的建筑设施会妨碍公众利用适航水域的水面。除了商业条款下国会的权力,在美国联邦电力法中,国会已经出台了如下的规定:在任何的适航水域都可以修建水电站大坝,除非大坝的修建者是第一个获得联邦能源管理委员会(前身是联邦电力委员会)许可的申请人。在颁发许可证之前,委员会需要查明被建议的项目"必须与改善和开发水资源的综合计划最为迎合"。[①]

6. 回收沙砾

自然水流规则需要每一个所有者都有义务保持河水水量不减少和质量不降低,该原则也附带授予了河岸所有者取出并出卖冲刷到下游的沙砾的资格。合理使用原则协调了利用水域运输沙砾的公用事业公司与其他竞争用水者之间的利益平衡。

在 Joslin v. Marin Mun. Water Dist 案[②]中,河岸所有者是否拥有回收砂砾的权利是案件争议的焦点。在该案件中,原告拥有毗邻河流的河岸土地,在原告的土地上沉积了很多砂砾,于是,河岸所有者开始经营有利可图的砂砾生意。被告在原告上游的供水区修建了一座大坝,尽管水仍然可以流经原告的土地,但原本在河水中悬浮的大量砂砾消失了。原告提起了诉讼,主张其土地价值降低了,原因在于他们每年失去了 25000 美元出卖砂砾的收入。但原告要

---

① 见第 9 章 9.3。

② 见 Joslin v. Marin Mun. Water Dist. ,429 P. 2d 889(Cal. 1967)。

求救济的主张被驳回了。原因在于,法院确认大坝是为公共利益提供服务的,但是从原告的砂砾经营中没有发现相关的公共利益。法院裁定:作为一个法律问题,利用河流输送悬浮的砂砾是不合理使用。这个判决结果很奇怪,因为双方当事人都是为公众提供必需产品的商业经营。法院认为作为一个法律问题,原告的使用是不合理的,因此放弃在合理使用规则中运用的平衡方法。大概在这个案件中,通过经济调整(支付款项)的方法,可以解决当事人之间的纠纷。

7. 排放废物

尽管为了防止任何水质污染,河岸权原则最初就授予河岸土地所有者权利和共享义务,但是绝对禁止污染却受到了河流使用原则的限制。几乎所有的水资源使用都必不可少的影响到河流或湖泊的化学成分或温度,其原因可能因为排放的污水回流到河流中,也可能因为引水使得河流稀释污染物的能力下降。因此,实践中经常需要面临的问题是,河水水质的改变是否会得出水资源是不合理使用的判断。[①]

甚至在河流最初使用的地方也会排放污水,这说明排污本身并不是必然的不合理使用。[②] 当纠纷发生在两个有利害关系的河岸权人之间,其中一个河岸权人将污染物排放到其可利用的水资源中,该河岸权人的用水行为是否是

---

① 见 Snow v. Parsons, 28 Vt. 459(1856)(案件发回重审,为了确定制革厂排放的污水是否是合理使用)。

② 见 Borough of Westville v. Whitney Home Builders, Inc., 122 A. 2d 233(N. J. Super. A. D. 1956)。

合理使用,则应当根据相同的适用条件和标准,衡量污水排放者的可得利益与排污行为给其他河岸权人造成损害的大小。如果排放污水的城市不是河岸权人,当城市把所引之水用于非河岸土地时,相同的争议也会产生。

在第三人引发的河道污染侵害案件中,河岸权人也会得到相应的救济。诉讼的原因在于非法进入(因过失或故意妨碍河岸权所依附的土地占有)和非法妨害(因妨碍土地的使用或享受)。为了找寻《侵权法重述(第二次)》第826条中的非法妨害的证据,法院使用了平衡测试方法,通过询问被告"危害的严重性是否超出了行为者行为所带来的社会效用,或者行为所引起的损害是否严重以及赔偿的经济负担是否沉重……停止持续侵害行为的可行性"等问题来确定被告的行为是否属于不合理的用水行为。

当今,通过许可证制度,每一个实际的污水排放者都适用具体的污水排放限制标准。在此情形下,各个州对大多数的水体污染进行了有效监管,具体见第9章9.5美国联邦《清洁水法》的简介。在一起侵犯河岸权的诉讼中,违反此类限制可能表明用水是不合理的。值得商榷的是,在侵害诉讼中,法定条件的满足却不能够成为被告实施其污染行为的借口,但是法院已经勉强让超过法定排放标准限制的被告承担了法律责任。

还存在很多非点源污染,包括来自于农业灌溉的污染,在《清洁水法》中,这些污染的排放不需要申请许可。非点源污染可能会通过普通法的诉讼得以控制,但是几乎不存在这样的案件。可能的原因是举证问题以及当事人众多,对于河岸所有人来说,不值得花时间提起这样的诉讼。

把污水排入市政污水管道的当事人通常免于承担民事

责任。然而,在 Springer v. Joseph Schlitz Brewing Co. 案①中,法院驳回了排污者的豁免请求,原因在于排污者明知城市不能充分地处理污水,并且在没有充分告知城市有关污染物具体信息的情况下,使用了处理污水的下水管道。在这个案件中法院适用的是过错归责理论。

2.3.2 利用河道水面的权利

1. 河岸所有人的共享权

河岸所有人在私有河床上部水域的财产权会受到其他河岸所有人对全部的水面进行交通运输、捕鱼以及其他目的使用的共同权利的限制。但是,只有私有的、非适航湖泊河床的多个所有者没有不合理地妨碍其他所有者及其许可证的合理使用,他们才可以使用全部湖泊的水面。② 然而,一些法院认为河岸所有者对水面的使用实际上受指定水域下部土地的限制。③ 适航水域河床的所有权将在第5章5.1中详述。

一些法院已经开始认可河岸所有者在其毗邻水域进行娱乐目的用水的权利,以及享受美丽风景的权利。在 Collens v. New Canaan Water Co. 案④中,法院判决原告获得损害赔偿和禁止令救济,因为被告为了市政用水抽取河流

---

① 见 Springer v. Joseph Schlitz Brewing Co. ,510 F. 2d 468(4th Cir. 1975)。

② 见 Beacham v. Lake Zurich Property Owners Ass'n,526 N. E. 2d 154 (Ill. 1988)(财产所有者不能把河岸权的拥有者排除出属于他们的那一部分湖床)。

③ 见 Orr v. Mortvedt ,735 N. E. 2d 610(Lowa 2007)(所有者可以标示其所拥有的人工湖泊的面积、排尽占地面积范围内的水量,并尽力寻找曾经被淹没的土地)。

④ Collens v. New Canaan Water Co. ,234 A. 2d 825(Conn. 1967)。

中的水资源已经对"原告(毗邻)河流财产的娱乐和美景利益"造成了不利影响。在一起诉讼中,因为向洛杉矶提供水资源的莫诺湖湖泊水位下降了,法院根据娱乐和美景的价值,判决对加利福尼亚北部著名的莫诺湖周围的河岸土地所有者进行损害赔偿。①

2. 公共权利

(1)适航水域的公共权利

其土地毗邻适航水域的河岸权人的权利受到公共权利在这样的水域存在范围的限制。英国普通法规则允许任何人在适航水域通航,并且允许任何人偶然地利用水资源的通行,比如狩猎和捕鱼。在美国该规则已经被广泛地接受,尽管对"适航水域"的界定已经变化了。

在适航的河流和湖泊中通航的公共权利明显应当包括利用水资源运输的权利。为了适应公众日益增加的对与水相关的娱乐机会的需求,一些州的立法机关和法院已经扩大了适航水域许可用水的范围。同时,为了允许公共用水权的实施,法院的裁决和法律均把河岸财产权限制在合理的范围之内。

在适航河道的河岸土地所有者会获得公众没有的一定的权利。河岸土地所有者最重要的权利是修建"露天码头"。虽然在没有妨碍通航的情况下,允许河岸权人修建码头,但是任何的障碍物都是侵占公共财产(把属于公共的财产围起来据为己有),这都是普通法所不允许的。如果公共的通航权受到侵害,作为非法妨害,障碍物将会被拆除。对此问题,法院通常会适用平衡测试。大多数东部和中西部

---

① 见 City of Los Angeles v. Aitken, 52 P. 2d 585 (Cal. App. 1935)。

的州都认可修建露天码头的权利,太平洋沿岸各州则不认可这一规定,除非立法有规定。密歇根州的法律要求任何人建造私人码头都必须经过州的许可。通常,河岸土地的所有者也有权安装一些防止河岸被侵蚀的建筑物。

(2)其他水域的公共权利

一些州的法律在认可私有土地上水域公共权利的同时,也可能会赋予公众有资格享有河岸土地所有者在湖床或者河床中的权利。

威斯康星州的法律认为,已经归属河岸土地所有者的非适航河流河床的权益会受到公共权利的限制。一部明尼苏达州的法律宣称:为公共目的利用的特定的、明确的水域(可控或可得)应当成为公共水域。殖民地时期以来,现在的缅因州、马萨诸塞州和新罕布什尔州的一些地区,大型的淡水湖泊就是众所周知的"太湖",虽然非适航,但已经向公众开放,只是公众穿越私有土地到达湖泊的权利受到相应的限制。

州的法律、立法机关和法院可能会规定公众允许使用水域的程度,而不论水域是否适航。因此,在私有河床上水域的公共权利可能会受到河岸权的限制。第 5 章对公共权利有较充分的论述。

2.4 河岸权的限制

2.4.1 合理用水限制

所有实施河岸权制度的州均遵守多样化的合理利用原则。合理利用原则允许河岸土地所有者在其使用不会妨碍其他河岸权人的合理使用时使用毗邻土地的水资源。合理程度取决于与其他河岸土地所有者用水的比较。一些实施河岸权制度的州也已经制定具体规则来解决具体的问题。这些规则包含偏爱使用的一些用水类型和市政用水的管理规则。

在自然水流规则的理论限制下,当河流在过去持续流淌的时候,每一个河岸土地所有者都有权利用质量没有下降、数量没有削减的流动水量,并且只能进行有限的水资源利用。该规则在实践中不具有可操作性,因为河岸土地所有者会获得一项禁止令来对抗任何耗尽曾流经其土地的水资源的人们,即使土地所有者并没有受到侵害。由此,合理使用原则盛行。虽然一些法院使用自然水流这一术语,特别是在处理河岸权人和非河岸权人之间争议的时候,但是它们很少实施自然水流规则来解决这些争议。①

大多数实施河岸权制度的州,已经采用法定的方案:在通常情形下,要求的特定用水需要获得许可。② 河岸权的相关权利由负责许可—授予的行政机关根据可供参考的合理使用标准确定。在处理被许可者之间的限制用水争议的时候,法院也会适用这些标准。与大多数实施先占优先权制度的州所采用的许可制度不同,在实施河岸权制度的州,早一些获得许可的河岸权人并不比晚一些获得许可的河岸权拥有更绝对的优先权。

在处理河岸权人之间争议的时候,法院通过比较一个河岸权人与其他河岸权人的用水合理性,来确定该河岸权

---

① 例如 Pyle v. Gilbert, 265 S. E. 2d 584 (Ga. 1980)(本案虽然适用了自然流动规则,但是为了合理使用,该规则被上游的河岸权所有者改变了)。

② 见本章 2.5。

人用水是否合理。《侵权法重述(第二次)》吸纳了普通法中相对合理程度的理念。在《侵权法重述(第二次)》中,可用于解决河岸权争议的规定包括两部分,这两个部分提供了一个经常被法院采用的分析此类纠纷的基本框架。

第850条,一个河岸所有者对另一个河岸所有者造成的损害。

如果一个河岸所有者不合理地使用了河流或湖泊中的水资源,对另一河岸所有者合理地利用水资源或其土地造成了损害,则该河岸所有者需要承担法律责任。

第850条A,水资源利用的合理性。

确定水资源使用的合理性需要考虑河岸所有者用水所获得的利益,需要考虑任何其他河岸所有者由此受到的损害,并且需要考虑社会的整体利益。影响合理性确定的因素包括:

(a)使用目的;

(b)利用河流或湖泊水资源的适宜性;

(c)使用的经济价值;

(d)使用的社会价值;

(e)造成损害的范围和金额;

(f)为避免损害,调整一个或其他河岸权人用水量或用水方法的可操作性;

(g)调整每一个河岸所有者用水量的可操作性;

(h)对水资源利用、土地、投资和企业等既存利益保护的程度;

(i)要求引起损害的用水者承担损失的公平性。

在河岸土地所有者的诉讼中,双方用水的合理性是争议的焦点。在证明权利已经受到侵害的时候,原告自身的水资源使用必须显而易见应当是合理的。这通常需要适用考虑上述要素中(a)~(d)。同样的分析方法可以被用来确定被告用水的合理性。在 Mason v. Hoyle 案①中,法院认为,被告常年运行的大型磨坊阻碍了河流的流动,其使用就是不合理使用,因为相较于河流的容量,磨坊的用水量太大了。

争议通常还会涉及这样的一些河岸所有者:每一个河岸所有者都采用合适的方法,把水资源投入到良好的使用当中,并产生了令人满意的社会和经济效果。但是如果这些使用不是持续不断的,法院必须要另外考虑因素(e)~(i)。因素(e)实际上要求损害必须不是实质性的,或者损害是微不足道的,并且这些损害由申诉的当事人承受。如果争议可以通过调整得以解决,因素(f)和(g)需要法院来确定。在干旱的时节,要求分享水资源并分担损害应当是合理的。

因素(h)和(i)经常被适用。如果被告的合理使用经过调整之后,比如,法院可能会要求当事人在不同的时间使用水资源,仍然造成了不可避免的严重损害。② 在此情况下,因素(h)就被用来识别:在其他条件不变的情况下,如果新的使用破坏了既存的使用,新的使用就是不合理的。因素(i)允许法院处理这样的一些情形:虽然被告的使用相对效率较高,但是根据公平原则,被告需要支付由其造成的损害。

---

① 见 Mason v. Hoyle, 14 A. 786(Conn. 1888)。
② 见 Harris v. Harrison, 29 P. 325(Cal. 1892)。

在 Bollinger v. Henry 案①中,法院适用了第 850 条 A 中规定的参考因素。案件涉及一条通往磨坊的水沟。原告在自己的土地上有一个磨坊,原告利用这条水沟中的水为磨坊运转提供水能,磨坊磨玉米一周只用一次。在夏季,被告从这条通往磨坊的水沟中引水灌溉土地。法院驳回了原告阻止被告用水的禁止令。尽管两者的使用表面上来看都是合理的,但是原告受到的损害微不足道,因为被告仅仅在一年中的少数几个月份才引水。在 Harris v. Brooks 案②中,尽管法院也适用了第 850 条中规定的参考因素,但是却做出了相反的判决。在这个案件中两个河岸权人的用水是截然相反的。法院认为,当湖泊水位下降到"正常水位"以下的时候,农场主应当被命令不能从湖泊中引水灌溉,因为农场主不合理的使用妨碍了商业游船的正常用水。然而,法院并没有解释如何权衡相互冲突的不同因素。该案证明参考因素的运用仍然是模糊不清的,通常会导致案件审理结果的不可预测性。

2.4.2 非河岸土地的用水

普通法的规则规定,水资源只能在"河岸土地"上使用。正如本章的 2.2 所述,河岸土地仅仅是一大块土地的其中一部分,这一大块土地必须毗邻同一个流域的水道。

1. 用水受河岸土地的限制

一些早期的案件裁定水资源不能用在不靠近水体的地块,即使是被河岸权人所有的在同一个流域内的地块也不例外,这些裁决忽视了对原告的实际损害。审理合理使用

---

① 见 Bollinger v. Henry,375 S. W. 2d 161(Mo. 1964)。
② 见 Harris v. Brooks, 283 S. W. 2d 129 (Ark. 1955)。

案件的法院现在逐渐要求提供河岸土地所有者把水资源用于同一个流域内的非河岸土地导致实际损害的证据。

2. 用水受流域的限制

普通法的基本规则是,把水资源用于其所属流域以外土地本身就是不合理的,当事人可以据此提起诉讼,即使此种使用没有造成损害。该规则的哲学前提是,水道和湖泊的存在主要是使其流经的土地受益,而不是仅仅使河岸土地所有者受益。因此,它甚至可以用于流域之外的大块土地的其中一部分。尽管大多数州已经采用了合理利用理论,但是这些州仍然继续适用流域限制规则。流域限制的严格执行已经遭到了很多批评,并且《侵权法重述(第二次)》第855条已经否认了该规则。很多州已经制定了流域限制规则的例外情形。除了规定例外情形,有关从一个流域到另一个流域大规模市政引水的河岸权法律已经畅通无阻地完成了。①

3. 阻碍非河岸土地用水的规则限制

(1)重述规则

《侵权法重述(第二次)》第855条抛弃了非河岸土地所有权人用水的绝对禁止规定。该条款规定,河岸所有者用水的合理性不受河岸土地使用和非河岸土地使用这一划分类型的限制。因此在毗邻水道的土地上用水或者在流域之外的土地上用水可能也是合理使用。

尽管重述规则评价了相对于河岸土地用水的非河岸土地用水的合理性,但是只有在非河岸土地用水者也拥有河

---

① 例如 North Carolina v. Hudson,731 F. Supp. 1261(E. D. N. C. 1990)(遵从农作物工程师大型跨流域引水许可的自由裁量权)。

岸土地的时候,才可以把水资源用于非河岸土地。随着合理利用理论扩张到非河岸土地用水,人们认为最经济的用水可能是为农业、采矿、制造业或其他目的在远离水体的土地上使用。重述规则保留了某种程度的人为要求:为了利用水资源,人们必须拥有一些河岸土地。即便拥有一平方英尺河岸土地也需要办理正式的手续,这一方面限制了河岸土地所有者在非河岸土地上利用水资源,另一方面也提出了不同的意见,即河岸土地的范围应当成为确定合理性的参考因素之一。

重述规则确定的方法已经逐渐被大多数的州采用,这些州包括佐治亚州、堪萨斯州、马萨诸塞州、俄克拉何马、得克萨斯州、佛蒙特州。[1] 但是,大多数实施河岸权制度的州仍然继续沿用普通法确立的仅限河岸土地使用的法律规则。

(2)存在实际损害

如果在非河岸土地或在流域以外的土地上使用河流或流域的水资源不会损害其他河岸权人的用水利益,那么一些法院是允许该使用的。在马萨诸塞州1913年的Stration v. Mt. Hermon Boys' School案[2]件中,原告拥有某河流一英里河岸土地的所有权,被告是一所学校,在原告的上游拥有一大块河岸土地。但是这个学校实际所在的位置与其所拥有的大片河岸土地并不毗邻,而是间隔有一英里的距离,两者也不在同一个河流流域范围之内。学校从其所

---

[1] 见 Pyle v. Gilbert, 265 S. E. 2d 584 (Ga. 1980)。

[2] 见 Stration v. Mt. Hermon Boys' School, 103 N. E. 87 (Mass. 1913)。

拥有的河岸土地的河流中引水,该行为减少了原告水力磨坊的可用水量,并由此给磨坊的所有权人造成了实质性损害。法院判决认为,河岸权行使的范围可以延展到同一流域内与河岸土地毗邻的其他土地的合理用水,如果原告主张河岸权恢复原状,则必须举证该延展对其现在或将来的合理利用造成实质性损害。

要求实际损害的限制规则并不多见,大多数州还是允许指控的当事人主张河岸权恢复原状,只要在不毗邻的土地或者在流域以外的土地利用流域水资源,即使该使用不存在实质性的损害。

纽约的"无害利用法"允许在不对河岸权造成损害的情况下,非河岸土地的所有者可以从该河流引水。该法案规定在没有对河岸权人造成不合理损害的情况下,非河岸土地才能够获得法定的用水权,从而保护了河岸权人的合法利益。

(3)实行许可证和混合水权的州

实行许可证制度和混合水权的州对非河岸土地用水的限制较少。在实行许可证制度的州,许可证可以颁发给原流域土地以外的用水者,也就是说并不要求许可证的持有人必须是河岸权土地的所有权人。在实行混合水权制度的州,如果有足够的水资源可以利用,非河岸土地的所有权人可以通过先占获得用水权。

(4)取得时效

因为非河岸土地用水是不合理的用水方式,不利于其他河岸权的行使。因此,如果非河岸土地所有者在法定的期间内持续利用水资源,则该利用便会形成时效水权。如果受诉法院要求河岸土地所有者必须受到时效取得的实质性损害才可获得救济,则只有当反对非河岸土地所有者获得时效水权的当事人已经遭受到损害时,非河岸权人的时效水权才可以产生。但是在那些不要求实际损害存在的州,非河岸权土地所有者也可以获得时效水权,因为河岸权人没能通过公平救济来排除非河岸土地的用水。关于时效水权的其他内容参见本章的 2.7.3 的内容。

(5)经济的解决方案

非河岸土地所有者应当被允许获得用水权,原因在于,与用水利益相互冲突的河岸权相比,非河岸土地所有者的用水权对社会可能更有价值。要求河岸土地用水者必须举证受到了实质性的损害才可得到公平的救济反映了这一立法思想。但是法院在决定是否给那些控告者救济的时候,通常不会权衡影响损害的相关因素(比如大小、强弱、长短等),任何持续性的损害都足够引发救济。因此,权衡损害将成为决定河岸权人和非河岸权人能否公平对待的关键。

大多数实施河岸权立法的州严格限制水权的转让,参见本章的 2.6。但是这些州允许非河岸权人购买河岸权人的水权,或者取得河岸权人的同意,但该使用必须限于与河岸权使用相关的合理利用。

河岸权转让的替代方法是购买河岸的土地。购买者获得了与河流毗邻的土地的同时,也获得了河岸权。在那些适用重述规则的地方,河岸土地所有者有权允许非河岸土地所有者合理使用水资源。

2.5　许可证制度

多年来,位于美国东部的大多数州都认为普通法确立的河岸权制度是一种可以接受的水量分配方案。20世纪中叶,在干旱年份,城市和工业用水需求量的日益增加引发了社会问题,这使得一些州开始采取法定的许可证制度。许可证制度的目的在于保护公共利益以便维持正常的水量供应、保持河流流量、允许各州自主决定水资源的利用并承受其带来的影响。立法要求在使用水资源之前必须要获得许可证,这是一种限制河岸权所有者的继承人权利数量和大小的方法。这一做法的结果使很多许可证授予要求受到质疑,尽管很多质疑以失败而告终。

至少对于较大规模水量的利用(如大量引水、水力发电、市政用水)大部分采用河岸权制度的州现在已经颁布了许可证立法,这些州包括亚拉巴马州、阿肯色州、康涅狄格州、特拉华州、佛罗里达州、佐治亚州、夏威夷州、伊利诺伊州、印第安纳州、艾奥瓦州、肯塔基州、马里兰州、马萨诸塞州、明尼苏达州、密西西比州、新泽西州、纽约州、北卡罗来纳州、宾夕法尼亚州、南卡罗来纳州、弗吉尼亚州和威斯康星州。有几个州在使用地下水的时候需要许可(如伊利诺伊州、马里兰州、肯塔基州和南卡罗来纳州)。如此一来,普通法的河岸主义大部分已经被"受控制的河岸主义"所取代。艾奥瓦州和佛罗里达州已经实施了非常详尽的许可证制度,而其他州的许可证制度还不够全面。剩余其他还没有实施许可证制度的州目前也正在审查他们的法律,在不久的将来很可能对水资源利用采取某种形式的管控。没有许可证制度的州通常要求地表水用户向中央机构报告他们已用水的数量。即使是实行受控制的河岸主义的各州,也正在审查他们现行的法律,以便确定现行立法是否足以应对日益增加的水需求、竞争性水使用、水污染和更频繁旱灾的要求。

2.5.1 许可证的适用范围

许可证法规要求想要引水或蓄水的人须从国家行政机关申领许可证,通常由一个中央机构同时负责水资源分配和水质监管。只有少数几个州要求小型家庭需要申请许可证。一些州对利用泉水、农场池塘里的水、其他对河流水量产生轻微影响的用水,以及其他人的生活必须水,免于申领许可证。其他州对大规模用水者,比如蒸汽发电厂和灌溉工具,规定免于许可。在肯塔基州和马里兰州,甚至是农业灌溉用水(用水量高达10万加仑/天)也可免于申请许可证。印第安纳州和佛蒙特州,需要许可的情形仅限于在"临界区域"或在"淡水湖紧急状态"时期的用水。

2.5.2 许可标准

负责核发许可证的行政官员必须在相互竞争的用水者之间选择。他们决定人们可以引水的数量,并设定引水的条件和情形,也可以决定在特定地点的河流应该至少保留多少水量,以维持鱼类、野生动物及其他公共用水所需。根据法定的许可证制度,许可证纠纷往往是由行政机关而不是由法院解决。

所有许可证立法通常都会制定由许可机关认可的许可标准。标准可能会涉及水道的类型、引水和用水可能的(有利和不利的)影响,以及对公众的影响。有些州详尽地解释了许可证制度所要充分考虑的细节要素。例如,佐治亚州列出的细节要素与被包含在《侵权法重述(第二次)》第850条A的内容非常相似。

在阿肯色州、艾奥瓦州、马里兰州和明尼苏达州,当没有足够的水资源分配给所有申请人时,已有立法对水资源分配设置了优先利用级别。其中家庭用水的优先级别最高。

没有州完全采用申请在先原则,大多数州会把水资源已有的使用作为其中的参考因素之一。在威斯康星州,除非水量被认为是"过剩"(超出目前的合理使用)的,否则水资源的新使用有赖于可能会受到损害的任何沿岸权人的同意。①

2.5.3 许可证的立法规定

在实施许可证制度的州中,大概有一半授予申请人永久许可。在其他州,许可证有3年到50年不等的固定期限。尽管固定期限许可证的续期不是自动的,但是在佛罗里达州和艾奥瓦州,鼓励续期申请。

在一个许可证中,有关引水的地点、数量、流速以及水资源被许可使用的地点和用途,都有明确规定。一些州的许可证法令准许在非河岸土地,或在流域以外的土地上使用河流中的水资源,而水资源在这些区域的使用往往被河岸权原则严格限制。一般来讲,许可证持有人需要监测和报告引水的情况。立法通常也配套多种方式的强制执行措施,比如禁止令、民事或刑事的处罚等。有的州要向许可证的获得者收取一定的费用,或者为使用一定量的水,用水者需要向某个机构缴纳费用。

如果许可证被授予后没有很快开始用水,或者用水时间超过立法规定的固定期限,许可证的持有人将丧失许可证。艾奥瓦州和肯塔基州的立法规定,如果是为了应对水

---

① 见 Nekoosa-Edwards Paper Co. v. Public Service Comm'n,99 N. W. 2d 821(Wis. 1959)。

资源短缺,或者为满足公共利益需要,或者为了保护其他人的财产权,许可证可以被修改。在水资源短缺的时候,时序在先的用水者会丧失优先权。

2.6 河岸权的转让

2.6.1 附属

可能只有河岸土地所有者才会认为河岸权是财产权。因为当事人通常都希望水权连同土地一并转让,法院也支持附属于河岸土地的所有河岸权连同土地一起转让,即使没有通过合同明确表示。但是,因为河岸土地与其附属的河岸权利一并转让的推测是有争议的,为了避免争议,通常需要当事人在合同中明确地表达他们的意图。

土地被转让,河岸权可能被保留并转让给其他人。河岸权是隐含在不动产中而不是动产中的法益,因此,任何离开附属土地的河岸权的单独转让必须以书面的方式生成。

2.6.2 授予与保留

尽管河岸权仅与河岸土地联系在一起,但是如果河岸土地所有者只转让河岸土地其中的一部分,则河岸土地所有者可以明示保留剩余部分土地的用水权,这种情况有时需要当事人双方同意。

通常,保留河岸权在两种情景下出现。第一种情况是,土地所有者把河岸土地划分成若干小块,并出让部分地块,但明示保留了与河岸土地相连的水权。让与人后来可能会把保留的地块转让给其他人,并同意把之前明示保留的河岸权一并转让。考虑到实际情况,保留水权的出让人至少要允许有足够的水量来满足受让人的家庭用水。

在图 2-2 中,O 拥有一大块河岸土地,O 把东半部分土地转让给 A,但明确表示保留所有的河岸权。然后,O 又把西半部分土地转让给 B,并把所有的河岸权授予给了 B。尽管 A 与 B 的土地都毗邻河流,但 B 拥有一部分带有河岸权的土地,而 A 却没有河岸权。值得注意的是,如果 O 能够把西半部土地让与给 B,且把以前保留的河岸权单独授予给 A,在这种情况下,A 和 B 将都可以拥有河岸权。

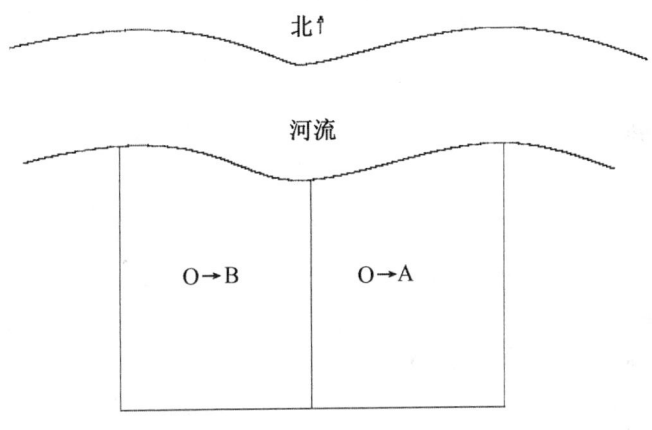

图 2-2 示例图 2

第二种保留河岸权的情况是,河岸土地所有者保留了一块不与水体毗邻的原始河岸土地,而把与水体毗邻的地块转让给他人。河岸土地所有者部分或全部保留了河岸权。

在图 2-3 中,O 拥有一大块河岸土地,O 把北半部分土地转让给 A,但保留了南半部分土地及附属于整块土地的河岸权。然后,如果 O 又把南半部分土地转让给 B,那么 B 就获得了全部的河岸权。当然,O 也可以把南半部分土地转让给B,同时把河岸权的一部分授予给B,一部分授予给A。

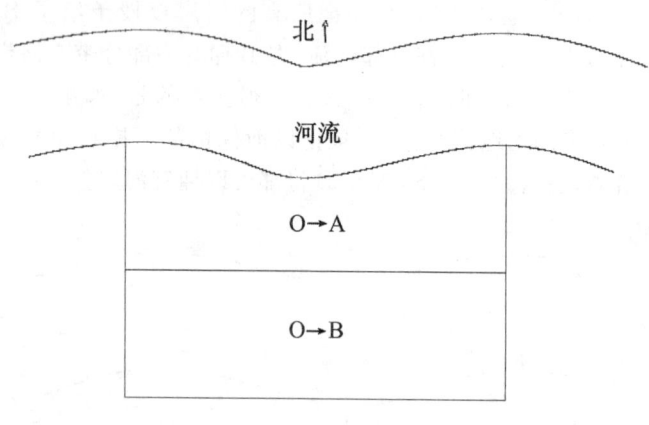

图2-3 示例图3

河岸土地不毗邻水体的地块转让时,如果出让人没有明确授予河岸权,那么土地的受让人不能获得河岸权。在那些遵循"所有权权源规则"(本章2.3)的州,非河岸地块与部分河岸权的一并转让提供了打破该规则的方法。

在图2-3中,假设O把南半部分土地转让给B,授予B合理的河岸权份额,然后把剩下的土地和水权转让给了A,则A和B均可以获得河岸权,即使这块土地位于那些遵循"所有权权源规则"的州。

一般规则是,河岸权被一个河岸土地所有者转让给受让人后,原权利人的权利行使就受到了约束。河岸权授予给他人之后,河岸土地的所有者应当停止任何对受让人造成损害的引水或用水。事实上,出让人放弃了所有基于河岸权原则的权利请求,这种放弃也约束了其继承人的利益。

显而易见,一个原本拥有一大块河岸土地的河岸权人,如果在转让其中部分土地时,已经把所有的河岸权授予给了他人,则不可以连同剩余土地再次转让河岸权。

尽管河岸权的转让在当事人之间是有效的,但大多数州认为应当区分河岸权的全部转让与河岸权的部分转让,对于后者,受让人获得的任何一部分的河岸权对其他河岸权人来讲都是无效的。① 一个非河岸土地河岸权的受让人不可以抗辩第三方利用河流水量的行为,即使这种行为对原有河岸权的出让人也是不合理的。可是,少数法院允许受让人任何形式的合理利用,而此种合理利用本来是出让人应当给予受让人的。换句话说,如果受到其他河岸权人的质疑,非河岸土地河岸权的受让人能否利用河流的水资源,取决于其利用是否属于合理利用,正如河岸权的出让人可以利用非毗邻河流的水资源一样(参考本章 2.4)。②

本章 2.5 中论述过了流域限制制度,该制度限制了河岸土地所有者应当具有的授予他人河岸权的资格。一些州认为,流域外的土地用水是不合理的事情,如果河岸土地的所有者拥有紧密相连的一块土地(这块土地的其中一部分在流域之外),他转让了不毗邻河流的一部分土地,包括流域外部分在内,则河岸土地的所有者不能授予买受人在流域之外的土地上使用水资源的任何权利,然而,任何的司法管辖权都不会阻止不毗邻河流的河岸土地利用水资源,除

---

① 见 Duckworth v. Watsonville Water and Light Co., 110 P. 927(Cal. 1910)。

② 见 Lawrie v. Silsby, 56 A. 1106(Vt. 1904)及 State v. Apfelbacher, 167 N. W. 244(Wis. 1918)。

非这种使用对其他人的利用造成了损害。

在图2-4中,O拥有一大块河岸土地,O把南半部分土地转让给B,其中的部分土地位于流域之外,并授予B一半的河岸权。在那些只要不对其他河岸权人造成损害,则允许流域之外土地用水的州,O能授予B在流域外土地上用水的权利,只要B在行使权利的时候不损害其他河岸权人的利益。

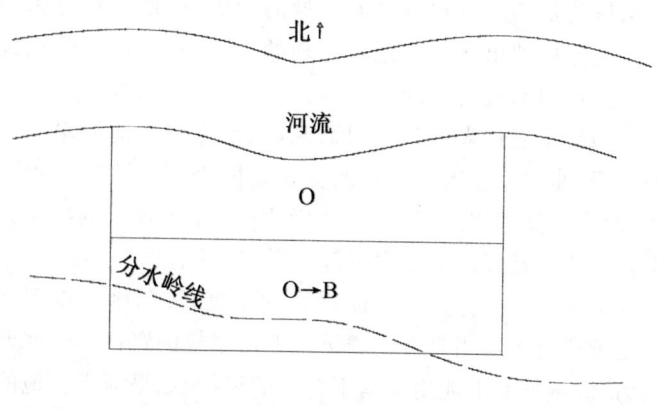

图2-4 示例图4

在Stratton v. Mt. Hermon Boys'school案中(参见本章的2.4),法院认为,拥有非紧密相连的河岸土地和非毗邻河流的河岸地块的被告,可以在流域之外的地块利用水资源,只要承担不对其他河岸权人造成实质性损害的义务。可能的情况是,一个河岸土地所有者,拥有与其河岸土地不紧密相连的流域之外的地块,该土地所有者可以把流域之外的地块卖掉,并授予买受人合理份额的河岸权,依据该河岸权,买受人可以用水但不能对其他河岸权人造成实质损害。

在图 2-5 中，O 拥有一大块河岸土地，其中非紧密相连的地块位于流域之外，O 把流域之外的地块连同部分河岸权转让给了 A，在那些只要不对其他河岸权人造成实质性损害，就可以在流域之外的地块利用水资源的州，A 就可以合理地利用水资源，尽管此种权利转让严格来说可能是无法实现的。

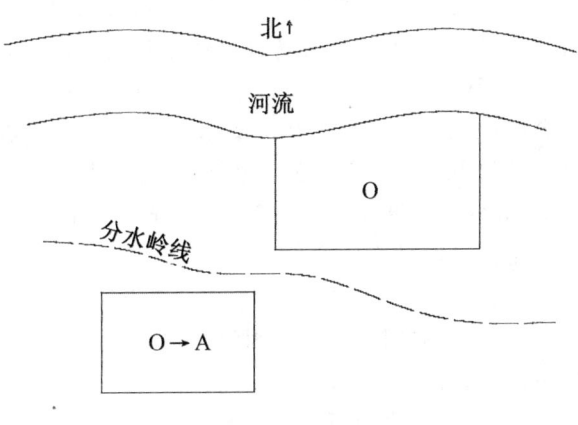

图 2-5 示例图 5

2.7 河岸权的丧失

河岸权，像其他财产权一样，在某些情形下会终止或"消失"。法令、土地所有权和河岸权的分离和许可证制度都可能导致河岸权不复存在。一般规则是，河岸权不会因为不使用而丧失。然而，任何的规则都不是绝对的。在施行混合水权的州，立法允许河岸权开始新的使用，并且规定超过法律规定期限不使用河岸权,合法授予的河岸权将禁止使用。法定的许可证体制限制了普通法系的河岸权制度,规定河岸土地所有者在开始新的使用之前可以获得河岸权的许可。一些重要的领域可能会引起河岸权的丧失,典型的比如为了确保城市的用水安全。

2.7.1 不使用导致丧失

通常,河岸权不会因为不使用而失去。因为河岸权仅仅和河岸土地紧密相连,其遵循的基本原则是无论该权利是否被行使,河岸土地的所有者都是河岸权的权利人。正如一个法院所认为的,"使用权利不同于创设权利,不使用权利不会引起权利消灭或暂停"[①]。在施行先占优先权的州,与此不同,因为先占权建立在为合理目的使用一定量水资源的基础之上,不继续使用是意图放弃先占权的证据。

不使用甚至是很长时间不使用不会丧失河岸权的规则常常受到批判,尤其是在施行混合水权的干旱少水的州。在这些州,先占者的用水面临着因河岸权人开始用水而被中断的风险。施行混合水权的州通常会采用先占优先权制度,原因在于尚未修改的河岸权制度不能适应高效率的水资源分配。几乎所有施行混合水权的州,现在都有权利丧失的立法规定,以便确定在河岸权被授予一定时间之后,河岸土地所有权人是否有资格可以开始新的用水,尽管在大多数情况下,被合法授予的河岸权仍然不能仅仅因为没有使用而丧失。

2.7.2 分离和堆积

当河流突然改道的时候,水资源和土地的分离就发生

---

① 见 Lux v. Hagin,10 P. 674(Cal. 1886)。

了。即使分离使得河流离开了土地所有者的土地,而土地的边界范围仍然界定在河流离开原有河道之前的地方。实际上,分离会使河岸土地变成非河岸土地,由此就使不幸的河岸权人丧失了河岸权。相反,一个非河岸土地的所有者也可能会突然获得河岸权,因为大自然把河流带到了他所有的土地上。

当河流改变了河道很多年时间之后,堆积和新土地就会产生。堆积是沉积物沿着水线逐渐附加到一段河岸上的结果。当河水从河流的一边慢慢退去,新土地就产生了。如果堆积和新土地出现了,排除分离的情形,土地的边界线随着水线的改变而改变,因此毗邻增加土地的河岸所有人就会获得新增土地的河岸权,同时保留原有的河岸权。[1]失去河岸土地的土地所有人也就失去了该块土地的河岸权,但是却保留了附属的河岸权,只要河流仍然与其土地毗邻。

尽管分离和堆积的区别不是很明朗,但是大多数的法院认为非常大的、猛烈的、突然的河道改变构成分离。但同时,法院也会参考引起河流改道的各种原因,也会考虑决定适用的规则会对当事人产生哪些影响。因此,在一个案件中,如果河流的突然改道是由被告的清淤行为造成的,则法院会适用堆积规则来解决原被告的争议。因为如果适用分离规则,会造成原告完全不可以利用水资源。[2]

2.7.3 消灭时效

典型违法占有的法律规定,公开的、众所周知的、不怀

---

[1] 见 Burkart v. City of Fort Lauderale, 168 So. 2d 65(Fla. 1964)。
[2] 见 Strom v. Sheldon, 527 P. 2d 1382(Wash. App. 1974)。

好意的、排他的和持续的财产占有满法定期限,违法占有者会获得时效财产权。像其他财产权一样,河岸权也可能会通过他人的违法占有而失去。根据河岸权法律,通过时效获得河岸权取决于两个因素:①一个人是河岸土地所有者还是非河岸土地所有者;②在河岸权原告的上游还是下游。

在河岸权的司法判例中,通过立法规定获得排他用水权,通常是一种重要的方法。被认为是美国河岸权法中奠基性的案件是 Tyler v. Wilkinson 案①,该案的判决认为:"虽然纯粹流动水资源的先占优先权……不能被授予排他的权利……但是通过我们的立法,根据公众便利的原则,二十年的排他的、不受干扰的享有,已经可以令人信服的推定当事人享有授权或权利。"在那些即便优先使用也不会产生任何权利的地方,长期用水者的公平得到了维护。当然,不满全部规定期限的水资源利用并不会导致权利的产生。②

自然水流理论会给予每一个河岸土地所有者利用流经其土地一定数量或者质量的水资源的权利,该权利仅会受到其他河岸权人的家庭用水的限制。在此理论下,当上游的河岸土地所有者开始从河流中取走比需求更多水量的时候,取得时效的期限就开始算了,即使下游的河岸权原告没有实际受到损害。

所有的州现在都遵循一些形式各异的合理利用规则。当立法冲突发生在两个河岸权人之间——上游的被告和下游的原告,合理利用规则就意味着如果上游河岸权人的用水没有不合理地妨害下游河岸权人用水的权利,则上游的

---

① 见 Tyler v. Wilkinson, 24 F. Cas. 472(C. C. R. I. 1827)。
② 见 Martin v. Bigelow, 1827 WL 1365(Vt. 1827)。

河岸权的使用就不是不合理的。[①] 该规则是合乎情理的,因为所有的河岸权人都被授予合理用水的权利。

如果立法冲突发生在上游没有河岸权的被告和下游有河岸权的原告之间,采用合理利用的州可能会遵循两种不同的规则。一些法院认为,在合理使用规则下,如果非河岸权用水者没有不合理地妨害下游河岸权人的合理用水,则非河岸权人的用水不能被上升为一项时效权利。其他法院认为,如果上游被告的非河岸用水没有不合理地妨害下游河岸权人的用水,尽管非河岸土地的用水仍然是不合法的,但可能会转变成一项时效权利。最终,下游的河岸权人必须寻求禁止令救济,即便在没有损害的情况下。

法院一直主张,下游的用水者(河岸或非河岸)不能够获得与上游河岸权相冲突的时效水权。该规则有时也可以被表述为:"时效水权不能跑到河流的上游。"其理论依据是,由于下游的使用不会对上游的使用产生不利的影响,所以下游的使用不是敌对的,不会成为一个时效权利的基础。这里有一个有趣的例外。[②]

当在水道中时效水权的全部要件都完备了之后,河岸权就逐渐减少了。通常,法院(比如加利福尼亚州)会认可取得时效水权人可以未经许可利用一定的水量,可利用的水量取决于在取得时效时曾经的用水量。如此获得的权利与先占权非常相似,但先占权在水量短缺的时候不会减少。然而,一些法院(比如华盛顿)已经测量了在未经许可的情

---

① 见 Pabst v. Finmand ,211 P. 11(Cal. 1922)。

② 见 Dontanello v. Gust ,150 P. 420(Wash. 1915)(通过在上游的河岸土地上修建引水设施,下游的用水者获得了时效水权)。

况下,时效水权可以使用全部河流水量中的份额。受此规则的约束,在水量短缺的时候,时效水权人和其他河岸权人的用水量应当等比例减少。

2.7.4 立法规定

1. 修改水权的法令

(1)许可证制度

在远离东部大型河流的地区,随着人口的增长和新兴城市的崛起,采用河岸权制度的州开始制定意在提升水资源分配效率的立法制度。大部分普通法的立法修改采纳了许可证制度,在本章 2.5 已经对该制度进行了详述。一些州要求新产生的和既存的河岸权用水者都要取得许可。也有少数几个州规定,未曾用过的河岸权在将来使用的时候要进行权利有效性的主张和确认。

(2)混合水权制度

一些州既承认先占优先权理论,又承认河岸权原则。因为加利福尼亚州率先宣布承认这两种类型的水权,所以有时混合方法又被称为"加利福尼亚理论"。然而,它并不是真正的"理论",因为在形成这两种理论的州中,两者存在着很大的不同。第 4 章详述了混合制度的发展历史。支持河岸权原则的河岸权立法修改并没有成功地引起宪法的修改,这部分内容将在第 4 章 4.2 详述。

2. 没收的法令

没收是一个法律术语,表明不管财产所有者的主观意图如何,特定期限的不使用将自动失去财产权。在实施河岸权制度的州和大多数实施混合制度的州,已经有许可证法令条款规定了河岸权被没收的特定情形。通常,一个人必须在合理的期限内开始使用许可的水量,否则权利就会被没收。如果一个许可证下的河岸权持续超过两年或三年没有使用,没收也可能会发生。

转变成法定许可证制度或混合制度的意图部分是出于弥补河岸权制度的不确定性和不安全性。河岸权人在将来开始任何合理使用,以及继续现有的使用,都允许大量的、超预算的利用水资源。没收制度减少了上述问题的产生,因为它停止或限制了在特定期限内没有实施的河岸权。在实行混合水权的堪萨斯州和华盛顿州,即使是合法授予的河岸权(这些河岸权在过去长期被使用),根据没收法律条款,一定期限不使用,也可能会被没收。

第3章 先占

3.1 导言

在19世纪,为了满足美国西部用水者的实际需求,先占优先权理论产生了。先占优先权理论来源于在联邦公共土地上采矿的采矿人的习惯,采矿人希望和最先用水者一样被授予最优的权利。后来,甚至为了在私人所有的土地上使用,农场主和其他用水者开始占有水资源。在应用先占优先权理论的地方,根据人们把特定水量用于合理目的的时间,用水者可以被授予水权。只要合理使用继续,权利就持续。

大多数认可先占优先权理论的法院认为,水资源是公共资源,不可以被个人所有。在先占优先权制度中的个人用水权依赖为了合理目的的水量使用申请。

通常情况下,有效占有的要素包括:

①把水资源用于合理目的的意图;

②存在从天然河流中实际引水的行为;

③在合理时间内为了合理目的提出了用水申请。

占有的日期决定用水者的优先权,即最早的用水者拥有最优先的水权。如果水资源不能满足所有用水者的需求,占有时间最早的用水者(时序在前的占有者)通常可以获得所有被分配的水量。而那些占有时间较晚的占有者(时序在后的占有者)要么仅得到原本有权得到水量的其中一部分,要么一点都得不到,这取决于可用水资源的总量。因此,"时间最早、权利最优"的理念与传统河岸权形成了鲜明的对比,因为在水资源短缺的时候,所有被授予河岸权的用水者均可以按比例用水。

支撑先占优先权的合理使用必须具有特定、明确的使用目的,比如灌溉用水、市政用水、工业用水、消防用水、牲畜用水,但是一种以上的使用方式也可以共同作为占有的合理目的。进行合理用水的财产不一定必须毗邻水资源,或者通常甚至也不需要在同一个流域内。如果不损害其他占有人的合法权益,大多数州立法允许水权脱离权利最先附属的财产单独转让。

通常情况下,水资源可以为了州认可的任何合理目的而被利用。人们一般更乐于选择那些后来才有的、更加经济或者更加容易被社会接受的合理用水,而不是具有较少合理目的的使用方式。优先权取决于在时间上产生较早的占有使用。一些州的法令或宪法表明了其更加偏好哪些合理目的的使用,但是它们不能改变优先权先用先得的基本原则。法律偏好的合理用水方式,会被行政机关用来决定哪些潜在的用水者会被获得先占优先权的许可,更为常见的是,法律偏好的合理用水方式,会被用于授予权利的拥有者更多可以选择的使用方式。

先占优先权的衡量方法包括很多:合理的时间内,通过合理程度的尽职尽责把水资源用于合理目的等。因此,有用水的权利并不意味着可以浪费。如果所引水量比实际需要量多,就是浪费,就剥夺了其他用水者的权利,理论上不应该被称为合理用水。

很长一段时间不使用所占有的水量会导致水权的丧失。如果不使用是故意的,可能会被解释为权利的抛弃;如果不使用不是故意的,则在某些州可能会引起权利被没收。

尽管在早些时候,个人提出权利要求的理由是:基于先占优先,私人有权使用公共水资源——与要求在公有土地上采矿相似——存在的时间很短暂。尽管今天的水资源使用是多元化的,但仍然保留着先占优先权理论,但是,该理论已经被调整和修改。虽然在西部十九个州,大多数水资源的先占优先权已经通过先占建立起来了,但是占有权人的水资源利用行为被行政机关监管;同时,根据复杂的立法制度体系,新的权利又亟待被建立。大多数州的立法要求水资源占有者必须要获得许可才可用水。在这十九个州中,其中有十个州建立了混合水权制度,混合制度借鉴了河岸权和先占优先权原则的基本原理。混合制度体系及其他的理论变体在第4章中详述。河岸权的某些方面,主要是与河道地表水相关的问题,适用于所有建立了先占优先权制度的州。[①]

当所有的法定要求(如引水、合理使用)被满足,任何法律明确规定的程序(如通知、申请)都被履行的时候,占有就完成了。一旦从行政机关或法院取得了许可证或判决,先占优先权就非常完备了。

在大多数州,法律要求行政机关保证占有必须出于公共利益的目的,要求行政机关在相互竞争的占有者之间进

---

① 见第2章2.3。

行必要的选择,选择的基础主要看公共利益是否被满足。在有的案件中,主要看新的占有或者是水资源利用的改变是否需要被否定或者是附条件的否定。一些州的法院认为,州具有公共信托的义务,不允许与公共利益目的偏离的水资源利用。公共信托理论甚至可能会取消违反公共利益的既存占有。

3.2 先占优先权理论的发展

逐渐演变成现代法律制度的先占优先权理论可以追溯到美国西部大开发时期的地方风俗习惯和规章,特别是1948年在加利福尼亚州发现黄金之后。可用的水资源是有限的,采矿(主要是淘金)需要大量的水;为养活日益增多的人口,农业生产需要水资源灌溉干旱土地生长的农作物。

普通法中的河岸权制度不能满足采矿者的需求,因为河岸权制度只允许把水权授予给那些拥有毗邻河流土地的人,并且河岸权制度不允许把水资源转让给流域之外的当事人。然而,西部大多数土地归美国政府所有,采矿者实质上是非法侵入者。采矿者不能获得土地,因此在河岸权制度下,自然也就不能获得水权。

在采矿营地,为了和平分配可用的水资源,一些规则就产生了。这些规则与在公有土地上采矿要求建立和保护采用的规则相似:时间最早、权利最优。实质上,在一条特定河流中,第一个用水者拥有被保护的权利,该权利可以抗辩其他后来的用水者。当拓荒者进行西部大开发时,相同的制度被应用于农业土地的用水者。为了防止占有了沿河土地的农民独占水资源,并把独占水资源有效地用于不靠近任何水源的土地上。这一点在有些远离河流的地方很有意义,比如大部分非常干旱的土地,或者大部分地块不好的宅基地。

美国政府通过不同的公有土地法处置了所有的土地。从外国和印第安民族获得的领土几乎涵盖了所有的西部地区。政府原本打算一并转让土地和水权(河岸)。然而,当地风俗默认了私有水权可以建立在公有的土地上,包括默认了通过公有土地把水引到远方的采矿区和灌溉土地上的权利。继而,虽然土地与水权被政府单独授予所有权,但是土地所有权会受到其他人先占权利的限制。

3.2.1 联邦法令

1. 1866年《采矿法》

美国南北战争之后不久,国会的提案要求私人矿井撤离公有土地,政府继续经营或把这些矿井卖掉以便偿还战争债务。在西部私人矿产开发蔓延的地方,立法者反对国会的提案,这引起了1866年《采矿法》的颁布。作为重述,《采矿法》被《美国法典详解》汇编在第30章的第50条和第43条,以及第43章的第661条。法案的一部分在第4章4.1中被引用。法案明确了采矿者和水资源占有者的权利。法案正式认可了在法案通过之前或之后占有公有土地上水资源的权利,以及通过公有土地输送水资源的权利。法案并没有明确规定任何从联邦政府那儿获得水权的方法,因此也就推迟了已有的地方风俗、州和地方法律或法院规则的实施。法令承认政府有责任尊重通过默认建立的权利。

2. 1870年《采矿法修正案》

即使在1866年《采矿法》实施之后,从美国政府那里获得土地的河岸土地所有者是否拥有优于先占权人的河岸权,是否受先占权人权利要求的限制,这些问题还不是很明朗。1870年《采矿法修正案》澄清了上述问题,该法案认为应当支持先占优先权人。法案规定,任何人有权通过联邦专有权、宅基地所有权、先占权获得公有土地所有权,虽然土地属于公有,但是取得的土地所有权容易受到其他人获得的任何水权、地役权或者通行权的限制。上述水权等权利有效地反对了美国政府的土地所有权和其他权利受让人。

3. 1877年《干旱土地法》

《干旱土地法》被《美国法典详解》汇编在第43章的第321-329条。该法规定,在公有土地上的非适航水域的水资源可以被占有并用于灌溉、采矿和制造等这些容易被现存权利限制的用途。该法案主要适用于亚利桑那州、加利福尼亚州、爱达荷州、蒙大拿州、内华达州、新墨西哥州、北达科他州、俄勒冈州、南达科他州、犹他州、华盛顿和怀俄明州的干旱土地。在1891年的修正案中,科罗拉多州被增加进来。

直到1935年,关于《干旱土地法》是否仅适用于干旱地带,西部各州产生了分歧。在1935年,美国最高法院裁决确认,接受先占优先权原则的《干旱土地法》可以适用于所有指定的州或地区的公共领地。[①] 该裁决也认为,鉴于《干旱土地法》提供的水资源来自于公共土地,因此只有水权可以通过地方法律的专有权建立起来。由此,根据州的法律,

---

① 见 California Oregon Power Co. v. Beaver Portland Cement Co., 295 U. S. 142(1935)。

未被占有的非适航的所有水资源可以被占有和使用。有关《干旱土地法》节选部分内容详见第4章4.1。

3.2.2 现代法律体系的发展

在干旱的西部,大部分土地远离河流,水资源有限。为了鼓励该地区的经济发展,建立先占优先权制度无疑是一种可取的途径。先占优先权制度使得投资人的投资安全得以回报,这些投资人是第一批冒险进行人力和物力投资的人。

在八个最干旱的州(亚利桑那州、加利福尼亚州、爱达荷州、蒙大拿州、内华达州、新墨西哥州、犹他州和怀俄明州),宪法或法令很早就否定了河岸权制度,这些州采纳了先占优先权制度,并把其作为所有合理目的用水者获得水权的唯一方法。在这些州,法律制度已经逐步发展,进一步规定了占有的开始、优先权的建立和实施,以及水资源的分配等问题。

在阿拉斯加州发展的早期,法律允许为了采矿目的使用河岸水资源,但在1966年,立法机关制定了《水资源利用法》,把所有的河岸权转换成先占优先权。少数几个西部地区的州,在接受了先占优先权理论之后,既存的河岸权制度同时被保留下来;《水资源利用法》制定之后,河岸权向先占优先权转变的势头更加迅猛。

在加利福尼亚州、堪萨斯州、密西西比州、内布拉斯加州、北达科他州、俄克拉何马州、俄勒冈州、南达科他州、得克萨斯州和华盛顿州,河岸权的习惯法在一定程度上继续与先占优先权制度的法律规定并行。通常,这些实行混合水权的州承认河岸权制度,但是限制其进一步扩大;承认新型的水权,但仅限于先占优先权。混合水权制度将在第4

章详述。

3.3 先占优先水权属于所有权

3.3.1 流动的水资源不存在个人所有权

作为一般的规则,个人不能拥有天然的水资源。水,像鱼类和野生动物一样,一般属于公共所有的资源。政府运用公权力来规范水资源的使用,从公共利益出发来保护和分配水资源。

实行先占优先权制度的州,所有州的宪法和法律都规定,为了公民的利益,州有权管理水资源的使用。这些规定维护的是国家统治权,而不是所有权人的利益。这些州确立了州管理个人水资源占有事务的权利和义务。

水资源占有产生的私人财产利益的性质每个州都不一样。基于合法合理目的引水的个人变成了水资源的合法管理人,该管理人有权利用水资源,并承担不侵害其他用水者的义务。当水资源还在运河、沟渠、水库和输水管道中的时候,水资源不应该被认为是个人财产。当通过引水者的使用,水资源被保留在蓄水容器或游泳池里的时候,水资源才真正被认为是个人财产。有些州进一步认为所有合理使用的水资源都可被视为个人财产,可以买入、卖出,在有些情形下还可能会被征税。

在实行先占优先权制度的州,水资源的财产利益只限于引水和使用特定水量的权利。引水并合理使用的权利被称为"用益"权,与"占有"相对。作为一种所有权,在所有西部地区,水资源的占有权都有一定的标准特征。通常情况下,占有权可以出于特定目的,在特定土地上使用所占有的水量。在大多数的州,没有丧失优先权的水权拥有者可以基于不同的目的把该权利转用于另一块土地;或者可能把权利出卖给另一个当事人,该当事人可以改变水资源的利用,只要此种改变不会损害其他占有者的利益。①

水权通常可以被分配和抵押,如果没有合理的赔偿,州和联邦政府不可以剥夺占有者的水权。联邦最高法院已经裁定:水权是一个商业条款,不允许各州进行不合理的水权州际贸易限制,并且国会可能会制定相关的立法。在商业条款下,各州保留水资源权益的事实与各州的限制是否合理是密切相关的。②

通常认为,为了水资源能在引水点或引水点上游的支流所在河流的河床里流动,占有者应当拥有地役权。因可用水量减少或水量下降,占有者可能会得到合法公平的救济。

有关水资源利用的限制和规定进一步界定了水权中的财产利益。当优先权日成立的时候,水资源的使用目的就确定了,正如可引水量、水资源流速、引水点和可能的取水时间等的确定一样。州要求水资源的占有人必须将占有的水量持续地用于最初占有水资源时确定的原始用途。其他规章规定了水资源利用必须的能效度,并限制水源的污染。

一旦水被用于规定的合理目的,剩余没有使用的那部分水量通常通过渗漏、排水渠道、污水管道等被返回到河流中。在水离开水权所有者控制的那一刻,水的利用就结束了,任何在水权中的财产利益也即告终止。

---

① 见本章的 3.9。
② 见 Sporhase v. Nebraska ex rel. Douglas ,458 U. S. 941(1982)。

3.3.2 州宪法和法律的规定

十九个实施先占优先权制度和混合水权制度的州认为,在自然状态下的水资源不属于任何个人或实体,然而,为了社会公共利益,作为一种普通的自然资源,水资源应该被监管。在宪法和法律条款中,水资源的管理可能会被这样表述:水资源"属于公众所有"(亚利桑那州、内华达州、新墨西哥州、北达科他州、俄勒冈州),"是州的财产"(爱达荷州、蒙大拿州、北达科他州、得克萨斯州、怀俄明州),"是州全体人民的财产"(加利福尼亚州、科罗拉多州、南达科他州),"是公众的财产"(科罗拉多州、内布拉斯加州、犹他州),或者类似的语言表达。尽管州当局的权力通常被表述在所有权条款中,但是当允许私有权利在使用中产生的时候,这样的表述的影响实质是维护行政当局对水资源广泛的管理权力。

3.3.3 限制河岸权的法令

在几乎所有实施先占优先权制度的州,法令和宪法条款都废除或限制了之前认可的河岸权的适用范围。十个州已经制定了先占优先权制度来取代或修正河岸权制度。利用水道表面(例如达滨权、码头修建权)的河岸权通常不受影响,见第2章2.2。为了合理利用那些在法令颁布的时候还没有被使用的水资源,各州通常都严格限制或取消河岸权。依照法律条款,占有成为唯一获得水权的方法。在那些河岸权和先占优先权持续共处的州,其水权制度被称为"混合制度",见第4章。

在拒绝接受河岸权的制度中,一个普通的模式是宣称河岸权为既定权利,并根据最初从政府那里获得河岸土地的日期,把河岸权纳入到先占优先权制度中。因为河岸权的使用可以后来产生并扩大,所以对已分配水量产生多大的不确定性必须被包含在混合制度中。很多州已经对此问题做出了反应,并通过认可河岸权的扩张和通过阻止未使用的河岸权后来的运用来实现。其中认可河岸权扩张的规定认为,在法律改变之后特定的时间内,河岸权只能扩张到申请合理用水的全部水量。这些规定明显削减了河岸权所有者的所有权。

在宪法允许下,当谈到需要赔偿的财产权的时候,限制河岸权的法律挑战在大多州是失败的。只有当人们不申请权利的时候,一些这样的法律才会被阅读。在 Baeth v. Hoisveen 案①中,北达科他州高等法院认为,在河岸权立法实施之前,河岸水权被视为是不成熟的权利,因此当事人不会被合法授予权利;将来,当河岸权在立法上没有扩展到合理使用的时候,该权利仍然不会产生。堪萨斯州高等法院支持减少河岸权适用范围的观点,其目的在于避免:①根据习惯法获得水资源者永远不使用水资源造成水权发育不良;②造成对已有水权的必然损害。该裁决植根于包含在州治安权中的广泛立法权力。②

南达科他州高等法院支持对河岸权所有者的"既定权利"进行立法修改,通过修改把"既定权利"限制在"1955年3月2日或在接下来的三年内,水资源已经被用于任何形式的合理使用,该合理使用早于正在进行的任何合理使

---

① 见 Baeth v. Hoisveen,157 N. W. 2d 728 (N. D. 1968)。
② 见 F. Arthur Stone & Sons v. Gibson ,630 P. 2d 1164(Kan. 1981)。

用"。① 在2004年,南达科他州高等法院认为,尽管河岸所有者对湖床拥有权利,但是湖里面所有的水属于公众所有,立法机关有义务确定公众利用水资源的权利。因此,水资源可以转向由公众利用、开发和占有。②

在加利福尼亚州,通过法定的裁决程序,授权州水资源管理委员会确定整条河流的水权,该程序已经承受了宪法的挑战,尽管该程序授予委员会确定或限制河岸权所有者的将来用水在一个河流制度的判决中。这迫使河岸所有权人要进行未来用水权利的确认程序,并可以有效地使委员会确定当前已经使用的先占优先权优于尚未使用的河岸权。③ 然而,加利福尼亚州已经拒绝地下水的所有者把该规则适用于地下水的利用。④

在得克萨斯州,根据1976年《水权裁判法案》的规定,从1963年到1967年,河岸权所有人已经被限制了每年可用水资源的最大量。得克萨斯州高等法院支持该规定的合宪性,但否定如下主张:早期的土地被合法授予河岸权,河岸权是财产权,没有赔偿不能被剥夺。⑤ 然而,在俄克拉何马州,法院发现一个州法令不允许启动河岸权未来的使用,法院认为该规定是违宪的。

---

① 见 Belle Fourche Irrigation Dist. v. Smiley,176 N. W. 2d 239(S. D. 1970)。

② 见 Parks v. Cooper ,676 N. W. 2d 823(S. D. 2004)。

③ 见 Waters of Long Valley Creek Stream System,599 P. 2d 656(Cal. 1979)案的判决理由。

④ 见 Wright v. Goleta Water Dist. , 219 Cal. Rptr. 740 (Ct. App. 1985)。

⑤ 见 Adjudication of Water Rights of Upper Guadalupe Segment of the Guadalupe River Basin ,642 S. W. 2d 438(Tex. 1982)案的判决理由。

3.4 占有的要件

尽管在每个州,通过占有获得水权的概念和内涵都不同,但是通常情况下,一个有效的占有取决于为了合理利用目的、故意占有水资源并实施了引水行为。

首先,几乎没有程序和法律规范阻碍占有制度的发展。需要用水的人们通常只能使用占有的方式来实现。但是为了完备一个合法的水权,使用者不得不表明使用就意味着占有。引水、目的、合理使用这三个要素被设计出来为了防止欺诈,也为其他杂乱的制度提供参考的准则。另外,州政府有明确的义务来确保:水,作为一种公共资源,必须致力于与公共利益一致的使用目的。因此,占有的条件之一是水资源必须被用于合理目的。

从历史的角度来说,占有者必须能够证明其用水同时满足上述三个要素。但是在现代,由于这些要素已经被包含在当今州的水资源分配法律当中了,所以它们的重要性更多体现在理论层面。许可证制度和负责审查水权申请充分性的行政机构,采用的一些要求和标准已经达到了习惯法规定的占有所需要必备的要素。

3.4.1 占有目的

如果占有者没有意图引水或没有把所引水量用于合理目的,则其占有就是违法的。因此,为了防止洪水泛滥,个人把河水从其常规河道中引走的行为就不是占有。但是后来,如果这样的一个引水者为了引水在开挖渠道的时候,意识到应当进行水资源的合理使用,那么自合理引水目的被证明之日起,该引水者也可能就变成了一名占有者。

通常,当一个人为了保护优先权,试图把优先权日提前到引水日的时候,就需要证明其合理目的。追溯理论允许占有者把占有意图第一次形成的日期作为优先权日,进一步完善水权。证据必须能够证明自优先权日起,一个人基于合理使用的目的,并且一直朝着实际引水(不仅仅是推测)的方向开展工作。

在那些把许可证作为合法占有必要条件的州,许可申请是证明合理使用目的的客观证据。然而,有的人可能没有申请水权,然后也寻求在某个地方利用水资源,像这种情况,就可能需要推测其用水的意图。① 早期的法律制度让占有者在引水行为和申请许可证之间自由选择。一个人可能会选择引水行为而没有选择许可证,其占有的优先权日仍然可以追溯到开始修建引水设施的时间。②

在那些许可证不是合法占有必要条件的地方,最早在加利福尼亚州,占有目的的证明依然较为重要。为了设立占有的优先权日,申请必须有明确地利用水资源决定,并且要进行"占有目的公开的、人为的演示"。要求人为行为是通知他人的一种途径,这意味着一个人意图通过实施实际引水行为,达到将来占有水资源的目的。③

在设定优先权日期的时候,为了确定表征占有目的要件的证据是否均已提交,除了第一次公开的实际行为之外,科罗拉多州法院还会审查其他相关证据。不伴随建设引水

---

① 见 Lemmon v. Hardy, 519 P. 2d 1168(Idaho 1974)。

② 见 Sand Point Water & Light Co. v. Panhandle Dev. Co., 83 P. 347 (Idaho 1905)。

③ 见 City of Thornton v. Bijou Irrigation Co., 926 P. 2d 1(Colo. 1996) (必须是一个"查询公告"——足够引起一个理性的人进一步查询)。

项目的明确决定,仅仅只有勘察行为,对占有目的的确定可能是不充分的。① 占有的优先权日不可能比规划合理使用引水意图的时间产生得更早,但是正如 Rocky Mountain Power 案显示,在实际行为产生之后再形成占有意图是不可能的,在这个案件中,确定优先权日期依据的是上述两个事件当中的后者(实际引水行为)。②

科罗拉多州法律规定了附条件的裁决,该裁决规定水权人拥有为将来特别之需利用特定水量的权利。这样,在早期的计划中,为了获得附条件裁决中的水量,任何人都会强烈追求建立水利设施。为了得到附条件的裁决,一个人必须论证当下把水资源用于合理目的的意图,并且必须继续尽职尽责地施行引水行为。申请人必须描述占有水量的特性,以及建设计划。在一条河流中,当所有当事人的水权申请被审判,可以对那些与被建议的附条件裁决相抵触的申请提出异议。

以计划(不是严格的合同)的方式把地表水或地下水卖给需求量日益增加的城市,以此表明占有的目的是不充分

---

① 见 Colorado River Water Conservation Dist. v. Rocky Mountain Power Co.,486 P.27 438(Colo.1971)(水权的日期从最终决定修建引水设施的 1961 年开始起算,而不是从勘测的 1954 年开始起算)。

② 见 Harvey Land & Cattle CO. v. Southeastern Colo. Water Conservancy Dist.,631 P.2d 1111(Colo.1981)(为了获得一个新的水权,当事人打一个大容量的水井,水井比原有水权构成中的"实际行为"大很多,但是占有的日期仅能追溯到水井被打好之后的某一年份,当年形成了较大数量用水这一占有目的)。

的,仅仅构成了推测。① 科罗拉多州高等法院已经表明:只有将来需要的水量超过现有的供应量,公共水资源供应机构才能够获得有关将来用水的附条件裁决,而将来的需水量必须是合理的、必要的,这需要有证据证明的人口数量预测,需要制订合理的水资源供应计划期限。②

如果一个城市没有与别人签订使用引水设施的合同,那么附条件的裁决也会丧失。③ 一个实施该规则的州要求申请人对如下事项确保有相当大的概率:在合理的时间内,为了占有,修建的引水设施"能够并将会"被完成;把水资源用于合理用途。在确定可用的水资源是否满足"能够并将会"原则的时候,法院应当借助于已经发生的引水来考虑最终裁决和附条件裁决,但是可以忽略那些没有实际引水的附条件裁决。④

在加利福尼亚州,在发布附条件裁决的时候(接下来就会授予水权),相同情况下,法院认为没有必要考虑环境因素。相反,科罗拉多州法院主张,在落实合理用水制度的时候,水事法院可以考虑环境因素;并且国家在授权他人建造

---

① 见 Colorado River Water Coser vation Dist. v. Vidler Tunnel Water Co. ,594 P. 2d. 566(Colo. 1979); Rocky Mountain Power Co. v. Colorado River Water Conservation Dist. ,646P. 2d 383(Colo. 1982); Colorado Ground Water Comm'n v. North Kiowa－Bijou Groundwater Mgmt. Dist. ,77 P. 3d 62(Colo. 2003)。

② 见 Pagosa Area Water and Sanitation District v. Trout Unlimited , 170 P. 3d 307(Colo. 2007)。

③ 见 City of Lafayette v. New Anderson Ditch Co. ,962 P. 2d 955(Colo. 1998)。

④ 见 Board of County Commissioners of the County of Arapahoe v. United State,891 P. 2d 952(Colo. 1995)。

引水工程和蓄水设施的时候也可以考虑环境因素。①

在科罗拉多州,为了获得附条件的裁决,实际行动要件已经变成了形式化的东西,通过实际行动来引起他人的注意多少显得有点虚伪。尽管法院也说过,工程工作只在办公室做是不够的,实际行动必须出现在将来引水的土地上,即便是在土地上的一个仓促的勘测(这几乎不能表征一个人引水意图的任何特点)可能也是足够的。② 在那些申请人希望把优先权日提前到申请附条件裁决之时的地方,表征占有意图的实际行为和其他证据可能会更加重要。

3.4.2 引水行为

一些法院要求水必须从河流中被人为引走,这样才能引起有效的占有。其他法院则认为不依赖水体结构和人类行为的各种用水,甚至是一些河道的利用,都可以引起有效的占有。

长期以来,作为占用的条件之一,引水提醒现在和未来潜在的占有者:水已经被占有了。引水工程的功能在于确定占有水的数量。在占有需要走许可程序的地方,引水条件并不重要。然而,如果不利用水资源,水的占有就不能完成,因此引水往往成为最终授予水权的必要条件之一。在一些司法管辖区内,从河流中引水往往不能得到满足。

1. 引水类型

引水是河水流程全部或部分偏离其自然河道的一种改

---

① 见 R. J. A. ,Inc. v. Water Users Ass'n of Dist. No. 6,690 P. 2d 823 (Colo. 1984); City of Thornton v. Bijou Irrigation Co. ,926 P. 2d 1(Colo. 1996); City of Colorado Springs v. Board of County Commissioners,895 P. 2d 1105(Colo. App. 1984)。

② 见 Elkrifle Water Co. v. Templeton ,484 P. 2d 1211(Colo. 1971)。

变。常见的引水方法是,在河流中或横穿河流修建一座水坝,并把水引导到其他运河或沟渠中。引出的水会被进一步引入更小的沟渠,每一个沟渠都有一个"总水闸",这些水闸通常由少数几个占有人控制,并决定每块土地的用水时间和用水数量。引水的其他方法包括运用水库、水槽、管道、水泵甚至水轮车等工具引水。

通常情况下,引水必须是人为的,但是法院已经开创了很多例外。甚至在遵循严格人为引水要求的州(如加利福尼亚州、新墨西哥州),为满足不同用水需求也允许例外。然而,新墨西哥州高等法院却驳回一位有创意农场主的主张,该农场主在一片草地上放牧牲畜,这片草地常年都被一条河流间歇性流经并供给水量,由此农场主认为其放牧行为是有效占有流经草地水量的证据,并要求基于该占有授予其水权。法院认为,该农场主实际上没有尝试把河流中的任何水量引入到草地上,人为引水是有效占有的必要条件。[①]

2. 勤勉要求和附条件权利

在实施水量占有许可证的州,优先权的日期可以追溯到提交申请的日期。为了保留该优先权的日期并获得水权,在许可证或法律要求的特定期限内,占有者必须尽到勤勉地完成引水设施建设,并实际上使用了水资源。

一些州的法令设定了建造引水设施和申请合理用水的最长期限,一般是五年,如果有合理的理由,那么期限还可以延长(例如,亚利桑那州、爱达荷州、内华达州、俄勒冈州、怀俄明州、新墨西哥州均允许在引水设施建造之后给予额

[①] 见 State ex rel. Reynolds v. Miranda, 493 P. 2d 409(N. M. 1972)。

外四年的时间申请用水)。少数州在申请被批准之后,给予申请人六个月到两年不等的时间开始实际的引水设施建设(亚利桑那州,两年;内布拉斯加州,半年;俄克拉何马州,两年;俄勒冈州,一年;得克萨斯州,两年)。有些州根据申请人一贯的尽职表现,随意就可以延长期限;其他州则仅在立法有严格规定或在特殊的情形下,才允许延长期限。例如,在爱达荷州,只有当申请者因为延迟收到联邦政府的批准文件或为完成诉讼不能连续建设引水设施,或者引水设施工程量相当大的时候,才允许延长期限。

在科罗拉多州,没有许可证制度,占有者的优先权日期一般是申请一个附条件权利的日期。但是,优先权也可追溯至以水量占有为目的的第一次公开的、实际的行动,比如开始修建取水设施的日期。[1] 但是,优先权日期将会追溯到第一次从特定河流中占有水量的时间,而不是第一次开始建设涉及几条河流的水利工程的时间。甚至包括测量在内的勘探工作很可能也不能满足勤勉条件的要求。[2] 而且,早期的优先权日将会丧失,除非未来的占有者在合理的时间内勤勉地完成了水利设施建设。勤勉的调查结论应当包括对工程难度和完成建设需要费用的考察。[3]

在科罗拉多州,通过获得一个附条件的裁判来保护从未用过的权利,其程序在前面已经论述过。如果一个附条件的裁判被准许,未来的用水者必须继续勤勉地修建水利

---

[1] 见 City and County of Denver v. Sheriff, 96 P. 2d 836(Colo. 1939)。

[2] 见 City and County of Denver v. Northern Colorado Water Conservancy Dist. ,276 P. 2d 992(Colo. 1954)。

[3] 见 City of Thornton v. Bijou Irrigation Co. , 926 P. 2d 1 (Colo. 1996)。

设施,否则附条件的权利将面临丧失的风险。裁判的持有人则必须每六年从水事法庭法官那里得到一份勤勉的调查结论,否则,将会导致附条件的法律权利被取消。① 如果法庭没有给予当事人取消的通知,则不能取消一个附条件的权利。② 一旦引水行为发生,在附条件裁判生效之后,开始占有行为的占有者将获得比所有占有者时序都在前的无条件的裁判。

3. 引水要件的例外

一些州已经不再要求从河流中引水必须是一个真实的、人为的行为。③ 为了满足特定政策考量的需求,在详细规定引水条件的州,例外已经产生。从河流中人为引水行为不再被要求,如果引水人是为了合理用水而占有,不需要通知其他人,一个实际的合理用水申请就可以清楚证明。蒙大拿州上诉法院曾表示,引水不应当成为占有的必要条件之一,除非合理用水需要依赖引水方能实现。早期案例认为,如果在现有渠道和洼地的帮助下,土地可以自然地被灌溉,那么要求修建人工渠道的制度就是浪费钱。加利福尼亚州、科罗拉多州、爱达荷州和内华达州认为,当农场主让牲畜从池塘、沼泽,或者直接从河流喝水的时候,其行为就是占有。一个法院甚至在判词中说,如果瀑布的水雾滋

---

① 见 Town of De Beque v. Enewold,606 P. 2d 48 (Colo. 1980)。

② 见 Double RL Co. v. Telluray Ranch Props. , 54 P. 3d 908 (Colo. 2002)。

③ 例如 Phelps Dodge Corp. v. Arizona Dep't of Water Resource,118 P. 3d 1110(Ariz. App. 2005)。

养了植被,那么当事人对水雾的拥有,也构成占有。[1]

有些州已经出现了允许对水资源所属河道(在原位)占有的立法趋向。甚至在那些州宪法把水权视为引水权的地方,这样的州立法也得到了支持。[2] 立法认为,当水在其所在河流中流动的时候,也会形成水资源的合理使用,比如娱乐、发电、美观、航运或者只是为了保护周围的生态系统。[3] 河道的占有权通常要求一定数量的水必须被允许流经河道,以保护鱼类和野生动物、优美的风景,或水生生物休养生息。

下列州已有立法,允许河道自身用水:如阿拉斯加州、加利福尼亚州、科罗拉多州、夏威夷州、爱达荷州、堪萨斯州、蒙大拿州、内布拉斯加州、俄克拉何马州、俄勒冈州、犹他州、华盛顿州、怀俄明州。通常,河道所需的水可能会被一个政府机构占有和保存,该机构会依据个人、其他州和地方机构或联邦政府的请求采取行动。

依据"合理程度保护自然环境"的调查结论,科罗拉多州专门把河道流量的占有权授予给州水资源保护委员会。水权可以被买卖或赠与,转变成河道流量占有权。然而,很多城市成功获得了州高等法院为了公共娱乐目的获得河道流量占有权的支持,该权利的获取是通过修建水利设施完

---

[1] 见 Empire Water & Power Co. v. Cascade Town Co. ,205 F. 123(8th Cir. 1913)。

[2] 见 Nebraska Game and Park Comm'n v. 25 Corporation ,Inc. ,463 N. W. 2d 591(Neb. 1990)。

[3] 见 State Dept. of Parks v. Idaho Dept. of Water Administration,530 P. 2d 924(Idaho 1974)(为了彰显立法对水资源的保护,在马拉德峡谷,为美景和娱乐目的用水是合理用水)。

成的,比如船滑道和鱼梯,表面上这些水利设施利用了河流水量,但实际上并没有移动水量。① 后来,这种形式的虚拟引水被立法规制,立法允许水事法院以判决来确认基于公共娱乐目的的"河道内引水"的权利,并且在确立权利的时候必须要充分考虑水资源保护委员会的建议,充分考虑有助于提升该州水资源整体开发及河流水资源合理利用程度的调查结论。

亚利桑那州、内华达州和南达科他州已经形成了河道流量占有的观念。尽管这些州没有就该问题制定法律,但是相反他们承认河道占有是一般水资源占有的一部分。最近,新墨西哥州州立工程师确定:特定环境下,传统的水权可以被改变为一个河道流量的使用权;该州的宪法没有要求水权的改变必须要有实际的引水行为。

3.4.3 合理用水

完成占有的最后也是最重要的一道程序是基于合理目的的水量利用申请。所有实施先占优先权的州,通常都把家庭、市政、农业和工业用水认定为是合理用水。被立法和判例确认的合理用水类型,在表 3-1 中有较为详细的规定。在表中被列举的用水类型,不是在任何环境或所有的时间都一定会被认为是合理的。昨天的合理用水,在今天看来,可能就是不合理的、浪费的,因此也就是不被许可的用水。合理用水不仅是每一个先占优先权的基础,而且合理用水的观念也限制了用水的数量和方式,具体内容参见本章的 3.7。

---

① 见 City of Thornton v. City of Fort Collins,830 P. 2d 915(Colo. 1992)。

表 3-1 州法律明确规定的合理用水

用途	家庭用水	市政用水	灌溉和农业用水	工业用水	库存水量	电力用水	采矿用水	娱乐用水	鱼类和野生动物用水	其他用途
阿拉斯加州	X	X	X	X		X	X	X	X	制造、航行、运输、水质
亚利桑那州	X	X	X		X	X	X	X	X	地下水补给
加利福尼亚州	X	X	X	X		X	X	X		水质
科罗拉多州	X	X	X	X		X		X	X	
爱达荷州*	X		X							
堪萨斯州	X	X	X	X		X	X	X	X	
蒙大拿州	X	X	X	X	X		X	X	X	
内布拉斯加州*										
内华达州*			X			X	X		X	州保护的用途
新墨西哥比州**										
北达科他州	X	X	X	X	X	X	X	X	X	对这些用途无限制
俄克拉荷马州	X	X	X	X		X		X	X	减轻污染
俄勒冈州	X		X	X						
南达科他州***	X	X	X	X			X	X	X	公园用水、地下补给
得克萨斯州	X	X	X	X	X	X	X	X	X	任何其他合理用途
犹他州*			X							
华盛顿州	X	X	X	X	X	X	X	X	X	
怀俄明州	X	X	X	X	X	X	X	X	X	防止霜冻

注：*州法律或判例法无全面的规定。
**州判例法把合理用水界定为："为了有用和合理目的必须的水资源利用，该利用与土地相关并通过土地水资源引走。"参见 Erickson v. Mclean, 62 N. H. 264, 308 P. 2d 983 (1957)。
***州法律把合理用水界定为："任何在州内或州外的用水，该使用对占有者来说是合理的，有用的并且同时与公共利益保持一致。"参见 S. D. Cod. Law 46-1-6(3)。

家庭用水通常包括全家人的使用,比如做饭、饮用、洗涤、冲洗和浇灌小型花园。在农村,家庭用水可能还包括小规模的饲养动物,如养几头奶牛和几只鸡。市政用水包括当地居民的家庭用水,还包括公共建筑物的日常运行用水,甚至还包括城市公园的灌溉用水。

刚开始,合理用水的范围还很有限。在 Empire Water & Power Co. v. Cascade Town Co. 案①中,联邦上诉法院拒绝把娱乐用水视为合理用水。一方面,法院不会允许度假小镇的瀑布用水;另一方面,科罗拉多州的小镇又坚持其主张:有权利保持小镇的主要吸引力(即瀑布),而对于瀑布来说,只有流动才可以保持其美丽的风景。但是,如果小镇能够坚持将瀑布之水用于农业,比如让蔬菜生长在水雾弥漫的瀑布岸边,法院则倾向于许可保持瀑布的可持续流动。现在很多州已经接受了娱乐用水是合理用水的理念,甚至是一些特殊的用水,比如为保持风景和审美需要的用水,也被认为是合理用水。

一旦一个占有者把水用于被州法律认可的合理用途,先占优先权就完备了。该权利变得独立,在水量短缺的时候,优先权也不可以被宣告无效,甚至是时序在后的占有者提出具有更重要社会意义的、更大经济价值的、更有效使用途径的用水理由也不例外。据此,一个在沙漠地区时序在前的优先权人,即便他申请了大量水资源,并把这些水资源用于无利可图的稻米生产,其优先权也可以阻止一个在城市中时序在后的优先权人,而这些人有着为家庭用水或者

---

① Empire Water & Power Co. v. Cascade Town Co. ,205 F. 123(8th Cir. 1913)。

是更高利润的工业生产所需水量的强烈需求。

一些立法管辖区制定了优先权法律,确立了优先权的优先等级制度,该制度允许人们为谋求一定用水,主要是市政用水,去谴责那些低效率的合理用水。而且,合理用水的现代理念要求,水资源不能被没有效益的引水工程浪费且不能超额申请(比如申请水量多于庄稼的需要量)。用水的方式和数量必须满足特定的合理用水目的的诸多限制,在法令或者行政规章中有规定,见本章 3.7。如果一个先占优先权人已经在水资源使用目的方面有所改变或水权已经转让,法院和行政机关会限制改变或转让后的用水数量,以便为原来的优先权人合理有效用水留取必需的水量。

一些州许可市政水务局对暂时不需要使用的水量拥有完全水权,以便于他们可以证明为满足未来需要投资建设引水设施的合理性。[①] 根据科罗拉多州法律,法院认可为市政目的拥有一定水量的合法性,尽管在市政用水成为必须之前,市政机关出租了大量的水资源给灌溉者。一些州允许市政用水者可以为将来的预期用水存储更多的水量,但除非必须的情形,否则这些水不可以被使用。

3.5 优先权:先占优先权的核心

3.5.1 优先权

优先权是先占优先权原则的本质特征。第一个占有水资源的人(优先占有者),具有最高的优先权,因此,他就有权优先于其他所有人进行合理用水。与优先权日较晚的占

---

① 见 City and County of Denver v. Sheriff,96 P. 2d 836(Colo. 1939)。

有者相比,优先权日较早的占有者被称为时序在前的先占优先权人,后者被称为时序在后的先占优先权人,根据水资源占有日期的早晚,所有的水权拥有者被依次排序。当水量不能满足所有优先权人使用时,优先权理论要求:在时序在后的优先权人用水之前,时序在前的优先权人的用水需求必须全部被满足。第一个被限制用水的人是排名最后的占有人,所有时序在后的占有人必须减少用水量,直到每一个时序在前的占有者的用水需求被全部满足。

正如上一节中所讨论的,当一个人第一次明确表达意图占有水资源,或者就计划将来使用的水量收到许可证或判决,优先权日便可追溯至更早的日期。因此,优先权理论保护了早期形成的占有,也激励了投资昂贵引水设施的用水者:在水量短缺的时候,与时序在后的占有人相比,应当确保时序在前的占有人得到水量供应方面的合法保护。但是随着上述原则的应用,不利的经济后果已经产生了。第一,为了获得早期的优先权保护,占有者可能会过早地修建引水设施或修建没有必要的引水设施。第二,占有权理论经常会阻碍水资源转向更经济的使用领域。例如,时序在前的占有权人可能会拥有充足的水量,但却把这些水量用于相对低经济价值的农作物灌溉。如果一个市政或工业用水者希望把这些水用于可以带来较高经济价值的领域,他们可以"买空"时序在前优先权人的全部水权。但是,在实践中,水权的转让可能被立法禁止,或者至少会通过交易成本控制该行为。通常情况下,只有受让人能够表明其他占有者不会因此受到损害,水权的转让才会被许可。法律挑战产生如此高的成本,以至于让水权的转让变得不现实,在未来,水权可能也只能被"冻结"于低经济效益的使用领域。

3.5.2 时序在前的优先权人的权利能力

时序在前的优先权人不能改变已有的使用而损害时序在后的优先权人的利益。法院已经表明：时序在前的优先权人有义务确保在同一条河流中时序在后的优先权人的用水权益，该权益在时序在后的优先权人开始用水时就已经存在了。[1] 在 Farmers Highline 案中，法院认为，时序在前的优先权人不能改变取水的地点（引水点），如果这种改变会对时序在后的优先权人造成不利影响。同样的规则适用于用水地点、用水目的和用水时间的改变。例如，如果一个占有者只在特定的农作物生长季节用水，那么水权的受让人通常只能在该季节用水。时序在后的优先权人的保护规则已经被扩大用来保护在同一条河流中的其他合法水权人。[2]

时序在前的优先权人不能浪费水。河流中的水属于公众所有，私人权利只允许在合理用水的范围内使用。但是，事实上，拥有使用一定量水的水权人很少被限制不能引走足额的水量，只要他不在不同的土地上使用，或进行不同的使用。各州已经开始施加更加严格的规定以便防止污染、浪费或低效率的使用。很多州也限制水权人可以转让给其他人的总水量，并要求转让的水量用于合理目的，同时规定转让的水量应当是受让人必须使用的水量，而不会去考虑一个人是否通过许可证或判决获得了更优先的权利，见本

---

[1] 见 Farmers Highline Canal & Reservoir Co. v. City of Golden, 272 P. 2d 629(Colo. 1954); Okanogan Wilderness League, Inc. v. Town of Twisp, 947 P. 2d 732(Wash. 1997)。

[2] 见 Farmers Reservoir & Irrigation Co. v. City of Golden, 44 P. 3d 241(Colo. 2002)。

章 3.4。

3.5.3 优先权的实施

时序在后的优先权人不可以剥夺时序在前的优先权人的用水量、用水时间、用水地点或不能降低维持其必要使用的水质。这并不意味着在所有的情况下,时序在前的优先权人都可以强迫时序在后的优先权人停止从其回流的水量中取水。如果时序在后的优先权人可以证明时序在前的优先权人不肯把水资源用于合理目的,或者全部可用水量没有到达时序在前的优先权人的需要,则时序在前的优先权人不可以实施其水权。

比起时序在后的优先权人,试图实施水权的时序在前的占有者可以"召唤水量"。通常,州工程师或其他工作人员的工作是确保占有者按优先顺序取水。如果关掉时序在后优先权人的用水量,实际上并不必然导致水量被时序在前的占有者引走。然而据说,时序在前的占有者的"召唤"是无效的,州工程师将不能实施之。

严格实施优先权会引起浪费。在 Cary v. Cochran 案[①]中,这种可能性已经通过图表加以阐述。在 Cary 案中,时序在前的优先权人位于 Platte 河的下游,时序在后的优先权人位于上游,时序在前的优先权人起诉目的在于迫使州工程师阻止时序在后的优先权人妨害其权利。因为渗漏和蒸发造成两者之间河段的水量流失,为了让 162 立方米/秒的水量能够到达时序在前的优先权人,以便满足其需要,时序在后的优先权人不得不允许 700 立方米/秒的水量流走。法院为了实现时序在前的优先权人的权利,关停了时序在

---

① 见 Cary v. Cochran,292 N.W. 239 (Neb. 1940)。

后的优先权人的引水,只要任何可用的水量能达到时序在前的优先权人。在时序在前的水权人"召唤水量"引起重视之前,当河流中水量很少的时候,对时序在后的水权人应交出水量的条件要求防止了时序在前的水权人的无效召唤。然而,有的时候,为了能使水资源流到时序在先的优先权人处以供其使用,时序在后的优先权人需要消耗掉大量的水资源,而时序在先的优先权人获得的水量却又少之又少,则时序在后的优先权人的这种行为可能会被禁止。

3.5.4 优先次序

很多州的法律或宪法条款表明,一定类型的水资源利用优先于其他类型的水资源利用。通常情况下,根据偏好与社会中盛行的水资源利用相对重要性程度的不同,法律或宪法条款确定了水资源利用的优先等级。几乎所有的法律都把家庭或市政目的的用水置于最高级的优先地位。尽管很多州法律规定不同,但是大多数州法律都把农业用水排在第二序位,把矿业用水排在第三序位。

在大多数州,与优先次序相关的法律似乎都要求,在水量短缺的时候,那些拥有最优用水的水权人可以在较次优先用水的水权人之前获得水量,但是这样的法律规定在实践中很少能应用,因为法令会根据时间的不同,调整用水的优先次序。[①] 其他的法院也认为,实施优先占有权的优先次序可能会涉及财产权的赔偿问题。

作为一种正在实践的优先权使用方法——相对较优的用水者有权利停止次序较后用水者的用水,一些法令或者

---

① 例如 Phillips v. Gardner,469 P. 2d 42(Or. App. 1970)(立法机关打算立法接受优先占有制度以取代早些时候制定的优先次序法令)。

宪法条款要求对此行为给予道德谴责或者经济赔偿,比如,爱达荷州、得克萨斯州、内布拉斯加州、怀俄明州。其他州的法律要求在水量短缺的时候,用水者之间要进行优先用水排序,法院已经实行了相同的优先权法律。① 少数几个州的优先权法律被表述或被解读为:法律授权行政机构把优先权授予给更高地位的用水者,而不是那些申请较低优先次序的用水者,但是这些法律授权同样尚没有被实施。这些州有阿拉斯加州、亚利桑那州、加利福尼亚州、内布拉斯加州、内华达州、北达科他州、得克萨斯州和犹他州。②

3.6 占有的水体

私人不会获得利用各种类型水体中水资源的权利。州的宪法或法律会规定被州司法权和管理权限制的水体,通过这种方法,就把一定水量从私有主体通过水权分配获得的水量中排除出来。正如本章的3.3所阐述的,这样的宪法和法律条款可能会把天然河流中的水资源描述为"公共财产",或者易于被占有的财产,或者它们不包括特定的水体类型(比如地表径流和季节性洪水)。州的法律也可能会或多或少地认可在不同水体中的私有财产权(如地下水),也会明确规定公共利用的水资源范围。一旦这些权利生成了,利用水资源的私有权利通常会受到该州行政管理权的

---

① 比如,Town of Sterling v. Pawnee Ditch Extension Co. ,94 P. 339 (Colo. 1908)。

② East Bay Municipal Utility Dist. v. Department of Public Works,35 P. 2d 1027(Cal. 1934)(该案件支持优先次序,支持申请人获得将来高级别优先使用,而不是支持申请人的较低级别的用水申请)。

限制。

3.6.1 天然水体

一旦水资源进入河道,它就会受到河道所在州的控制。在实行先占优先权制度的州,根据州法律,这些进入河道的公共水资源可以变成允许占有水量以供个人使用。

在第 7 章 7.1 会阐述,河流不仅包括河流和湖泊,而且也包括通过沟壑流入河流和湖泊的每一条细小支流,积雪和瀑布以及在形成云的过程中蒸发和泄露的提供给支流的水量。但是,我们没有必要要求科学家到如此偏僻的水源地探寻水的足迹,因为事实上这样做远远超出了政府管理这些水资源的能力。占用水体的法律界定意图来明确一个临界点,超出这个临界点,州就不能控制水资源的使用了。通常,这个临界点就是当水不在"天然河流"中的时候。

各州通常不对地表积水进行监管,土地所有者可以自由取走并使用。阿拉斯加州、蒙大拿州、内华达州、俄勒冈州、得克萨斯州和犹他州对该州内广泛的水资源管理提出了具体要求。只有犹他州和科罗拉多州在解释这种监管授权的时候认为,州的监管可以延伸到该州内所有的地表水,这种延伸超越了天然河流的界限。

法院通常把"河流"界定为流入确定渠道的水体,同时要求该渠道有河床和河岸。通常情形下,水体必须具有相当长的永久性。其他不同的考察方法有时候也会用到。总之,争端会通过合理的规则来解决。

1. 溪流

尽管确定溪流的通用条件是有明确的河床、河岸和渠道,但是光靠这些标准几乎不能解决那些疑难案件。例如,在洪水猛涨(降雨和雪融水引起的径流)的时候,如果在水通常流向大河或其支流的时候挖槽或切沟,至少在一年中的某些时候这些洪水猛涨可能会形成溪流,但是法院可能会另外要求成为天然溪流必须有持续不断的流量。有人认为,溪流之所以成为"河流",仅仅依赖运送降雨引发季节性径流是远远不够的。然而,一些有争议的"河流"只能断断续续地流淌,其水量仅仅只由融雪水和降雨组成。这种情况在西部高山地带是真实存在的,在那些地方,夏季溪流干涸,当雪融化之后溪流才会有流量。而且,一些真正的溪流并不仅仅是以最大、最充分流量和流速来形成河岸或者冲刷成河床的。在平原地带,河流可能会扩展开来以避免冲刷成轮廓分明的渠道,或者在不同的季节,河流会沿着不同的路线蜿蜒流淌。

除了考虑上面谈论的地理特征之外,一些法院还会借助于功能测试。在得克萨斯州,法院已经提出了如下问题:如果溪流的流量和规律性有保障,那么利用溪流灌溉是否一定变得切实可行?[①]

法院打算停止他们在实际案件中轻易对溪流进行的分类。在 State v. Hiber 案[②]中,怀俄明州法院原本打算命令被告不能将流向低洼地的水量蓄积起来或从小水坝后面抽水,因为据说这种做法会妨碍水量的自然流动。法院综述了各个州区别河流和地表积水的不同做法,发现目前有的州认为地表积水是河流,有的州认为不是。做出地表积水不是河流结论的法院主要依据了正在讨论的水资源流动的特征,指出"根据证据进行判断,没有人能立刻发现它就是

---

① 见 Hoef v. Short, 273 S. W. 785(Tex. 1925)。
② 见 State v. Hiber, 44 P. 2d 1005(Wyo. 1935)。

河流"。

这种观念测试(当我看见它的时候就可以知道它就是溪流)看起来似乎不起作用,但是在一些疑难案件中,这种观念测试决定了对国家权力机关的合理限制,结果可能受国家水资源规章的实用性和有效性控制。由此推测,干旱的土地越多,一些小的水流会变得越重要,在与此紧密相关的案件中,这些小的水流成为一条河流的可能性就会越大。

2. 湖泊池塘

正常情形下,州的法令会限制湖泊池塘的占有。通过附属于河岸土地或者在湖岸土地所有者中被认可的水面利用权利(区别于消费水权),占有者可能会取得占有湖泊池塘水资源的权利,甚至是在实施先占优先权的州也不例外。① 例如,一个占有者可能会被阻止从湖里面汲水,如果湖水持续低水位的话。②

3. 泉水

泉水的处理方法随着所讨论的各个州的不同及泉水的类型不同而有所不同。有些州的法律(如俄克拉何马州)认为,只有泉水的水量汇集形成溪流,才可以允许被占有。其他州(如亚利桑那州和犹他州)认为,即使泉水完全覆盖在私有财产上,泉水也可以被他人占有。少数州把泉水作为地下水的一部分予以监管。

3.6.2 人工水体

有时候水在特定的时间、特定的地点大量存在于天然河流中,但是原本这些水量是不可能在这样的时间、地点大

---

① 见第 2 章 2.2。
② 见 Martha Lake Water Co. No. 1277 P. 382(Wash. 1929)。

量出现在这条河流中的。这可能仅仅因为灌溉回流的水量推迟了天然河流季节性的水量下降,或者可能是从一个流域到另一个流域大规模引水的结果。一般的规则是,在河流中从来不可用的水量,通过人类劳动可以没有限制地被利用,直到人类放弃,这些水量才可以受到占有的约束。

1. 外来及人工开发的水体

没有人类劳动,外来或人工开发的水不会出现在河流中。这些水量包括引入的水,即通过隧道、运河、水泵和其他水利设施把水从一个流域带到另外一个流域。这些水还包括从和河流没有水文联系的地下蓄水层用水泵汲取的地下水或者从矿井中捕获的水。在有些州,如果在水文上,地下水与河流密切联系,则地下水可以作为河流的一部分被占有。人工诱发的降雨,即通过播云的"人工降雨",在一些州被认为是开发水量。这是回报这些私人努力的明智政策,尽管从结果上看,区别自然降雨和人工降雨实质上是不可能的。

输入或外来的水,例如跨流域引水,不是河流的一部分,因此不可以被占有。[①] 外来的水,与被占有的水不同,不会受到回收和再利用的限制[②],见本章的 3.8。与此相似,这些水也不会受到水资源用途改变的制约。见本章的 3.9。当水向下游流动的时候,西部的灌溉实践包括重复引水、申请和把水量返还到河流中。通常依赖上游灌溉者回

---

① 见 City and County of Denver v. Fulton Irrigating Ditch Co. ,506 P. 2d 144(Colo. 1972)。

② 见 Water Supply and Storage Co. v. Curtis,733 P. 2d 680(Colo. 1987)。

流水量的许多下游灌溉者,一年又一年以实质上同样的方式依靠这些回流的水量。然而,回流的水量实际上可能并没有回流到河流中,但法律并没有考虑到下游灌溉者获得回流水量可以依赖的因素。

感谢水量的输入者,当占有者没有足够水量的时候,因为有水量输入,他们才有了可用的水资源。例如,在自然流量小的年份,在河流下游大量的水量输入者可能会停止用水,位于河流下游的时序在后的占有者所用的水量几乎完全来自于输入水量的回流水量。尽管这样的水资源利用者偶尔会获益,但是他们不可以就输入的水量获得占有的权利。

当然,水量输入者可能会在任何时候停止输入水量。相似的,水量输入者可以决定再次利用水资源、把输入的水量移动到其他不同的地方或者把这些水量卖给他人,这些行为没有任何法律限制。该规则也可以适用于用水泵抽取出来并置于河流的地下水。水量输入者需要停止对下游用水者造成损害的水量排放,只要用水者能够识别该水量不是被占有的水量。[①] 通常,输入的水量可以从另外一条流域中拥有水权的当事人那里获得,但是在原有流域的水权必须是百分之百的消费性水权。新流域的河流只能被用来运输水资源,因此它从来不会成为"天然河流"的一部分。例外的情况是,如果输入和输出水量的流域是同一个较大流域的一部分,在这种情况下,在两个次级流域交汇处下面河流中的水量属于该河流,可以被占有。

一旦水量输入者停止使用输入水量,该部分水量就跟

---

① 见 Arizona Public Service Co. v. Long,773 P.2d 988(Ariz. 1989)。

被抛弃的人格相似。① 这些水量可以被其他人取走并使用。当然,在先占优先权制度下,取水人不可以就取走的水量主张获得水权,因为技术层面来讲,取走的水量不易被占有。在大部分水量都被占有的河流,当具有相对优先权的占有者没有可用水量的时候,"放弃"的水量将被他们消耗掉。

2. 分类回收的废水

除了通过人为努力,外来或者开发的水资源不可能天然就存在于河流之中。在原有的河流中,从现有使用或消耗的废水中可以回收利用一部分水量。例如,如果通过人类努力可以避免渗漏或蒸发消耗,人们就可以使用更多的水量。但是,在相同的意义上,与输入水量相比,废水对河流而言不是"新"的水量,因此认为废水可以被占有。根据本章3.7中的内容,废水可以被回收和再利用。在Southeastern Colorado Water Conservancy Dist. v. Shelton Farms,Inc.案②中,法院否认了申请人的水权,因为申请人意图获得水权的方法是移除吸水植物,而在这个过程中没有任何水量调用。废水设计方案的缺陷是看起来似乎通过给予有效回收废水者以整条河流中最优的优先权,而免除了申请人的优先权。与此相似,在2005年,科罗拉多州高等法院驳回了某些地区的一项废水计划方案,在这些地方,申请人建议通过用水泵抽取地下蓄水层的水量来降低地下水位,法院认为这将会减少该地区植物的数量,并最终导致

---

① 见 Elgin v. Weatherstone,212 P. 562 (Wash. 1923)。

② 见 Southeastern Colorado Water Conservancy Dist. v. Shelton Farms,Inc. ,529 P. 2d 1321(Colo. 1974)。

蒸发率降低。[1]

3.6.3 从占有水量中留存的水

根据州法令或联邦法律的规定,为了保护未来的用水或为了维持生态用水,在天然河流中以某种形式被占有的可用水量会被调用。

1. 生态用水的保留

为了鱼类和野生动物、娱乐、水质和美景来保护河流流量或者湖泊的水位,可以通过两种方法来实现。为了生态环境的需水量,水资源可以被占有,或者为了保留生态用水量,避免私人占有者全部消耗掉所有的水量,可以考虑从占有的水量中调用部分的水量。第一种方法一开始就遭到与占有理论基本要求相冲突的质疑,即占有理论要求引水及所引之水须用于合理目的。现在,一些州已经明确放松了引水的要求,并且大多数州认为娱乐和野生动物保护用水是合理用水,见本章 3.4 的相关内容。

从已被占有的水量中调取水量是其中一种最早的方法,这种方法避免了阻止生态用水的障碍。俄勒冈州和爱达荷州已经通过法令,允许从占有的河流和湖泊水量中调取一定的水量,并保护这些水量防止其受到州或私人工程项目的损害。例如,作为"娱乐"用水、"美景河流地带""蛮夷之河"或"自由流动之河"加以保护(如阿拉斯加州、俄克拉何马州、加利福尼亚州)。犹他州允许州工程师否认那些有害于娱乐或河流自然环境的占有权。在亚利桑那州,法令和判例法已经承认州有维持水量的权力,除此之外无其

---

[1] 见 City of Aurora v. Simpson(In re Water Rights of Park County Sportsmen's Ranch),105 P. 3d 595(Colo. 2005)。

他专门的规定。在北达科他州,为了保护水生生物、公共娱乐、或者其他将来的合理使用,州工程师有权保留水量。在1999年,为了保护河流生态,爱达荷州通过法令禁止在Payette River进行水力发电。

在华盛顿州,生态部会要求把维持河流流量作为水质检测的条件之一,其目的在于保护濒临灭绝的鱼类。[①] 华盛顿州也允许行政机关从重要的河流或湖泊中提取一定的水量。蒙大拿州在1973年制定了生态用水领域影响最为深远的法律。为了满足鱼类和野生动物、公共娱乐和水体质量的生态用水需求,州、市政或联邦机构有权申请水量的保留。这样的保留水量不能超过年均水量的百分之五十。蒙大拿州法律也允许为了将来使用保留水量,这个问题在下一个小节详述。

在《联邦自然与风景河流法》中,16 U.S.C.A. §§1271-1287,生态用水得到了一些保护,见第9章9.5。国会或国家立法机关在内政部长的批准下,可以选定一定包含了"美丽风景、公共娱乐、地质、鱼类和野生动物、历史的、文化的和其他类似价值"的河段,一旦河流被选定,那些影响其流量的水资源开发项目将会被限制。但是如果美国政府想保护这些已经被占有的水量,政府必须从占有者那里购买水权,或者通过损失赔付实施征收权,获得既存占有者的水权。

规定从占有者那里提取水量的法令,通常保护在法律制定时既存占有者所有的水量。尽管消灭私有权利会意

---

① 见 Public Utility District No. 1 of Pend Oreille v. Washington, 51 P. 3d 744 (Wash. 2002)。

着私人财产被剥夺,需要给予合理的赔偿,但是治安权的规定是为了合法的公共目的,治安权可以限制拥有占有权的私人用水。法院还没有遇见过这样的案件:国家试图通过规章保护生态水量,其行为事实上已经破坏了占有者从河流中取水的权利。

联邦预留水权的理论(见第 8 章)也可以被用来保护在联邦公有土地上或印第安土地上的生态流量。为了特定用途(例如,维持野生动物保护区内水生生物足够的水量、维持公园或渔场天然环境的足够水量),如果联邦政府预留维持生态流量的公共土地,法院认为这一行为的言外之意是,为了达到目的,政府拥有获得足够水量的权利,必须通过检验来确定预留的生态流量是否被用于应有的目的。①

2. 未来用水的保留

很多州通过法令,或者判决,或者法令和判决规定,为了满足合理的水量预期需求,市政当局可以预留水量。在很多州,预留的水量在预留期间不需要被用于合理目的。虽然科罗拉多州和加利福尼亚州要求预留的水必须用于合理目的,但是在这些州,预留水量完全可以通过租赁用于其他目的。

然而,1973 年蒙大拿州制定了《水资源利用法》,该法案允许各级政府申请为将来任何合理使用(包括市政和灌溉)所需的预留水量。为了适应政府机构未来用水的计划,立法机关宣称在 Yellow River 流域暂停审批三年新增水

---

① 见 United States v. New Mexico,438 U.S. 696(1978)(在国有森林里生态水量没有被预留,因为国家森林预留水量的最初的目的不包括维持鱼类和野生动物的生存)。

量的占有申请,因为在这个地方,与开发能源相关的水量占有正在大规模地被申请。与蒙大拿州不同,为了保护未来的公共需要,其他西部的州没有授权规定为满足当前需求的水量什么情况下可以占有。堪萨斯州规定,通过向联邦负责的机构申请,在联邦水库,为满足将来需求,州可以保留水量存储的权利。

3.7 先占优先权的行使范围

在先占优先权理论下,一个人被授权获得的水量理论上是被持续取走并被合理使用的总水量。尽管很多许可证和法令规定会显示占有者有权用水的数量,然而其所规定的水资源数量远远多于占有者实际引水或者需要的水量。这是因为老的文件权利通常仅建立在占有者的申报或者引水工程的容量之上。目前,超过规定权利的情形很少广泛存在,很大程度上因为州的占有水权制度体系通过专业的工程师管理,而州工程师在授予权利之前会核实当事人的申请。

为了允许持续的合理使用,占有水权也会涉及良好水质的问题。然而,在占有理论下,水权的维护还没有被广泛用来防止其他使用者污染水质。为防止对下游时序在前的占有权人造成损害,早期的案件禁止上游的采矿者污染水质。[1] 目前,大多数州实行二元体制,即一个行政机构或法院负责水量分配,另外一个独立的机构负责处理水资源污染。在科罗拉多州,法令规定水质控制委员会有权管理水

---

[1] 见 Arizona Copper Co. v. Gillespie,100 P. 465(Ariz. Terr. 1909)。

质,但同时法令禁止该委员会实施妨碍水权的管理措施。水事法院只处理水权案件,除了在批准一项水量交换(例如,为了满足其他占有者的水权,水量被替换进入河流)的时候,法院才会考虑交换水量的水质是否相当。如果河流枯竭是由于排污者的排污行为造成的,政府会对排污者的排污行为进行更加严格的限制,在先占优先权理论下,只要作为一方当事的水权人仍然能够足量引取到水权涵盖的全部水量,则排污染人所引起的河流枯竭就不会损害该方当事人的利益。[1]

所有现代的占有权制度都规定,人们可以反对行政机构或法院对新水权的授予或认可,原因在于权利对于主张的目的来说是多余的,见本章的3.8。除此之外,时序在后的占有权人可以挑战时序在前的占有权人,途径是:时序在前的占有权人占有的部分水量因一定时间没有使用而被视为放弃,时序在后的占有权人对该部分水量可以主张权利。州的立法机关或法院大概会宣布,超出合理目的使用的权利不可能被完全授予,原因在于私人权利的存在依赖于水资源被用于合理目的。

3.7.1 优先权的衡量标准:合理用水

合理使用被认为是占有者用水权的基础、衡量标准和权利的限制。在现代管理制度形成之前,只要占有者使用一定量的水便可主张水权。通常,权利主张的唯一限制是引水设施的容量。[2] 这基于如下合理的推定:一个人不可

---

[1] 见 City of Thornton v. Bijou Irr. Co. ,926 P. 2d 1(Colo. 1996)。

[2] 见 Fort Morgan Land & Canal Co. v. South Platte Ditch Co. ,30 P. 1032(Colo. 1892)。

能花钱建立一个远远超出其用水需求的大容量引水沟渠,而且他们不可能在每一个季节连续地使用沟渠,尽管他们有时候在主张权利的时候是这样要求的。对占有者权利要求的挑战很少,除非要求超额水权,以及有时其权利要求达到了河流全部水量的很多倍。只是在一些极端的案件中,法院发现占有者的权利超出了合理使用的范围。[①] 有些法院现在对合理使用持更为严格的态度,甚至对原有的权利也不例外。[②]

现在,所有州的立法制度都规定,水权被许可证或法令确定之前,行政机构需要核实被用于合理使用的总水量。很多制度规定了对原有权利的复审制度,在新的许可证或判决承认该权利之前,要求主张水权的人们去证明他们的主张。这并不是一个要求精准证明的缜密程序,但是它抓到了明目张胆滥用者的把柄。

在亚利桑那州、加利福尼亚州、爱达荷州和华盛顿的绝大多数流域,所有涉及现存水权的判决正在进行。法院通常要求现存权利的拥有者证明他们既存的使用,与此同时,法院也会采用一些标准核实用水者的低效率用水。在负责的机构或法院做出决定之前,所有竞争的使用者都会参与决策过程并反对占有多余水量。

一旦许可证或判决确定了一项水权,该水权就很少再

[①] 例如 State ex rel. Erickson v. Mclean,308 P. 2d 983(N. M. 1957)(二十四小时没有控制让牧场水量泛滥不是合理使用)。

[②] 见 Cf. State ex rel. Martinez V. City of Lasvegas,89 P. 3d 47(N. M. 2004)(印第安人的权利理论与先占优先权理论相抵触,印第安人的权利理论允许印第安人使用和需求一样多的水量,需求水量包括权利可以扩张到满足未来的用水需求,而先占优先权理论要求水资源必须被用于合理用途)。

会受到妨碍。如果要变更使用地点、使用目的及引水地点，则需要行政机构和法院的许可。如果改变对其他占有者造成损害，则任何使用方面的改变将不被许可。在评估用水改变带来损害的时候，如果改变会导致历史上合理用水水量的增加，那么行政机构或法院则会驳回其变更申请。如此一来，水权所涵盖的水量可能会减少到少于最初占有的总量。当一个占有者意图把水权转让给其他人，也需要遵循相同的程序。历史用水量会限制要求适宜合理使用的实际用水总量。历史用水量对表明一个人已经放弃的没有用过的部分水权同样是有用的。然而，很少有人部分放弃水权。一项华盛顿州的法案明确规定，如果连续五年用水量均少于许可水量，则需要放弃部分的水权。据报道，事实上在少量案件中，法院或行政主体已经发现了水权的部分放弃。[1]

3.7.2 合理用水的限制

先占优先权只能延展至合理使用，因此占有人无权浪费水资源。州的法律和法院的裁决把"合理使用"解释为要"合理的"或者"合理有效的"利用水资源。随着水资源缺乏的西部用水量的增加以及水资源保护技术的提高，合理和有效的标准也在改变，这种改变引起了更加严格的法律规定。

因为没有合法的权利浪费水资源，州水资源利用法规会严格规定如下事项：对于过去用水总是比许可证和判决确定水量少的用水者，要严格限制不同于以前的用水总量、

---

[1] 见 Department of Ecology v. Acquavella, 935 P. 2d 595 (Wash. 1997)。

引水方式以及申请水权的方式。当加利福尼亚州水资源管理委员会发现,低效率的引水和分配制度导致了大量水资源的流失,该委员会要求付诸主要的保护力量,以便可以持续地改变该地区的水资源利用现状。该灌溉区挑战了水资源委员会的规则,认为其规则妨碍了既存的占有权利持续长久地利用。法院认为,由于灌溉区的浪费使用是"不合理的",因此不会被授予持续利用水资源的权利。[①]

一些州的法律提高了用水的效率。有几个州完全利用"用水率"来限制一定区域土地灌溉的引水总量和速率。其他州要求占有者合理地引水、运输和利用水资源。很多州和地方政府也要求使用低流量的卫生洁具和其他节水设施,比如低流量的抽水马桶。在水域宽阔的几个河流中,西部各州的水权判决提供了检查用水数量和方式的机会。通常,除了提供实际引取一定水量、必须用于合理目的的证据之外,既存的用水者还被要求通过展示过去用于合理目的的总水量证明其水权,即在该环境下用水量与实际的需要保持一致。这样,华盛顿法院判决:因为输水系统效率非常低下,减少用水者的水权至过去引水总量的一半。[②] 法院发现:基于谈及的、根据灌溉用水的"合理使用"和"通常方法"合法规定,上述限制是合理的。因为合法授予的财产权只能存在于合理使用的范围之内,法院的限制并不构成违宪。

---

① 见 Imperial Irrigation Dist. v. State Water Resources Control Board, 275 Cal. Rptr. 250(Ct. App. 1990)。

② 见 Washington Department of Ecology v. Grimes, 852 P. 2d 1044 (Wash. 1993)。

1. 用水率限制

在西部,灌溉用水占所有引水总量的90%。有时,水资源并没有被用于农作物的灌溉。因此,根据该地区所需要的最大水量或流速的推测,限制用水的流量或流速成为早期的方法,此种限制被称为"用水效率"。例如,在南达科他州、怀俄明州、内布拉斯加州,允许占有者使用的水量是:每70英亩灌溉土地每秒不超过1立方英尺的水量。爱达荷州允许占有者使用的水量是:每50英亩灌溉土地每秒不超过1立方英尺的水量;北达科他州是:每80英亩灌溉土地每秒不超过1立方英尺的水量。另外,北达科他州、南达科他州、内布拉斯加州允许的用水体积是:每英亩土地每年不超过3立方英尺。南达科他州允许的用水体积是:每英亩土地每年不超过2立方英尺;加利福尼亚州是:每英亩土地每年不超过2.5立方英尺。堪萨斯州根据土地的地理位置,灌溉"合理的用水量"从每英亩土地每年1立方英尺到2立方英尺不等。新泽西州要求为灌溉占有的水资源总量必须符合合理的农业实践。对该地区农业灌溉所需要的最大水量的判断决定了用水的流速或体积,在没有浪费的情况下,确定该地区可以被应用的最大流速需要考虑土壤状况、气候、所种植的作物和其他相关因素。州工程师和法院也会考虑用水率,当他们审查新占有申请或者用水改变申请的时候。

合理用水是先占优先权的基础,如果用水率的立法不合理地限制了占有者进行合理用水的权利,该立法可能会构成对合法水权的非法侵犯。在 Enterprise Irrigation

Dist. v. Willis 案①中,内布拉斯加州高等法院命令强制执行一项州的法案,该法案把灌溉占有的水量限制在每70英亩土地每秒不超过1立方英尺,并且每英亩土地每年不超过3立方英尺,该法案与通过该法案之前已经形成的完善的水量制度相冲突。尽管基本上所有的观点都不赞成在水权完善之后再去制定限制权利实施的法案,但是该法案可以被解读为受个案具体情况的限制。有证据表明超过许可用水率的合理用水要求以及合理用水资格限制的强制实施可能会导致农作物损失。

2. 合理有效引水方法的限制

最早援引合理使用原则来防止浪费水资源的案件涉及低效率的引水、输水设施和河流污染。

很多案件认为,引水和输水设施必须具有适度的效率。简单的案件都会涉及绝对浪费的水利设施。例如,在2.5英里的开放渠道中,占有者所引水量的5/6会通过蒸发、蒸腾和渗漏损失掉,法院认为这是一种不合理的浪费。② 与其他占有者相比,更多疑难的案件涉及效率低下的水利设施和用水。

在早期的案件中,高等法院拒绝救济这样的当事人,在过去他们的水车从Snake河抽取的水可以灌溉429英亩的土地,现在被告在河流下游修建了堤坝,原告的水车被淹没,而被告修建的堤坝是可以灌溉300000英亩土地的引水

---

① 见 Enterprise Irrigation Dist. v. Willis,284 N. W. 326(Neb. 1939)。
② 见 Erichson v. Queen Valley Ranch Co.,99 Cal. Rptr. 446 (Ct. App. 1971)。

工程的一部分。① 法院其中一个替代的观点是：不合理的、低效率的引水方法不能够妨碍其他人的合理使用。原告Schodde建议应当在每一个占有者之间保持用水的均衡。

通常，州法院会坚持认为，时序在前的占有者需要有合理高效的引水方法，合理和高效的引水方法要根据引水设施修建时适用的标准来判断。因此，在State ex rel. Crowley v. District Count案②中，蒙大拿州的法院维护了下游的时序在前的占有者的权利，时序在前的占有者坚持认为时序在后的占有者离开了水源充足的河流上游，把引水点设到了时序在前的占有者的简单的、在世纪之交修建的翼坝。河流中的水量虽然充足，但是如果要从河流中引水，可能需要改造时序在前的占有者的堤坝。合理有效的引水方法通常并不要求一方当事人用线标出他们的沟渠。③ 然而，少数几个州，比如俄勒冈州，采用的判断方法是：在修建的时候足够有效的引水设施可以支持一项水权，尽管该引水设施可能会随着外部环境和技术的变化而变得更加高效。

经济理论表明水资源的利用将变得更加高效，关键是时序在前的占有者或时序在后的占有者是否需要负担提高效率的成本。根据Crowley规则，如果时序在前的占有者提高用水效率，时序在后的占有者将会获益，那么时序在后的占有者会付钱给时序在前的占有者以便提高用水效率，

---

① 见 Schodde v. Twin Falls Land & Water Co. ,224 U.S.107(1912)。
② 见 State ex rel. Crowley v. District Court,88 P. 2d 23(Mont. 1939)。
③ 见 United States v. Gila Valley Irrigation Dist. ,31 F. 3d 1428(9th Cir. 1994)。

或者买断时序在前的占有者的全部水权。如果上述俄勒冈州的理论被应用,那么时序在前的占有者不得不负担提高引水设施效率至现代水准的成本,时序在后的占有者可能会支付这些费用或者买断时序在前的占有者的水权。如果这样做对时序在前的占有者无利可图,那么时序在前的占有者会把水权出卖给时序在后的占有者,交易成本会成为使用此类方法提高水资源利用效率的障碍。其他的方法也会妨碍市场的反应。对生活方式或地点的热爱、固执、固定性、使用面积的悬殊、当事人的相对财富和其他的反对因素会阻止明智的经济决策。因此,立法机关和法院试图强制施行那些可以提高用水效率的规则。

一些州(如阿拉斯加州、加利福尼亚州、科罗拉多州、爱达荷州、俄亥俄州、俄勒冈州、南达科他州)的法律要求水利设施必须具有合理的效率。面对该问题,大多数法院的裁决也支持合理效率的要求。例如,爱达荷州法院拒绝采用在一些州(如加利福尼亚州)适用的规则,这样的规则是:水权人有权使用的用水量应当在水资源的使用地点被测量。但是爱达荷州法院认为水权人的有权用水量应当在引水点被测量。[①] 使用这种方法,低效率引水设施带来的损失由引水者负担。如果引水设施带来的损失(通过蒸发、水渠漏水、杂草和树木及其他方式)非常大,那么占有者会发现修理或改善沟渠将更加节约。

一个新奇的案件阐释了关注高效引水设施和使用方法需求的现代思维。在 A—B Cattle Co. v. United States

---

① 见 Glenn Dale Ranches, Inc. v. Shaub, 494 P. 2d 1029(Idaho 1972)。

案①中,科罗拉多州高等法院拒绝认可占有者坚决要求在他们的授权水量中要存在一定含沙量的权利。泥沙的存在是为了封存东部的无衬砌沟渠,并阻止渗漏带来的损失。当联邦政府在河流上修建了一个大坝,泥沙就沉淀下来了。清澈的河水从大坝中流淌下来,水就更容易从沟渠中渗流出来,这导致了可引水量的减少,占有者据此请求损害赔偿。但是法院发现,占有者只有引水的权利,而无权维护土质沟渠的权利。援引水资源最大化利用原则,法院建议在将来的某个时间,最大化利用原则可能会把合理使用的概念限定到要求安装灌溉沟渠管线上。

加利福尼亚州的裁决把经济因素渗透到了合理使用理论。后来的案件表明州的工程师应该在考虑"所有重点因素,包括环境和经济因素"的基础上,通过制定规则和规章达到要求最佳水资源利用的效果。② 法院认为,规则可以要求时序在前的占有者建井以便从河流中引水,而不是为了保护自己的引水而去阻止时序在后的占有者从河流中引水。与此相似,爱达荷州高等法院支持这样的规则:依照申诉,时序在后的水井所有权人妨碍了时序在前的占有者的使用,在时序在前的占有者通知时序在后的水井所有权人之前,规则要求时序在前的地表水使用者应当先采用合理引水、提高输水效率以及保护水资源的方法。③

应该注意的是,在占有制度中存在一些阻止高效率使

---

① 见 A-B Cattle Co. v. United States,589 P. 2d 57(Colo. 1978)。

② 见 Alamosala Jara Water Users Protection Ass'n v. Gould,674 P. 2d 914(Colo. 1983)。

③ 见 American Falls Reservoir Dist. No. 2 v. Idaho Dept. of Water Resources,154 P. 3d 433(Idaho 2007)。

用的法定规则。例如,回收水的再利用会受到严格的限制。见本章3.8的详述。下列事实让问题进一步恶化:无害原则和其他约束抑制了用水过程的改变,其中其他约束限制或者增加了水权转让交易成本,而水权交易可能会提高用水的效率,见本章3.9。

为了推动用水效率的提升,合理使用原则的运用肯定会越来越广泛。时序在后的用水者将会挑战浪费用水(包括相对地没有效率)的时序在前的占有者。为了维持河流流动所需的更多水量,娱乐的人们可能会去找寻无效的、多余的引水。迫于公众的压力,水资源管理者要做的是通过他们对水法的管理,坚持高效率的用水。问题是,为了合理利用水资源,应要求何种程度的用水效率才是合适的? 这包括评估可用的技术、经济分析,最终要考虑的还是比较竞争用水者之间相对效率的高低。

3. 合理用水的扩张解释

尽管水资源是公共资源,但是水权可能被私人享有,只要其使用是合理的。合理使用的本质理念是保证水资源不被浪费。从历史的角度来说,这意味着私人不可以拥有这样的水权:不进行富有成效的使用、过量使用或者他们的使用损害了其他人的利益。现代案件强调了合理使用动态发展的特点,曾经被人们接受的低效率引水或沟渠可能不再被人们接受。

现代法院也把合理使用理论视为一个相对的概念。当水资源变得短缺的时候,人们就会质疑允许低社会价值用水所带来的消极后果。在 Enviromental Defense Fund,

Inc. v. East Bay Municipal UtilityDist. 案[①]中,法院认为州宪法条款要求有效的、合理的用水,该条款应当成为索赔要求的基础。索赔主张认为水权的申请会导致滥用,因为申请者并没有回收现有的供水,而且因为选择上游的引水点会阻止水资源的多次使用,但是如果从下游取水的话,多次使用则会发生。

合理使用理论提供了一种解释价值观变迁的途径。人们对自然环境的更多认知,以及由此对保护鱼类和野生动物以及生态功能重要性的认知,影响了水资源分配和使用的决定。而且,这里有很多竞争性用水者,他们创造了利益——非经济性的(美景、精神满足)和经济性的(公共娱乐)。

3.7.3 回收和再利用

水资源可以多次使用。引来用作灌溉的水资源,覆盖在土地上,其中部分水量会通过尾沟或渗漏回到河流中。处理(或没有处理)过的市政污水通常也会返回到河道中。这些回流水量变成了其他人可以利用的水资源。最大化地扩大水资源的数量和范围可以提高利用效率,达到保护水资源的目的。然而,当回收和再利用的水资源尚未形成新的占有,占有人试图利用该水资源的时候,新的法律问题就产生了。

通常情况下,源自流域中的水资源在下列情形中可以被占有人回收并再利用。其一,回收并再利用水资源的权利没有超出许可证和法令规定的权利范围;其二,回收和再

[①] 见 Enviromental Defense Fund, Inc. v. East Bay Municipal Utility Dist., 125 Cal. Rptr. 601 (Ct. App. 1975)。

利用的水资源出现在先占优先权人开垦的土地上。如果占有人引入的是其他流域的水资源则没有上述限制。①

回收和再利用鼓励节约和最大限度地利用水资源。灌溉引用的水资源很多都没有被农作物消耗吸收。没有被利用的那部分水,可能为了充分地浸透土壤以便于农作物从土壤中吸收水分,也可能为了运送水在实际过程中通过沟渠渗透或蒸发掉了,这类水称为"运输水"。除了运输水的需要,申请的灌溉水量通常超过实际需要量,原因在于,众所周知,灌溉作业对水量的需求往往无法准确计算,农民可能无法准确知道农作物到底需要多少水,即便知道,通常还会受到农民测量能力的限制。

大多数未消耗的水渗入地下,或者作为污水或回流水返回到河流中,被他人占有并投入使用。这些水并不是真正意义上"无用"之水,因为它们并不是从来没有被任何人使用过。然而,在灌溉当中大量的水却变得无用,因为它们被困在沼泽地带,或者变成不可开采的地下水或者流出所在的河流。大量水分从明渠中蒸发,或者从非农作物体内蒸腾并离开地面,也会造成水资源的流失。因为每年有数百万立方英尺的水资源流失,所以各州都在寻求通过回收利用或其他方法,鼓励更为高效的水资源利用途径。

1. 水资源利用总量不能超越水权的范围

通常,人们使用的水量仅是总水量一部分,其余水量会返回到河流中。水权往往表示在特定土地上为满足特定需求可以被利用的最大数量或流量的水资源。水权也会受到

---

① 见 Stevens v. Oakdale Irrig. Dist. ,90 P. 2d 58 (Cal. 1939); Water Supply and Storage Co. v. Curtis,733 P. 2d 680(Colo. 1987)。

可供消耗利用水量的限制。受此限制,只要不存在使用地点、目的、时间、方式及取水点的变化等水资源利用方面的改变,通过回收利用会增加可供消耗的水量。从而,在州立法规定的限制范围内,先占优先权人通常会循环灌溉回流的水量或捕获渗漏水量并利用之。

上游占有权人在原有的土地上提高用水效率,或者回收利用水资源可能会潜在地减少下游占有权人的水量供应。下游占有权人则经常依赖上游占有权人的"浪费水"作为水量供给源。如果水资源利用改变引起了水量消耗的增加,则这种水量消耗的增加不能损害其他占有权人的利益。但是如果在同一块土地上多增加的消耗水量是回收、再利用或节约的水量,则可以利用该增加的水量而不需要考虑是否会引起其他人的损害,只要引水或消耗的水量(如果可以量化的话)不超过用水人的"文件权利"(即许可证或法院判决确认的权利)规定的水量。适用的基本原则是,依赖时序在前的占有权人"浪费水"作为水量供应的时序在后的占有权人,会受到"浪费水"数量削减的制约。[①] 这条规则也适用于排入河流的地下水,只要能够识别地下水不属于先占优先权人水权范围内的水量,则可停止地下水排入河流,即便此种停止损害了下游用水者的利益。[②] 事实上,亚利桑那州高等法院也确立了一项规则,城市可以卖掉那些以前给下游用水者造成损害的回流污水,供别人回收再利用。

科罗拉多州最高法院认为,人们不可以采取新奇的水回收技术来扩大法定的水权。在 Southeastern Colorado

---

① 见 Thayer v. City of Rawlins, 594 P. 2d 951(Wyo. 1979)。
② 见 Arizona Public Service Co. v. Long, 773 P. 2d 988(Ariz. 1989)。

Water Conservancy Dist. v. Shelton Farms,Inc. 案①中,一个土地所有者把生长在河边的深根吸水植物(这种植物需要消耗大量的水)移植到沼泽地。法院认为,多年来,这些移植的深根吸水植物数量增加,逐步剥夺了时序在后的用水者法定的用水权。由于吸水植物吸收的水量起初源自河流,已经被时序在后的用水者占有,因此法院认为这些被吸收的水量上设置一个新的、时序在前的权利是错误的。②在这个案件中,法院不认为,一个时序在前者的水权可以扩张到从一个有着 3000 年历史的泥炭沼泽中收集的水。因此,时序在前的占有人不可以为了扩大一个现有的权利,去利用原本属于河流的水资源。可能在每一个案件中,法院都会许可时序在前的占有者获得利用水资源的权利,如果该水资源已经被他们引走或者他们用水的总量没有超越法律规定的水权范围。时序在前的占有者也可能就河流中的增加水量,获得时序在后的占有权。

2. 原有土地回收再利用水资源的限制

通常,人们可以回收并再利用渗漏水和"浪费水",只要该种使用在原有的土地上并符合原有的使用目的。③ 回收再利用的水可以被用在同一块土地上增加产量,但是人们不能通过连接灌溉沟渠的方式把回收的水量再利用到毗邻

---

① 见 Southeastern Colorado Water Conservancy Dist . v. Shelton Farms,Inc. ,529 P. 2d 1321(Colo. 1974)。

② 也可参见 R. J. A. ,Inc. v. Water Users Ass'n of Dist. No. 6690 P. 2d 823(Colo. 1984)。

③ 见 Cleaver v. Judd,393 P. 2d 193(Or. 1964); Estate of Steed(Paul) v. New Escalante Irrig. Co. ,846 P. 2d 1223(Utah 1992)。

的地块。[1] 当然,如果引水点、引水方式、水资源使用的地点、时间、目的改变了,则只有在不损害其他占有权人利益的情况下,回收的水量才可以被允许用于其他土地。[2] 一旦水量离开占有者的土地,流向或注定要流向另一个自然的河流,则该水量可能被其他人占有使用。[3] 一些州进一步限定了该规则,要求占有者必须在占有水资源的时候就已经有回收的意图,并且在合理的时间内也确实实施了回收行为,否则流出的水量将被认为是被抛弃到了河流中。[4] 有的州主张水资源被混合之后,为了回收水资源,人们必须能够鉴别各自的水量份额。[5] 少数司法管辖区认为从土地上流入河流或渗入地下的水,即使当这些水还在原有的土地上的时候,这些水资源也不能被回收和再利用。[6]

允许回收利用的水用在原有土地上的规则导致了更多的水资源浪费。例如,如果一个用水者消耗的水量少于许可的总数量、或者种植节水型的农作物、或者采取更加高效的灌溉方法,那么在原来可以回流到河流中的绝大多数或所有的水,因为上述规则的存在可能都被浪费掉了。这就剥夺了其他占有者可以利用的水量,而严格意义上讲这些水量是他们根据先占而被许可使用的水量。

---

[1] 见 Salt River Valley Water Users' Ass'n v. Kovacovich,411 P.2d 201(Ariz. App. 1966)。

[2] 见本章 3.9。

[3] 见 Fuss v. Franks,610 P.2d 17(Wyo. 1980)。

[4] 见 Jones v. Warmsprings Irrig. Dist.,91 P.2d 542(Or. 1939)。

[5] 见 Arizona Pubic Service Co. v. Long,773 P.2d 988(Ariz. 1989)。

[6] 见 Fort Morgan Reservoir & Irr. Co. v. McCune,206 P.393(Colo. 1922)(位于土地所有者土地上的堤坝中渗漏的水注定要流到河流中,这些水不可以被土地所有者回收)。

通过种植节水型的农作物或者采取更加高效的灌溉方法回收的水,回收人可能没有申请就把这些水资源用在了非原有土地的其他土地上,或者进行了其他用途的使用(比如工业用水代替农业用水)。回收利用者可能不会全部使用他们最初占有的全部水量,这仍然是实际情况。这种形式的回收利用被认为是使用的改变,受无害原则的制约。[①]先占优先权原则不允许水资源利用的改变,因为回流水量原本是时序在后的优先权人可以占有水量的一部分,回收再利用就剥夺了时序在后的优先权人获得时序在前的优先权人回流水量的权利。[②]

允许被改变的总水量受使用者历史用水量的限制,即使许可证或法院判决授权(文件权利)的可用水量更多也不例外,这保护了其他占有者可以期待得到的水量。水权改变的程序繁冗,为了鼓励更高效的水资源利用,一些州(如加利福尼亚州、蒙大拿州、新墨西哥州和华盛顿州)已经通过立法简化将回收的水再利用到其他土地上,或者是为其他目的利用回收水量的程序。

在一些灌溉区或者地域范围很大的联邦水利工程项目中,通过最初的水资源使用,在受益的土地上捕获或回收水量的占有者获得的利益是可持续的。[③]

如果任何人,包括最初的占有者,截拦那些流出土地的渗漏水量,他会被认为是一个时序在后的占有者,但该占有

[①] 见本章 3.9。

[②] 例如 Comstock v. Ramsay, 133 P. 1107(Colo. 1913)。

[③] 见 Department of Ecology v. U. S. Bureau of Reclamation, 827 P. 2d 275(Wash. 1992)(在哥伦比亚河流域,联邦灌溉区水资源回收工程保留在项目区回收污水、渗透水和回流水的权利)。

会受到原有先占优先权人的制约。一个渗漏水量的占有人,其占有的水量会受到产生渗漏水量者用水行为的限制。最初的占有者可以通过更加高效的利用,停止渗漏水量的产生,比如通过排列输水管网、迁移或放弃一个沟渠或水库或者通过停止占有水资源。①

3.8 先占优先权的完善和执行程序

3.8.1 早期的法律体系

1. 立法之前的时期(1840—1870 年)

水资源的占有开始于西部大多数州独立之前。采矿者形成了水资源占有的习惯和规则,在整个矿区,这些习惯和规则的基本原则相对一致。先占优先权理论中所涵盖的水权和水权获取的惯常程序,通过早期地区和州法院系统的认可,被吸收合并成为水权普通法的组成部分。一个采矿者获得利用水资源的权利,依赖以下两方面因素:一是在引水点张贴告示;二是将所引水量用于合理目的。

这种遍布西部离奇的占有制度反映了具有独立思维的采矿者的想法。尽管这里没有行政机关的要求,没有中央权威,甚至没有任何的档案记载,但是这里有用水冲突。法院不得不解决争夺水权的占有者和水权优先占有者之间的冲突。然而,法院仅能决定涉案当事人的权利,而不能确定同一个河流中所有用水者的权利。在一些州,法院允许原告联合所有在同一个河流主张水权的人共同诉讼,以便于确定所有人的水权。这种方法不是很令人满意,原因在于

---

① 见 Bower v. Big Horn Canal Ass'n,307 P. 2d 593(Wyo. 1957)。

诉讼成本高昂、程序缓慢、困难重重。而且,作为诉讼结果的判决没有被立法机关汇编,判决确认的可能占有者也不会轻易寻找到可以利用的水量。

2. 早期的法令

1873年,加利福尼亚州率先制定了关于先占程序的法律。该法律仅简单地对根据当地习惯早期发展起来的占有方式进行了立法确认。该立法要求:①在引水点张贴有关引水数量、目的和使用地点的告示;②告示在引水点所在县区公示十天;③完成占有,并尽职尽责地把水资源用于合理目的。一个尽职尽责的占有者的优先权日可以追溯到告示张贴的日期。

立法制度阻止了被管理者发现占有者的超额用水,并警示开发者可能涉及的风险。在一些州,比如俄勒冈州,立法也解决优先占有者和形成时间更早的河岸权之间的冲突。

很多早期的立法预测,水资源的使用者早晚会通过法院获得被认可的权利。有关确权的判决可能会出现在占有行为形成很多年之后,或者在某些法律制度下,确权的判决根本就不可能产生。

3. 早期法令存在的问题

早期的法令存在一些严重的缺陷。首先,法定程序不具有唯一性,导致一个在普通法先占优先原则下形成的水权也一样是有效的。其次,有许多水权没有被记录下来,而那些被记录在案的水权也没有被集中存档。在流经很多个国家的河流上,寻找水权记录的任何人不得不去该河流流域涉及的所有国家法院大楼查询。集中保存水权记录的缺失,使得每天的行政管理工作难度重重。现存的记录不可靠,即使是对那些归档的人也不例外。人们试图申请使用多一些水量,但是没有合理的方法可以确定他们是否实际上已经把一定的水量用于合理目的。对于投资者而言,张贴告示和归档的方法让他们觉得不安全。不仅在证明水权的行使范围方面存在提供证据不足的问题,而且在追溯日需要法院判定的原则下,水资源的开发者自己不能确定其项目的优先权日。最后,司法程序过于缓慢,对于占有的水量是否可用,有时可能很多年过后,结果都是不确定的。

3.8.2 现行的许可证制度

1. 许可的目的

所有西部的州都已经有了水量分配和权利授予的法定制度。除了科罗拉多州,每一个州都已经通过立法授予某一个行政管理机关水管理的职权。科罗拉多州建立了关于许可证的司法制度,其功能与其他州行政管理机关的功能相似。

行政程序的主要目的是为水资源的占有以及规范已经成立的水权提供有序的方法。有些州给予占有者选择权,他们既可以申请许可证,也可以通过张贴告示和引水达到普通法要求的占有条件。更典型的是,有的州立法把申领许可证作为成立合法占有必不可少的手段。[1]

2. 许可证制度的合宪性

(1)权力的来源

制定和实施许可证制度的权力来源于国家范围广泛的监督管理权。通常情况下,国家的法令和宪法都会规定水

---

[1] 见 Wyoming Hereford Ranch v. Hammond Packing Co., 236 P. 764 (Wyo. 1925)。

资源归全体国民管理。尽管国家利益可能会被规定在财产权条款中,但是它不是所有权,而是国家主权,见本章3.3。在水权中的个人利益可能会成为私人所有权,就像其他的私有财产权一样,受国家监督管理权的制约。财产权也被解释为是一种特殊的国家权利。虽然较早被合法授予的水权业已形成,但后来又逐渐被削减。削减的原因在于,在同样支持河岸权制度的州,河岸权以同样的方式被保护,当占有权法律制度出现之后,削减了河岸权人应有的权利,这种削减形成了河岸权人反对先占优先权的挑战,在挑战中先占优先权逐渐被削减。因此,也就有人提出许可证制度是否能对水权提供充分保护的质疑。[①]

(2)权力的分立

大多数州的水权管理制度包括裁判程序,这需要行政机关或是准司法性官方机构的介入。所有州的水权管理制度都规定法院的复审制度,要么当事人通过上诉复审,要么把复审作为水权确认程序的最后一个步骤。

管理机关行政和司法角色的混合已经遭到了水资源利用者的挑战。早在1900年,怀俄明州高等法院裁定,当处理涉及水权的案件时,裁判控制委员会的角色主要是履行行政的职能。法院的理由是,实质上该机构过去一直致力于判断赋予当事人权利的证据,申请者并不通过该机构寻求损害救济。法院进一步认为,即使该机构实施了裁判行为,其权力也是准司法性质的,其权力来自行政管理者或者委员会的适当授权。在大多数法令下,如果一个州行政官员的行为侵犯了其物质性的财产权,那么水资源利用者可

---

① 见本章3.3。

以求助于法院。① 内布拉斯加州制定了一部类似于怀俄明州的法令,其中包括这样的规定:如果当事人没有向法院上诉,则其所持有的管理机关的决定就是终局决定。内布拉斯加州法院反对这项法令,该法院认为管理机构的职责是监督和管理,而不是裁判。②

俄勒冈州实行司法与行政混合体制,具体来讲,一项由州工程师做出的行政决定,在法院归档,法院负责审理当事人对行政决定的上诉,法院可以在诉讼中进一步修改行政决定,并最终把权利授予法院支持的一方。俄勒冈州高等法院认为工程师的职责"在本质上是准司法性质"的,其调查结论仅仅"初步表明终局的和有约束力的决定"。在 re-willow Greek 案③中,美国联邦最高法院认为在俄勒冈州工程师之前的程序和法院之间没有关联,这些程序仅仅是一个独立程序的一部分,处在行政机关行为和后来法院审理之前的阶段;法院还认为,初步的程序仅仅为法院审理做铺垫,而且认为"国家始终坚持与正当法律程序保持一致,因此可能对委员会提出初步的行动,并进行最终听证和法院裁决"。④

与怀俄明州相似,得克萨斯州高等法院认为 1917 年的《水权法案》违宪。得克萨斯州高等法院指出,怀俄明州宪法规定了水权制度,但得克萨斯州宪法却没有对此问题做出类似规定,即在没有宪法授权的情况下,行政部门被赋予

---

① 见 Farm Investment Co. v. Carpenter ,61P. 258 (Wyo.1900)。

② 见 Crawford Co. v. Hathaway, 93 N.W. 781 (Neb.1903)。

③ 见 Willow Greek,144 P. 505(Or. 1914)。

④ 见 Pacific Live Stock Co. v. Lewis, 241 U. S. 440 (1916); United States v . Oregon,44 F. 3d 758 (9th cir. 1994)。

原本属于司法部门的权力。后来,得克萨斯州修改了宪法,并建立了与俄勒冈州相似的水权制度。得克萨斯州的做法没有违反权力分立原则,或者说这种做法构成了法的借鉴。①

3. 许可程序

第一个被怀俄明州采纳的许可证制度产生于1890年。除了科罗拉多州,其他所有实行先占优先权制度的州,都制定立法规定了获得占有水资源许可证的必要条件。怀俄明州的法案将整个州分为四个引水区,并成立州工程师办公室,该办公室负责收集溪流被占有的记录、做调查并为水资源管理委员会提供人员支持。水资源管理委员会裁决当事人提出的权利要求,并执行许可证制度。在大多数法定许可证制度下,如果申请人按照规定的程序申请,又或者州工程师发现尚有未被占有的水量,并且申请人的占有不会损害公共利益,则申请的许可证会被批准。

(1)申请

在所有实施许可证制度的州中,一份关于被占有水量的正式书面许可申请必须提交给州工程师,或者提交给类似于自然资源部或水资源管理委员会这样的行政部门。通常情况下,提交申请几乎是获得水权唯一的方法,申请必须在开始任何人力行为,比如开挖引水沟渠之前完成。如果后来所有的许可证要求都被满足了,则申请日就会变成优先权日。

蒙大拿州的水法很有代表性。该州水法规定,申请书

---

① 见 Adjudication of Water Rights of Upper Guadalupe Segment of Guadalupe River Basin, 642 S. W. 2d 438 (Tex. 1982)。

必须包括下列资料：申请人和河道的名称、水量、使用时间、引水点的合理描述、用途，申请合理使用的日期和其他任何可适用的支持资料，比如地图、局部地图或航拍图片。

(2)公告

通常，申请书的内容必须公之于众，必须设法联系到所有可能受影响的当事人，给当事人固定的时间填写反对意见。反对意见必须基于许可申请与已经公布的许可证法定标准相比，许可申请欠缺的条件。

(3)听证

针对合理的反对申请，行政机构会举行公众听证会，并将听证会的通知送达申请者和反对者。州工程师或相应的行政官员调查申请书所填资料的实际情况，向行政机构报告申请是否满足法定的标准。然后行政机构会做出批准、不批准或批准修改许可申请的决定。申请者有权启动应有的程序反驳政府机构的决定，比如提供任何相关的证据。政府机构的调查结论也可能随后被起诉到法院。

(4)颁发许可证

接下来的程序是颁发许可证。许可证本身不是一项水权，但是如果所有的条件都满足的话，许可证会转化为水权。在规定的时间期限内，申请人需要建设引水工程，并引水和申请合理用水。合理用水成为水权被合法授予的原因，优先权因此也会被追溯到申请日。通常，许可条件为遵守法定的时间期限和"尽职尽责"地完成引水工程。如果有合理的理由，所有的州都允许法定期限的延长。

大部分有责任感的管理机构可能会施加额外的许可条件，比如，要求申请人说明将会如何实施水权。以加利福尼亚州为例，法律授权国家水资源控制委员许可为合理目的占有尚未被占有的水量,在"这样的条件和情形下,比如在判决书中,水资源将会被更好地开发利用、节约使用,并且为公共利益目的水资源应该被占有。[1] 但是,委员会有相当大的自由裁量权来确定应当引起注意的情形,这些情形是:如果法院没有发现它们的不合理性,或缺乏足够的证据支持,委员会可能就会忽略它们。在 East Bay Mun. Utility Dist. v. Department of Public Works 和 Bank of America National Trust & Savings Ass'n v. State Water Resources Control Bd. 案[2]中,法院建议申请者放弃保留一个水库以便公众娱乐的许可条件,因为法院认为没有足够的证据证明这样的需求记录:为了公众娱乐需要保留水库。

除了常规的许可证,一些州也颁发临时性和季节性的许可证。在加利福尼亚州,如果哪里有尚未被占有的可用水量,并且不会对下游用水者,或者对环境产生不合理的损害,那么都可以颁发临时性或季节性的许可证,但这样的许可证不会产生合法授予的水权。

在大多数州,许可过程中颁发的最后文件被称为"许可证""资格证""占有资格证"或"水权资格证"。管理者会去巡查,看看水资源是否已被应用到合理用途,其他方面的法规是否被遵守。资格证书类似于一个合同,在这个合同中明确规定了水资源利用方面财产权的范围,它也像合同一样可以被记录下来。

---

[1] 见 Central Delta Water Agency v. State Water Resources Control Board,20 Cal. Rptr. 3d 898(Ct. App. 2004)。

[2] 见 East Bay Mun. Utility Dist. v. Department of Public Works,35 P. 2d 1027(Cal. 1934)和 Bank of America National Trust&Savings Ass'n v. State Water Resources Control Bd. ,116 Cal. Rptr. 770(Ct. App. 1974)。

4. 授予许可证的法定标准

上面讨论的许可程序将会决定法律所公布的一定条件是否已经被满足。在蒙大拿州,需要提供如下几方面的证据来证明满足法定标准:

①合理用途;

②在一定时间和使用期限存在可利用的、尚未被占有的水量;

③不对时序在前的优先权人造成损害(质量和数量);

④修建足够的引水设施;

⑤不侵害那些把水资源用于合理目的用水者的占有利益;

⑥不干扰他人为将来或其他计划使用保留的水量。

其中,可利用的、尚未被占有水量的要求值得探讨。对许多溪流而言,有权引取的水量远远超过了河流的总水量。下面两种现象产生了上述结果:①很多用户可能依赖同样的水量,正如下游用水者所引之水,正是上游用水者引水后又返回到河流中的那部分水;②只有在河流水量很丰富的年份,或者在时序在前的优先权人用水较少的年份,时序在最后的优先权人才有可能实际行使水权。因此,存在可以利用的、尚未被占有的水量的调查结论并不意味着,该用水者将会获得一定的水量供应。一些州在禁止过量占用水资源方面制定了比其他州更加严格的条件。[①]

5. 公共利益权衡

大多数国家的法律会授权行政机关驳回或者限制与公

---

① 见 Lower Colorado River Auth v. Texas Dept. of Water Resources, 689 S. W. 2d 873 (Tex. 1984)。

共利益和公共福利不一致的许可申请。新墨西哥州的工程师驳回了一项关于建议修建灌溉工程的申请,相对于可提供的水量来说,此工程的用水量太大了,因此可能会导致较高的花费,并且会给那些购买土地及附属水权的人带来不确定的水供应。这个州的工程师担心购买者会被误导,并且一个失败的工程可能会使投资者对未来水利事业的发展丧失信心。该州高等法院支持州工程师考虑广泛政策的运用方法,尤其是驳回了申请者的申辩理论:与"公共利益"相关的事情仅仅是指"威胁公共健康和安全"的问题。[1]

犹他州法律要求州工程师判定拟申请的水量占有是否将会干扰"更多的合理用途",或者"将证明对公共福利造成损害"。犹他州高等法院为了后来的申请者,支持驳回早期的申请,因为后来的申请者(一个联邦的水利工程)比之前的占有(一个私人的发电厂)可以更好地服务公共利益。[2]

在华盛顿,公共利益的考察因素已经被认为包括环境因素,并不仅仅是指拟申请的用水在可用水量上对他人的影响。尽管这些因素在立法机关通过水资源法时没有深思熟虑,但是随后的立法还是彰显了包括公共利益在内的、不断发展的理念。[3]

西部各州已经开始控告行政机构,原因在于他们在水资源许可(或者做出其他相关水资源利用决定)时没有考虑广泛的公共利益因素。阿拉斯加州的州法规非常详细地规

---

[1] 见 Young & Norton v. Hinderlider, 110 P. 1045 (N. M. 1910)。

[2] 见 Tanner v. Bacon, 136 P. 2d 957 (Utah 1943)。

[3] 见 Stempel v. Department of Water Resources, 508 P. 2d 166 (Wash. 1973)。

定了确认公共利益时的参考因素。这些因素包括：①申请人的受益情况；②经济活动受到的影响；③对鱼类、比赛和娱乐的影响；④对公共健康的影响；⑤对未来其他替代用途可能造成的损失；⑥对他人的损害；⑦申请者的意图和资格；⑧对通航或毗邻公共水域的影响。

在立法有公共利益规定的州，公共利益的立法相对比较模糊，以可能被法院参考的因素为基础，水资源管理者探寻更加广泛的多样化参考因素。爱达荷州的法规仅规定水资源委员会的负责人可以驳回或修改一个许可申请，如果该水资源占有"将与当地的公共利益产生冲突"，见爱达荷州法令§42－203A。当地的公共利益被界定为：该区域人们直接受到拟建议水资源利用影响的利益，该使用对当地的公共水资源产生了影响，见爱达荷州法令§42－202B。法令进一步规定，水资源委员会的负责人必须考虑拟建议的水资源利用是否将对流域或局部地区的地方经济产生不利影响，这些地方是建议利用的水资源产生的地方。在这种情况下，必须考虑建议的水资源利用是否将对其流域或局部地区之外的地方产生不利影响，这些地方是水资源产生的地方，见爱达荷州法令§42－203A。爱达荷州高等法院主张，被负责人应用的公共利益影响因素包括那些爱达荷州涉及河道流量、水质、水污染和水资源保护相关法律反映出来的因素。除此之外，"常识"认为应当在爱达荷州法律和其他州的法律中审视这些影响因素。① 内华达州高等法院已经支持了该州工程师关于公共利益立法的行政性界定，该界定借鉴了内华达州的水事政策法令，但是据说在对

---

① 见 Skokal v. Dunn, 707 P. 2d 441(Idaho 1985)。

公共利益进行比较分析的时候,没有借鉴其他州的立法。[①]

通常认为一个机构不仅有授予许可证的权利,也有权驳回违反公共利益的许可证申请。一个法院已经把公共信托理论应用于许可证的授予,要求"在当前的水量供给和未来该州的水量需求约束下,一个许可证决定一定是一个在最小潜在影响下的水量分配"。[②] 该案的判决要求行政机关根据该州立法,制订全方位的水资源利用计划,或者采取其他方法权衡分配大量水资源给占有者可能带来的影响。

用来限制一个州授予占有者许可证的公共信托理论最广泛的应用是在 National Audubon Soc'y v. Superior Court 案[③]中,法院发现在一份该州机构 1940 年的许可证中,该许可证授权洛杉矶市可以使用流入 Mono 湖支流中的水资源,但是在授权的时候没有考虑对公共利益的影响因素,包括鱼、野生动物和公共娱乐等。这样,为了保护鱼类、野生动物和娱乐用水所需的淡水水量,该市已经形成的先占优先权受到后来机构严格要求的限制。这个决定非同凡响,因为它有效地强化了每一个许可证的附加条件,即如果在许可证被颁发的时候,没有充分考虑公共利益的影响,允许重新审查或修改许可证。

晚一些的案件认为,有权分配地表水量和管理该州水质的加利福尼亚州水资源管理委员会承担公共信托的义

---

① 见 Pyramid Lake Paiute Tribe of Indians v. Washoe County, 918P. 2d 697(Nev. 1996)。

② 见 United Plainsmen Ass'n v. North Dakota State Water Conservation Comm'n, 247 N. W. 2d 457(N. D. 1976)。

③ 见 National Audubon Soc'y v. Superior Court, 658 P. 2d 709(Cal. 1983)。

务,该委员会运用他们所获得的授权限制水资源的许可方,完成水资源质量目标。[1] 加利福尼亚州把公共信托理论应用于所有滩涂地、适航湖泊和河流,但是拒绝把该理论应用于地下水。[2] 水资源利用过程中很可能出现的问题是涉及公共利益的水质影响,解决该问题需要援引公共信托理论,或者是行使行政机关控制占有的权力。在公共信托理论下,一个水资源管理机构也可能会规范其他行政机构的行为,如果该机构的行为影响了水资源的质量。[3]

其他州也提出了公共信托理论。在爱达荷州,公共信托理论可以被应用于所有的水权,尽管由于缺乏立法指导,在绝大多数常规的河流判决中法院可能不会考虑公共利益。[4]

3.8.3 司法裁判

这里有三个常见的影响水权的司法诉讼类型。

1. 常规的水事裁判

所有的州都采取司法方式来解决所有用水者在特定河流中的相互冲突的水权。通常,在同一条河流中主张水权的所有人都必须被追加为当事人。在有的州,司法诉讼程序可能被用水者启动,或在有的州可能被州水资源管理机

---

[1] 见 Unite States v. State Water Resources Control Bd., 227 Cal. Rptr. 161(Ct. App. 1986)。

[2] 见 Santa Teresa Citizen Action Group v. City of San Jose, 7 Cal. Rptr. 3d 868(Ct. App. 2003)。

[3] 见 Pacific Lumber Co. v. State Water Resources Control Broad, 126 P. 3d 1040(Cal. 2006)。

[4] 见 Idaho Conservation League, Inc. v. State of Idaho, 911 P. 2d 748 (Idaho 1995)。

关启动，还在有的州可能被用水者或者水资源管理机关启动。

今天，常规的水事裁判是指在西部一些州存在的诉讼程序，该程序目的在于确定或设定遍布主要流域的、相互关联的、现存水权的优先级别。这些被州行政机构启动的审判程序运行立法规定的基本程序。通常情况下，他们要求所有拥有水权的原告陈述或证明其水权与其他所有的先占优先权之间的关系。立法者已经被激励试图通过这些立法，其中一部分激励来自于对利用 McCarran 修正案的渴望。McCarran 修正案是一部联邦立法，该法案要求美国联邦法院参与水权案件的审理。最近几年，在亚利桑那州、加利福尼亚州、爱达荷州、蒙大拿州、俄勒冈州、路易斯安那州和华盛顿，一般水事裁判的专门立法已经被通过，且在一些主要流域诉讼正在进行。

通常，一些州行政机构或专家的主要工作是查找事实、收集资料、从事调研以及汇总当事人的诉讼请求。最初的听证和决定通常由行政机构做出。然后，有关权利的行政决定被诉至法院，在最终的法院判决中将会体现该行政决定，除非根据利益主体的上诉，大量的调查结论被改变了。通常，在一个常规水事裁判开始之后，如果由法院裁决产生的新许可被公布，那么会有一个整合新许可的程序。

2. 确认或复审许可机关许可决定的裁判

如果没有人上诉，一旦官员和行政机构做出了许可决定，该决定就是最终的。在启动诉讼程序之前，上诉有时会向另一个更高行政级别的机构提出。在有的州，法院从开始就全程跟踪整个上诉过程，但是在大多数的州，上诉还是以行政机关的记录为准。在新泽西州地区法院裁决的部分[①],笔者发现:法院推翻了一份州工程师做出的批准水权申请的许可决定,因为该官员没有考虑"公共利益"。然而,在上诉的时候,新泽西州上诉法院又推翻了地区法院的裁决。上诉法院认为,当申请是为了水权的转让或改变的时候,州工程师没有必要考虑申请对社会公共利益的影响。[②]

3. 解决用水者之间冲突的裁判

一个或更多的用水者会去起诉其他用水者,诉称其他用水者侵犯了其水权。通常,法院的判决只约束当事方。在一些州,行政机关有权解决私人之间的水事争议。行政机关的决定会被法院审查,或者在上诉中被审查,或者是诉讼程序的必经程序。

3.8.4 水量分配的监管

基于相关占有者的优先权,行政机关通常会同意业已形成的水权。占有者用水的方式通常会被监管和控制。

以怀俄明州的制度为例,州工程师和位于四个引水点的引水监督官员对水量分配进行全面监管。每一个引水监督官员又负责监察几个水资源管理专员,水资源管理专员负责水量的实际调配。在引水监督员和州工程师的领导下,水资源管理专员的工作是确保每一个河流中的水量,在合适的时间以正确的数量,分配给那些被授权的用水者。为了最终与所有占有者优先权的清单顺序保持一致,水资源管理专员需要开、关、调整和锁住总水闸,并且在必要的时候,充当河滨警察的角色,有权实施抓捕行动。当夏末河

---

① 见 Howard Sleeper, No. RA 84—53(C)。

② 见 Application of Sleeper, 760 P. 2d 787 (N. M. App. 1988)。

流水量很少的时候,水资源管理专员会关闭次序在最后的优先权人(比如时间上最晚)的总开关,以保证次序在最早的优先权人可以获得足够水量。总开关的控制不需要通知或听证,因为它是水资源管理专员纯粹的行政义务(不是一个司法程序)。[①] 水资源管理专员也监管水库,负责把储备水量转化为直接水量。水资源管理专员向州工程师报告河流水量的测量方法和水资源的使用方法。通过这些方式,数据资料被集中到州的层面。

在怀俄明州,一个对水资源管理专员行为的上诉首先由引水监督官员负责处理,然后到达州工程师,最后到达争议引水沟渠所在县的地区法院。

3.8.5 科罗拉多州的许可证立法

科罗拉多州是第一个为水事争议提供特别法院诉讼的州。不像其他西部的州,科罗拉多州没有设置具有许可和监管权力的行政机构,相反,该州保留了一项承担行政管理功能的司法制度。水事法院制度是对冗长的司法程序的改良,因为在原有的司法程序中所有的原告必须联合起来参加诉讼。

1969年之前,科罗拉多州授权所有县属的地区法院对水权审判行使管辖权。在地区法院打官司需要联合所有的原告,并允许他们相互辩驳对方的主张。然后,法院命令州工程师提供一份合格的水权申请清单。法院也会向水资源委员会的官员索要有关引水和蓄水设施结构方面的额外资料。在程序的最后,法院会公布一份判决。没有实践部门的参与,水权就可以被直接确认。通常,判决生效之后,新

---

① 见 Hamp v. State,118 P. 653(Wyo. 1911)。

的用水者在占有水资源之后,就可以直接适用这样的判决。

1969年的《水权确定和管理法》,将整个州分为七个与主要排水区一致的水资源引水区,每一个引水区任命一名引水工程师。水事法官从每一个引水区所在的地区法院的法官中选任,他们负责管辖所有的水权确权纠纷。水事法官是全职还是兼职取决于水权诉讼的业务量。水权确权的申请由水事法院的书记员做出。书记员按月准备申请书的摘要,然后把这些摘要送达给任何可能的当事人,并把摘要刊登在当地报纸和其他媒体上。在反对方申请反对意见之后,裁判人员会对事实进行调查。州工程师和其下级官员会提供给书记员一份附条件水权的清单。裁判人员会做出批准、不批准、或部分批准申请书的裁决。在一些复杂的案件中,裁判人员会将案件发回水事法官重审。

然后,所有的当事人都有机会向水事法官提出针对裁判的申辩。没有被申辩的裁判将会被确认有效,除非水事法官发现它们与法律相违背。被申辩的裁决将会被确认有效、被修改、被推翻、或者被推翻并修改。一旦裁决被确认有效,自申请日起,申请人就获得了水权的优先权。在用水过程中,有关水权的论证和改变方案遵守类似的程序。对水事法官裁判的上诉复审由高等法院负责审理。

每隔四年,引水工程师都会对在一个引水区的水权进行汇总,并公布汇总表,这表明这样的事实:哪些水权申请被法院判决驳回,哪些水权申请被既定的判决确认。如果这样的汇总表遭到反对,那么水事法官会对被反对的汇总表组织听证。根据法院判决确认的水权优先次序和用水数量,州和引水区的工程师调节水量的分配。

科罗拉多州根据先占优先权理论确立了本州的水权制

度,但却是唯一一个没有水权许可证制度的州,尽管水事法院的功能与许可机关十分相似。不同点在于,在科罗拉多州,用水者在向法院申请水权之前就可以先行用水。这反映了科罗拉多州对州宪法条款(该条款与其他几个西部州相似)的解读:任何人都有从未被占用的天然河流中引水并用于合理目的的权利,该权利不能被否认。事实上,运用宪法权利去确认引水者的资格并不重要,因为通常情况下,水权的优先级别总是比那些产生在前的、已经被法院判决确认的占有者权利要低。

3.9 水权的转让和变更

先占优先权可以在用水者之间转让,该转让会受到该州法律的限制。水权转让的常规方式是和土地一起转让。在大多数州,土地转让时水权会随之转让,除非在转让的时候,土地没有附属水权。当土地被分割的时候,按比例分割的部分水权与土地并存。① 在科罗拉多州,转让人决定水权是否与土地一同转让。水权可以与土地分别转让,或者在土地转让时保留水权。然而,事实上,立法会规定让水权与土地不可分开转让,或者为了保护其他用水者的利益,立法规定在特定情形下,水权也可以与土地分开转让。虽然水权通常在用水者之间转让,但是在水权被合法授予之前

---

① 见 Bessemer Irrigating Ditch Co. v. Woolley, 76 P. 1053 (Colo. 1904)。

不可以被转让。①

为了在其他位置用水、为了不同的目的、在不同的时间、或者包括引水点和回流点的改变,都使得水权的转让变得更加复杂。而且在所谓的"无害原则"下,水权人转让水权时必须要保护时序在后的水资源占有人。一些州严格限制水资源在原有流域之外的地方使用。

美国农业经济地位重要性的下降和西部地区城镇化的发展,亟待把水资源转向可以带来更高经济利益的领域。跟市政和工业用水相比,农业生产需要消耗更多的水,因此灌溉水权的获得意味着必须投入大量的水以满足灌溉用水的需求。这种有代表性的、早期获得的灌溉用水优先权让很多需要用水的人格外渴望得到。于是,政府有时会把其预留的或者是从农民手里购买的灌溉用水权临时租赁给那些需要用水的人。②

3.9.1 水权转让概述

水权可以通过出售、出租或交换等方式转让。可转让的水量不能超过出让人所持有的水权总量。水权的转让可能会、也可能不会伴随水资源利用的改变(比如用水地点和用水目的的改变)。如果农田与其附属的水权一同转让,而且水权在使用目的、使用时间、使用地点、引水地点等方面没有改变,则水权的转让不会伴随水资源利用的改变。但是当水权与农田分别转让时,或者在水权的最初所有权人打算把水资源改作他用的情形下,则水权转让伴随水资源

---

① 见 Application of Catherland Reclamation District,443 N. W. 2d 161 (Neb. 1988)。

② 见本章 3.4。

利用的改变,而且其中任何一个或所有水资源利用特点的改变,都会因此影响其他水资源利用者的权益,并由此启动诉讼程序以便确定其他人的权益损害是否足以引起禁止水权所有人改变水资源用途。

3.9.2 水权单独转让的限制

一些州严格限制撇开土地而单独转让水权(蒙大拿州、俄克拉何马州、内布拉斯加州、内华达州、南达科他州、怀俄明州)。亚利桑那州、堪萨斯州和北达科他州曾尝试制定土地与附属水权可以分别转让的法令,但是后来又废止了这些法令。立法限制撇开土地而单独转让水权是基于河岸权的基本理念,即水权是附属于土地的从权利。此种立法的最可能动机在于防止水资源占用者要求远远超出满足其土地合理利用的水量,然后再把他们早期获得的优先用水权卖给其他人。

怀俄明州1909年的"不改变"法令规定,水权与其所附属土地不可分割转让,否则先占优先权丧失。然而,这个不成功的规定充满了例外情形(如家庭用水、交通运输用水、水力发电、工业和公路建设用水、1909年前获得的权利、预留水权、水资源循环)。尽管1909年的法令仍然有效,但是1973年的修正案对水权转让的确认实际上已经否认了它的效力。

内布拉斯加州1895年的《灌溉法》把灌溉水权视作是土地的附属权利,不能单独转让。然而,因为该法令不溯及既往,1895年前形成的灌溉水权(该水权非常值得拥有,因为它的优先级别高)则可以转让。爱达荷州的立法较为灵活,规定立法确认的水权已经成为被占有土地不可分割的一部分,但水权的确认不能阻止等量水资源的替代或改变,如果这种替代或改变不会损害其他人的利益。[1]

在内华达州、俄克拉何马州和南达科他州,通常情况下水权不可以单独转让,但是如果在转让后,水资源的利用与原来相比更加节约可行,则水权可以分开转让。其中内华达州仅允许灌溉水权的单独转让,其他州规定任何水权均可自由转让。美国第九巡回上诉法院裁判认为,即使原有的土地灌溉已经很节约用水了,国家工程师也可以准许水权的转让。[2] 蒙大拿州禁止水权(超过每秒15立方英尺)的使用目的从农业用水转向工业用水。在亚利桑那州,灌溉水权的单独转让需要批准并具备水资源委员会设定的条件。亚利桑那州还提出在灌溉区边界之外的水权,或者是该区域准许的、与水权类似的权利可以单独转让。在蒙大拿州,在符合一定标准的地方,允许水资源使用目的变更;超过每秒5.5立方英尺以上的水量改变受到额外标准的限制。

除了立法限制之外,一些共有的挖掘公司和灌溉区会对私人(水权)股票的转让实行内部限制,见本书第11章。这些限制可能会显示在股票的表面,也可能包括在公司的内部规则或法人的章程中。

3.9.3 跨流域引水的限制

把一个流域中的水转移到另一个区域中使用,被称为跨流域引水或跨流域调水,通常在先占优先权理论下是允

---

[1] 见 Board of Directors of Wilder Irrigation Dist. v. Jorgensen,136 P. 2d 461(Idaho 1943)。

[2] 见 U. S. v. Alpine Land and Reservoir Co. , ,878 F. 2d 1217(9th Cir. 1989)。

许的。事实上,影响深远的 Coffin v. Left Hand Ditch Co.案[①]就涉及从流域源头引水。法院认为,先占优先权理论与河岸权理论的根本不同在于,先占优先权理论允许这种方式的引水。各个州的法律,通过在分水器上设置一定要求来限制跨流域引水,以便保护水源地居民的公平和利益。有关水资源在使用过程中改变方面的立法限制和约束会在下面部分阐述。在宪法商业贸易条款下,从一个州引水的立法管制会产生一定的问题,见本书第 10 章的 10.4。

在那些水量供应不充足的地方,随着用水量的激增,跨流域引水时有发生。引水设施的大量投资建设是为了把流域水量引导到需要的地方。加利福尼亚州南部和科罗拉多州的东部之所以有很多的斜坡,也是为了引水的需要。如果在水源地,用水权可以从先占优先权人那里购买,适用于用水改变的无害原则为现存的先占优先权人提供了一些保护。但是无害原则没有考虑对引水点当地经济、生态、生活方式和该地区未来发展潜在的影响。因为当有大量的水从流域中被引水的时候,这些影响往往是严重的和持久的,一些州已经制定法律限制引水行为以保护水源地的利益。此种保护立法修改了先占优先权法律,增加了引水的成本,但是被国家政策证明是正当的。

意在保护水源地的法律通常试图维持用水现状,包括既定水权的现状,并保护鱼类和野生动物需要的水量。一些法律试图提供可以量化未来发展所需水量的方法,但实际上这是很困难的。加利福尼亚州允许跨流域引水,以便在需要的时候可以获得占有水源地水量的权利,并享有独

---

① 见 Coffin v. Left Hand Ditch Co. ,6 Colo. 443(1882)。

立的优于原水权人的优先权。加利福尼亚州也保护那些有能力开发水资源的区县,这在未来是很有必要的。

在科罗拉多州,最大规模的跨流域引水是将该州西部科罗拉多河流域的水引到东部的丹佛市和人口密集的地区。立法机关制定法律保护西部通过斜坡引水的引水者,这些法律规定他们可以现在占有所引的水资源,将来为灌溉和其他合理目的使用占有的水资源。那些从西部通过斜坡引水的人们,必须表明为西部斜坡提供的水量将不会被削减,成本也不会增加。通过提供"蓄水补偿"以满足水源地的未来需求是可以实现的。[1]

在内布拉斯加州,有法律授权跨流域引水的引水量可以达到该州主要河流总水量的75%,但如果引水者的引水与公共利益相冲突,该授权允许改变。[2] 随后该立法被修订,并列举了水资源委员会的负责人在判定公共利益时可以参考的因素。

得克萨斯州的法律规定,满足水源流域地未来50年合理的、可以预见的需要之外的多余水量才可进行跨流域调水。俄克拉何马州要求,水源地必须存储充足的水量以满足当前和未来的需要。

3.9.4 水权的变更

1. 无害原则

不管是否包含水权的转让,无论何时一个人试图改变

---

[1] 见 Colorado River Water Conservation Dist. v. Municipal Subdistrict, N. Colorado Water Conservancy Dist. ,610 P. 2d 81(Colo. 1979)。

[2] 见 Little Blue Natural Resources Dist. v. Lower Platte N. Natural Resources Dist. ,294 N. W. 2d 598(Neb. 1980)。

引水点,或者是水权使用的地点、时间和目的,都应当采取特别保护措施以便对抗此种改变对他人的损害。如果一个占有者试图改变水资源的使用,或者为了改变水资源的利用而去转让水权,那么该占有者必须向负责的行政主体或法院申请获得许可,获得许可的条件是不对其他用水者造成损害,包括时序在前的占有者和时序在后的占有者。

使用中的改变会影响其他占有者合理使用赖以依靠的河流状况。当然,一个时序在后的占有者不可以妨害时序在前的占有者的优先用水权,但是在时序在前的占有者用水改变时,时序在后的占有者也可以被保护免受该改变的损害。先占优先权理论认可一个时序在后的占有者的水权存在于"河流状态持续维持的整个预期占有期间"。[①]

通常,灌溉作业会造成大概一半或更多的被引水量返回到河流中,实际上只有一小部分通过灌溉,或者通过植物蒸发进入到空气中。剩余的部分,要么继续流动,要么从渠道中渗漏到河流中,要么被带到废油坑、池塘、地下含水层和其他相似的地方。回流到河流中的水量——回流水量,在特定的时间和地点作为其他人的引水。引水点的改变或用水点的地点、用水时间或目的的改变不会对其他占有者造成物质损害。

并不是所有损害时序在后的占有者的行为都会受到无害原则的限制。为了相同的目的(例如农业灌溉),重新利用或者故意在相同的土地上消耗更多的水量、输入水量使

---

① 见 Farmers Highline Canal & Reservoir Co. v. City of Golden,272 P.2d 629(Colo. 1954),又可见 Okanogan Wilderness League ,Inc. v. Town of Twisp,947 P.2d 732(Wash. 1997)。

用的改变以及在一些司法管辖区,回流点的特定改变是不受法律保护的。

2. 变更的程序

如果占有者意图改变水资源的利用,或者意图把水权转让给将做不同使用的他人,那么必须取得变更许可。使用中的改变是否被允许由州行政机构,比如州工程师管理办公室,负责管辖并做出决定。州行政机构的决定还需要由州法院复审。在科罗拉多州,用水的改变需要通过已建立的法定法院的诉讼批准,需要被法院的裁决证明。在用水改变的诉讼中,主要实质的争议焦点是用水改变是否违反了无害原则。

在大多数的州,新用水的人需要承担不会产生损害的证明责任,例如,申请占有水权改变的要点。其他占有者会反对对他们产生损害的改变。断言损害存在的附条件水权的拥有者(见本章 3.4)也会反对该改变。[1] 一旦形成初步证明的案件,反对者需要承担反驳证据和证明损害的责任。

一些州也会根据公共利益的缘由,授权某些机构否认用水的改变。犹他州法律特别要求,州工程师只能适用公共信托标准来申请新的用水占有。然而,州高等法院认为,在用水改变的占有被宣告无效的时候,允许州有权保护公共娱乐、自然河流环境或公共福利是不合理的。[2] 相关的考虑因素还包括用水改变造成环境的、经济的和社会的影响。爱达荷州高等法院也认为,地方税收基数的损失不是

---

[1] 见 Rocky Mountain Power Co. v. White River Elec. Ass'n, 376 P. 2d 158(Colo. 1962)。

[2] 见 Bonham v. Morgan, 788 P. 2d 497(Utah 1989)。

一种可控告的损害。然而,爱达荷州立法规定,在界定一项既存水权和裁决一项新水权的时候,允许把地方经济和税收基数因素考虑进来。在怀俄明州的用水改变法律下,管理委员会可能会考虑用水改变给地方和州带来的经济损失。内华达州法律允许州工程师考虑用水改变给州带来的经济影响,这些改变包括将水资源变为用于供出口发电的工业目的。

在一个新泽西州的案件中,法院发现从农业用水到拟建设度假村的水权改变违背了公共利益。但在上诉的时候,裁决结果被反转过来,因为在当时,公共利益的法律不适用于水权的变更,只适用于新占有水权的确认。[①] 在这次判决之后不久,法律扩展规定:公共利益的法律规定也适用于水权的转让。

3. 变更的类型

用水的改变会采用一些形式,每一种形式都会对其他的占有者产生潜在的危害。变化可能包括引水点(或回流点)改变、使用地点(或蓄水地点)的改变以及用水时间(季节性、间歇性或者连续)的改变。改变造成的危害可能会剥夺其他占有者在改变发生之前可用的水量或水质,或者增加其他占有者对时序在前的占有者的责任。需要证明的是:改变所造成的危害是可能发生,而不是将会必然发生的。

可用水量范围的减少会对时序在后的占有者造成损害。如果改变造成了所供水量水质的降低,那么也会对时

---

① 见 Ensenada Land & Water Ass'n v. Sleeper,760 P. 2d 787(N. M. App. 1988)。

序在后的占有者造成损害,见 Heine v. Reynolds 案①(用水改变后河流的盐分增加了)。

一些损害其他占有者利益的、允许时序在前的占有者反驳的潜在原因通过下面的示例来说明。在图 3-1 中,时序在前的占有者 A 将引水点(或用水地点)迁移到了下游 X 点,X 点在时序在后的占有者 B 的下游,B 就被剥夺了来自于 A 的回流水量。如果 A 把水转让给流域之外的人,那么会出现相同的结果。

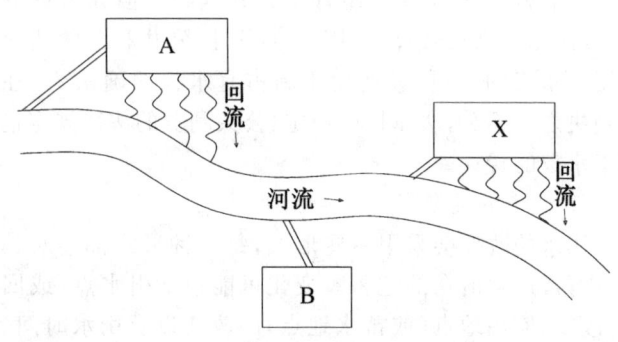

图 3-1 示例图 1

相同类型的改变(时序在前的占有者移动到下游),不伴随回流水量的产生,如果河流是一条水量正在流失的河流(如因渗漏),那么可能损害 B 的利益。在 A 点和 X 点之间,由于日益增加的流量损失,在满足了 A 的水量需求之后,可能会造成 B 的供水不足。②

---

① 见 Heine v. Reynolds,367 P. 2d 708(N. M. 1962)。
② 见 Haney v. Neace—Stark Co. ,216 P. 757(Or. 1923)。

在图 3-2 中,时序在前的占有者 A 将引水点迁移到了上游的 X 点,X 点在时序在后的占有者 B 的上游。在 A 迁移之前,时序在后的占有者 B 可以引水和用水,其用水后的回流水量会供给 A。A 在 X 点的使用会消耗水量,造成 B 的水量供应不足。①

在相同的例子中可能存在另一种危害。如果在 X 点和 A 点之间,存在水量的增加,(如由于渗漏水量和支流造成的下游流量增加),那么部分增加的流量会提供水量给时序在前的占有者 A。在上游的引水点,由于不会从增加的流量中受益,A 将不得不从渠道水流中引出更多比例的水量。②

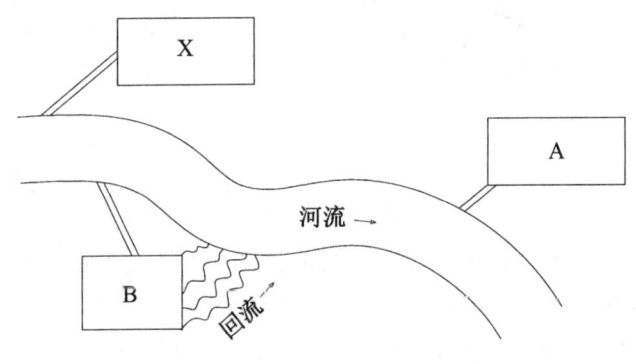

图 3-2 示例图 2

在图 3-3 中,时序在前的占有者 A 将引水点移动到上

---

① 见 Vogel v. Minnesota Canal & Reservoir Co.,107 P. 1108 (Colo. 1910)。

② 见 Crockett v. Jones,249 P. 483 (Idaho 1926)。

游的 X 点，时序在后的占有者 C 曾经受益于时序在前的占有者的调水（即能够使用回流水量，以便时序在前的占有者可以阻止对时序在后的占有者 B 的用水影响）。如果在回流水量达到 C 之前，时序在后的占有者 B（比 C 的时序更早）使用了回流的水量，在此情况下 C 则不能获益。

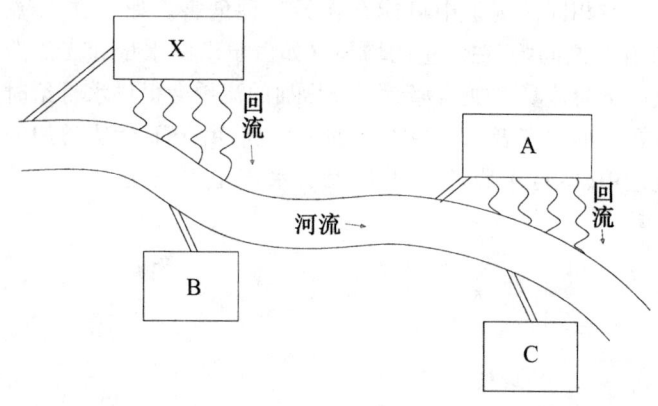

图 3-3　示例图 3

在图 3-4 中，时序在前的占有者 A 将引水点移动到下游的 X 点。B 可能会利用 A 回流的水量，并留下一些水量给 C。引水点变更之后，B（比 C 的时序更早）可能不会留下水量给 C 了。B 现在必须从 C 处调用水量以便获得足够用水供给。

（1）引水点的改变

最常见的一种水权改变类型是引水点的变更（可能伴随着用水点的改变）。一个灌溉者可能要通过开挖新的沟渠或通过表面分流来引水，以取代从同一个水源的水井中取水。上面许多例子说明了引水点的变化会造成的危害。

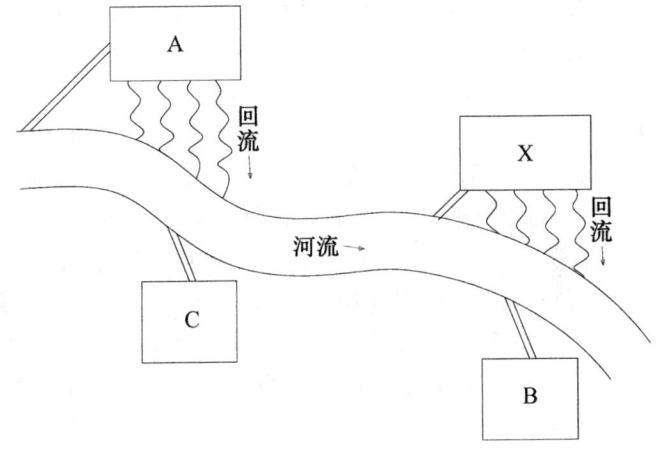

图 3-4 示例图 4

然而,一项允许引水点改变的法令,不能扩大受让人的权利,其权利仅限于历史上曾经使用过的水量,即使该水量低于法定权利所允许使用的全部水量。[1]

(2)用水点的改变

如果引水量不变,那么用水点的变更肯定不会增加消耗水量。[2] 用水点的改变通常是指灌溉回流水量地点和时间的改变。流域外用水的改变将不会产生回流水量,造成100%的消耗性使用。

通常法规会要求水权脱离土地,使用地点才能改变。

---

[1] 见 Orr v. Arapahoe Water and Sanitation District,753 P. 2d 1217 (Colo. 1988)。

[2] 见 Enlarged Southside Irrigation Ditch Co. v. John's Flood Ditch Co.,210 P. 2d 982 (Colo. 1949)。

因此如果一个州有限制单独转让的法规,那么法规的存在可能阻止使用地点的变更。

蓄水地点的改变,如随季节变化的水库,是其中一种用水地点的改变。虽然增加的渗漏和蒸发损失可能会损害时序在后的占有者的利益,但是用水点的改变可能会被许可。例如,如果与原有地点相比,新水库虽所处海拔较高,但水量损失较少。[1] 用水的改变,包括直接使用存储水量的变化,可能会影响使用的时间和消耗的总水量。

在西部一些州(包括新墨西哥州,科罗拉多州和犹他州),有关互易的法规授权用水者之间的协议效力(即在河流的一个点提供水量,在另一个点收回水量)。互易是受无害原则限制的用水方式和用水地点的改变。[2]

(3)用水目的的改变

用水目的的改变通常涉及从灌溉用水转为市政或工业用水的改变。市政用水通常比农业用水消耗更多的水量,因为回流的水量(通常是污水废水)只是所引水量的其中一小部分,而灌溉回流水量会比较多。水力发电和水力制冷比灌溉消耗的水量少一些。因此,为防止消耗水量的增加,从灌溉用水到市政用水(见 Farmers Reservoir & Irrigation Co. v. City of Golden; City of Westminster v. Church[3])的改变,或者从水力发电到灌溉用水的改变(见 Hutchinson v. Stricklin[4])可能会受到限制。

---

[1] 见 Lindsey v. McClure, 136 F. 2d 65 (10th Cir. 1943)。

[2] 见 Almo Water Co. v. Darrington, 501 P. 2d 700 (Idaho 1972)。

[3] 见 Farmers Reservoir & Irrigation Co. v. City of Golden, 44 P. 3d 241(Colo. 2002);City of Westminster v. Church,445 P. 2d 52(Colo. 1968)。

[4] 见 Hutchinson v. Stricklin,28 P. 2d 225(Or. 1933)。

如果水的使用方式改变,但使用目的及使用地点不变,则使用目的(如农业)没有改变。种植消耗水更多的作物,或使用不同的灌溉设施(如喷灌代替漫灌)通常不认为是使用目的的改变,虽然使用的方式实际上是不同的,其他人也可能会受到损害(例如,渗漏水量的减少或回流水量的削减原因在于申请水量的减少或者消耗水量的增加)。虽然这看起来像无害原则的一个漏洞,但它建立在用水者,尤其是对灌溉者的传统假设之上,即他们应该能够种植任何他们想要和需要灌溉的农作物,只要所用的水量不超过许可证或法令所允许的总水量。主流的规则仍然是:用水目的的改变需要行政机关或者法院的必要许可,需要祈求无害原则帮助,并且只有当水资源被置于不同类型的合理使用情形下,用水目的的改变才会发生。

(4)用水时间的改变

用水时间的改变会对其他人造成损害。例如,灌溉水权是季节性的(只有在灌溉季节才会被使用),虽然市政和工业用途通常需要常年用水。同样,蓄水权可能会许可不断地把水资源引入水库,虽然实际使用是间歇性的,但直接流量权是偶然的,只有当用水的时候才会发生。回流水量时间的改变也是危害的可能来源。返回到河流中的渗漏水量具有缓慢移动的特点,渗漏水量提供了一种"临时存储"的水量形式,可以在季节末向时序在后的占有者提供回流水量(从而延长了灌溉季节)。

(5)回流点的改变

水资源回流点的改变会对其他人造成损害。通常这种改变会伴随着使用中的其他改变,正如上面许多例子所显示的那些改变。虽然仅涉及回流点变化的情况很罕见,但是人们仍期望无害原则在该情形下的适用。但在 Metropolitan Denver Sewage Disposal. No. 1 v. Farmers Reservoir &. Irrigation Co. 案①中,法院认为,灌溉者依赖 Denver 污水处理区处理后排放的水量进行灌溉,当 Metropolitan Denver 污水处理区建造了新的污水处理厂后,水量的回流地点就发生了变化,但是此种变化并没有对灌溉者造成法律上的损害。

法院对 Metropolitan Denver 污水处理区的裁决可能会受到一些实际情况的限制。反对的声音主要是关于谁应该支付把处理后的污水抽到上游并供当地农民使用的费用,也许法院并不希望妨碍城市对新工厂已经做出的投资。作为替代,法院可能会裁决:作为市政的供水者,Metropolitan Denver 有权消费(或回收再用)所引水量的全部,因此下游用水者无权就可能回流到河流中的水量建立任何权利。② 然而,法院选择了回避这个问题:被 Metropolitan Denver 引走的水量有多少可以被合法的消费。

在后来的案件中,科罗拉多州最高法院在审判意见中重申,在回流点的改变不受无害原则的限制。③ 但此案有别于 Metropolitan Denver 污水处理区的案件,因为该案包含了使用地点的改变。然而,为了保护时序在后的占有者(城市)免受损害,不能简单地适用历史使用规则应对用水

---

① 见 Metropolitan Denver Sewage Disposal Dist. No. 1 v. Farmers Reservoir &. Irrigation Co. ,499 P. 2d 1190(Colo. 1972)。

② 见 Arizona Public Service Co. v. Long ,773 P. 2d 988(Ariz. 1989)(城市可以买卖污水,因为城市具有无限的重复使用权)。

③ 见 City of Boulder v. Boulder &. Left Hand Ditch Co. , 557 P. 2d 1182 (Colo. 1976)。

的改变(见下一小节内容),法院坚持了适用于Metropolitan Denver污水处理区的规则,并称该规则仅适用于"废水"。因此,对于持续流动的"废水"(回流的水存在于沟渠的表面),不存在保护性的权利;但是,却存在保护反对"回流水量"(渗漏回到河流中的水量)改变的权利,至少当在使用地点改变引发的情形下。据推测,两种水回流方式的区别将会被应用于所有科罗拉多州水资源利用改变案件中。

大多数州都没有解决无害规则是否可以适用于除了其他改变之外的回流点的改变。除了科罗拉多州,也没有州区分消耗水和回流水之间的不同。

4. 变更后水权的行使限制

如果对时序在后的占有者施加充分的保护,使用中的变化将不会被否认或禁止。为了保持其他人所依赖的河流水质,可能有必要限制新的用水。例如,一个季节性使用的直流灌溉权可能会被转变成连续不断地存储用水,该存储水量提供仅限于灌溉季节使用的引水。[①] 并在与原有的直流引水相同的引水条件下进行引水。[②] 为了维持河流流量和河水质量,河水必要的迂回或排放日益成为常态。[③]

(1)历史消耗水量

对用水改变的常见限制是:新的用水受合理的、必要的历史消耗用水的限制。如果存在回流水量的话,实际的历

---

① 见 Brighton Ditch Co. v. City of Englewood, 237 P. 2d 116(Colo. 1951)。

② 见 Colorade Milling &. Elevator Co. v. Larimer &. Weld Irrigation Co. ,56 P. 185(Colo. 1899)。

③ 见 City of Thornton v. City &County of Denver ex rel. Bd. of Water Commissioners, 44 P. 3d 1019 (Colo. 2002)。

史用水可以通过引水量和回流水量的实际记录来显示。然而，专家的证词通常是必要的。首先，记录很少能充分证明引水量和回流水量。而且，实际使用量可能会超过合理的、必要的用水量，该用水量是为了占有目的进行合理用水所消耗的水量。因此，历史使用可能需要依赖用水量的证据，其中用水量是根据用水目的的不同被合理设定的。证据包括土壤条件、靠近溪流、作物需水量减去平均降雨量和灌溉效率。[1] 在现有的用水改变程序中，承租人用水权的非法定改变不能成为确定历史消耗水量的基础。消费性用水根据原来占有者允许使用的水量来衡量，而不是根据权利租赁获得的后续用水量来衡量。[2]

成文法、判例法和规章之所以要严格限制把用水转向历史消耗性用水，其目的是为了防止这一改变对他人造成损害。一些规则已经被用来限制用水的改变，即使新的使用对河流的影响将会降低也不例外。例如，在一个案件中，水资源已经被引入另一个专门用于灌溉的流域，因此原有使用对于原有区域来讲就是100%的消耗性使用。然而，新的使用完全是在原流域中进行的。人们可能期待法院批准全部历史"被使用"水量——所有改变的水量。但是，法院却限制把一定的水量转让到目标水域（几乎没有"回报"

---

[1] 见 Gree v. Chaffee Ditch Co.，371 P. 2d 775(Colo. 1962)(农民卖给城市的水权不能超过农民过去合理消耗的总水量，该结论是基于上述因素通过专家的证词得出来的)。

[2] 见 Santa Fe Trail Ranches Property Owners Ass'n v. Simpson，990 P. 2d 46 (Colo. 1999)。

的引水),因为没有任何的回流水会到达原有的流域。① 法院的裁决可能被解释为:法院支持管理委员会在行政自由裁量权范围内做出的决定。

记录不充分和专家咨询费用使得历史用水量的确定非常复杂。然后,聘请专家会使用水的改变变得更加昂贵,这将会阻碍用水效益(即转向具有更高生产价值的用水途径)的改变。如果当事人无法支付必要的专业知识费用,证明成本可能会决定案件的胜负。②

(2)被许可或被判决的引水权

引水的数量绝对不能超过许可证或判决确定的引水权,即使用水的改变不会导致消耗更多的水量。如果判决确定的水权量是每秒200立方英尺,历史消费用水量是每秒100立方英尺,那么新的用水者只有权消耗每秒100立方英尺的水量。由于被改变的使用和被转让的权利也只限于原法定引水权,即每秒200立方英尺,实际上,新的使用者只能够使用每秒80立方英尺的水量(200立方英尺/秒×40%消耗)。

(3)其他限制

有必要把新使用限制在低于历史消费性使用的水量。例如,在引水点的变化中,无害规则可能会决定进一步削减用水量,以确保等量的水可以实际上到达那些依赖它的人。

其他可能存在的用水障碍,如联邦和州环境污染的法

---

① 见 Basin Electric Power Cooperative v. State Board of Control,578 P,2d 557 (Wyo. 1978)。

② 见 CF & I Steel Corp. v. Rooks, 495 P. 2d 1134 (Colo. 1972)(由于不能反驳申请人的专家证词,反对者败诉了)。

律(见第 9 章的 9.5)、最小和最大径流要求、土地使用限制、水源地的保护法规和国家反出口法规(见第 10 章的 10.4)等。

3.10 水权的丧失

如果不使用,水权人可能会失去通过先占优先权获得的水权。大多数州的法规或适用的相关理论规定:不使用满一定期间,加之有放弃的故意,则可构成法律上的放弃。有些州规定,不使用会导致权利的没收,尽管这可能与占有者的主观故意相反。通常,占有水权不会因为占有时效而丧失,因为任何没有被占用者优先使用的水仍然属于河流,任何没有被占用者优先使用的水可以被用来满足既存占有者的权利需求,并且满足新占有者的使用。

3.10.1 放弃

通过先占获得的用水权将会丧失或失去,如果不使用这些权利满一定的期限。但是,仅仅只是不使用是不够的,人们必须主观放弃权利。[①] 放弃的证明责任由试图放弃的当事人承担,但是不合理期间的不使用只能产生一项对主观放弃水权的推定,而且该推定可以被推翻。法律或判例法规定了不使用引起推定的法定期间。在科罗拉多州,州工程师基于法律的推定,公布了因十年不使用而推定为被放弃水权的名单。一旦产生权利放弃的推定,权利的拥有者可能会出示为不使用辩护的事实或情形。没有证据支持

---

① 见 Beaver Park Water. Inc. v. City of Victor,649 P. 2d 300 (Colo. 1982)。

的一般理由不足以形成推定。① 阻碍用水意图产生的经济的、财政的、自然灾害的或法律的障碍可能会否定放弃的意图。② 但是,项目在经济上不可行性不足以形成不使用的推定。③ 这两个案件的区别似乎在于,前一案件是纯粹的经济原因阻碍了水资源的利用,后一案件是基于战略业务的原因推迟了权利人的使用。然而,科罗拉多州法院允许案件中占有者用证据否定其主观放弃,证据显示占有者试图出售水权因为水权对其明显无用。④

作为一种削减文件权利(只有超过实际用水才会存在)的方式,一些州立法授权行政官员启动放弃宣告程序。例如,科罗拉多州、蒙大拿州、得克萨斯州和怀俄明州。通过坚持合理使用的时序在后的占有者的一个行为也可以启动该程序。放弃可以通过诸如引水点改变的诉讼程序提出。一旦一项权利被合法放弃了,因而放弃水权的时序在前的占有者将来不能再主张权利,时序在后的占有者的水权更加有保障,这使制定整个流域的用水规划变得更加现实。

3.10.2 没收

没收,不同于放弃,不要求占有者有不使用水资源主观放弃水权的故意。仅仅要求一个人不用水达到法律设定的期限,就会引发全部或部分水权的非自愿丧失。不要求任何主观故意要件就可宣布水权被"放弃"的法规,是有效的

---

① 见 Musselshell River Drainage Area,840 P. 2d 577(Mont. 1992)。

② 见 Hallenbeck v. Granby Ditch & Reservior Co. ,420 P. 2d 419 (Colo. 1966)。

③ 见 CF &I Steel Crop v. Purgatoire River Water Conservancy Dist. , 515 P. 2d 456 (Colo. 1973)。

④ 见 Danielson v. City of Thornton,775 P. 2d 11(Colo. 1989)。

没收法规。不使用的举证责任主体是主张没收的国家（或其他当事方）。① 根据放弃法规，法院可以宣布一项权利被"没收"，在这里不需要充分的证据证明放弃意图的存在。②

没收法规可能会规定，如果在法定的宽限期内没有恢复使用，一个州机构或官员将发布权利被没收的通知。新墨西哥州原来的法律规定，经过四年不使用，水权将自动被没收。③ 该法后来进行了修改，允许一年的宽限期，在该期间内占有者可以重新开始使用，或者出示证据证明在当时的情形下，不可能把水进行合理使用的原因。

一些法院主张，一旦期限过去权利丧失，权利将无法恢复。④然而，在其他州（例如怀俄明州、爱达荷州、内华达州），在权利被宣告没收之前，权利会继续存在。⑤ 这些州允许给予额外的时间来使用权利，或者证明不使用的原因。然而，在俄勒冈州没收不是自动的，因为引水必须在制约法规下启动并遵守正确的程序，所以没收也需要遵守正确的程序。爱达荷州高等法院认为，作为对没收的对抗，权利人重新使用但效率低下，如果在法定不使用期限经过之后，时序在后的占有者已经为合理用途对可用水量进行了使用，则水权被没收。⑥ 怀俄明州将会考虑当事人之间的公平

---

① 见 Rencken v. Young, 711 P. 2d 954 (Or. 1985)。

② 见 Jenkins v. State, Dept. of Water Resources, 647 P. 2d 1256 (Idaho 1982)。

③ 见 State ex rel. Reynolds v. South Spring Co., 452 P. 2d 478 (N. M. 1969)。

④ 见 Baugh v. Criddle, 431 P. 2d 790 (Utah 1967)。

⑤ 见 Sturgeon v. Brooks, 281 P. 2d 675 (Wyo. 1955)。

⑥ 见 Sagewillow, Inc. v. Idaho Dept. of Water Resources, 70 P. 3d 669 (Idaho 2003)。

问题。

在俄勒冈州,为了鼓励高效率的水资源利用,当占有者实施了相同的合理用水行为,却使用了较少的水量,只要他们仍然有能力用尽全部的水量,权利就不会被没收(也可参见《加利福尼亚州水法》的第1011条)。

没收权利的主张通常通过法定程序才能启动,但是也可以在私人诉讼中一并被裁决。法院也会遵从行政机构早期的裁决,以便确定是否已经存在权利没收的情形。

3.10.3 无权占有和时效水权

没有所有权人可以通过实际的、公开的、众所周知的排他性占有,取得他人在不动产中的权利。少数法院已经裁定,在特定情况下,时序在后的占有者可能会反过来拥有时序在前的占有者的先占优先权,例如,爱达荷州、蒙大拿州和犹他州。但是,在1939年,美国犹他州立法机关通过立法,取消了水权的无权占有。

然而,一般来说,他人的无权占有不能引起先占优先权人丧失其权利。原因在于,首先,私有主体只有通过履行法定程序方可以获得水权。蒙大拿州的水资源使用法律明确规定,占有水权不能采用其他任何的非法定方法获取,包括通过无权占有、禁止反悔或时效。其次,公共资源的使用权不能被无权占有。[1] 然而,加利福尼亚州承认私人主体之间的时效水权。[2] 最后,一个人对水资源的使用不能对他

---

[1] 见 Mountain Meadow Ditch & Irrigation Co. v. Park Ditch & Reservoir Co., 277 P. 2d 527(Colo. 1954); People v. Shirokow, 605 P. 2d 859 (Cal. 1980)(主张时效权利不能有效对抗州的规定)。

[2] 见 Brewer v. Murphy, 74 Cal. Rptr. 3d 436 (Ct. App. 2008)。

人造成损害,因为在优先权制度下,每个人都有取得利用水资源的权利。[1] 特别是,如果潜在的无权占有者拥有了河流上的一些权利。虽然使用水资源的权利不会经常都是通过无权占有获取的,但是沟渠的使用权可以通过时效占有取得。[2]

如果时序在后的占有者损害了时序在前的占有者的权利满一定期限,并取得了水资源,这可能就会形成一种事实:时序在前的占有者放弃了水权。如果不采取措施以阻止时序在后的占有者的使用,法院可能会认为时序在前的占有者打算放弃其水权。但比较合理的观点是,时序在后的占有者不会取得时序在前的占有者的优先权;更合理的观点是,对于被放弃的水资源,时序在后的占有者可以形成一项新的占有,但新占有的优先权日不能比时序在前的占有者的使用日更早。

3.11 通行权

对于个人和类似企业的用水者来说,取得为修建沟渠、运河和输水管道的通行权,这是至关重要的。因为灌溉的土地往往并不毗邻河流,把水输送到灌溉地块可能需要在一个或多个中间业主的土地上建设水利设施。即使土地毗邻河流,为了利用根据地形轮廓、靠重力水才能流动的管道或沟渠,使用他人的土地可能也是必要的。为了便利当事人获得穿过公共和私人土地的通行权,联邦政府和一些州

---

[1] 见 Coryell v. Robinson,194 P. 2d 342 (Colo. 1948)。
[2] 见 Wareing v. Schreckendgust,930 P. 2d 37 (Mont. 1996)。

承认通行权的重要性,并且已经采取了措施。

3.11.1 通过公有土地

刚开始几乎所有的西部土地都是公有土地。国会在1866年的《矿业法》中规定,为修建运河和沟渠可以通过公有土地。除了认可侵入者可以在联邦的土地上通过先占建立水权之外,该法还指出:"本法承认并确认为上述目的建设沟渠和运河的通行权"。1870年《矿业法修正案》的实施,使得所有公有土地和宅基地专有权"受到任何合法授予和持续使用的水权的限制,或者受到与水权密切相关的诸如修建水渠和水库等的权利限制"。这些法律为建设一切必要的设施开辟了道路,建设者不用担心权利以后会被政府或政府的专有权剥夺或中断,见本章的3.2。

时至今日,通过公共土地的通行权可以通过特别许可获得。1976年的《联邦土地政策和管理法》(FLPMA)①,授权内政部长批准或恢复为存贮水量或者建设引水设施(如沟渠、管道和隧道)之需通过公共土地的通行权。获得通行权需要向内政部长提出申请(或者如果通过的是国家级林地需要向农业部长提出申请)。许可证在授予的时候会规定一个固定的期限,在此期限内每年都必须缴纳租金;在使用的条件方面,需要与公有土地相关的法律要求保持一致,比如需要保护鱼类和野生动物、公共娱乐、生物多样性和其他环境价值。

3.11.2 通过私有土地

1. 擅闯占有者土地的现状

根据先占优先权原则,使用是水权的基础,占有者可能

---

① 43 U.S.C.A §§1751—71。

因使用取得毗邻土地水资源,即使占有者并不是拥有土地的所有者。在西部,第一批占有是在无法律明确授权的情况下,人们进入公共土地上的水域形成的。如上文所述,联邦立法为占有权和"非法侵入者"使用公有土地的通行权提供了法律依据。转让给私有当事人的土地,私人获得专有权,但该专有权会受到其他人权利的限制:这些人拥有为修建沟渠通行他人土地的完整水权。

一项 1890 年的美国法案保留了在公众专有的土地上修建运河和沟渠的通行权。该法 1964 年实施的修正案①,要求政府补偿这些实际被使用的土地。因此,在公有土地被私人专有使用之前,不仅早期私有者在许多土地上已经存在通行权,而且为未来使用的通行权也大量存在。在土地被私人专有使用之后才开始使用水资源的新型占有者,以及对联邦政府的制裁没有采取行动的新型占有者,当他们的引水要求通过私有土地的时候,就不得不考虑如何处理与私有土地所有者之间的关系。

一些州的法律和案件解决占用者是否可以通过他人土地输送水资源的问题。一些州的法院(例如,爱达荷州和俄勒冈州)已经裁定,为了引水擅自进入第三人土地的占有为无效占有。竞争占有的权利可能会受到非竞争土地所有者的限制,然而,更为典型的是,擅自侵入的占有者可能会面临侵害诉讼,但是水权并不会因此而失去。例如,在科罗拉多州,虽然土地所有者不可以宣称他人是非法侵入,但是非法侵占者必须赔偿土地所有者的损失,损失包括土地使用

---

① 43 U.S.C.A § 945.A。

的公平市场价值的减少和对剩余土地造成的损害。① 上述情形相当于私人征用权。尽管土地所有者,如果开始的时候就意识到侵入的话,那么可能会控制他人通过土地通行路线的选择。

通过他人土地输送地表水的占用者可能遭受非法侵入的索赔,但是如果储存或运输的水资源在其他当事人土地下部的含水层中,则不构成非法侵入。② 如果侵入者未经土地所有者的许可,就进入他人的土地,并且建造管道、沟渠或其他设施,并且设施保留足够长的时间,这样的使用可以形成一项时效权利。各个州的法律对诉讼时效期间规定会有不同。

2. 通行权的购买

获得通过私人土地输水的通行权最常见的方式是购买。往往土地的所有人也可以使用输送设施运送的水,并且在所获收益范围内与侵入者达成和解。为了修建运河、沟渠或管道的通行权,包括进行必要保养和维修的次级地役权。

地役权或通行权的授予,就像在土地上其他权益,通常必须采用书面形式,并履行其他财产转让手续。然而,已有法院支持,土地所有者口头许可他人建造一条沟渠也是获得许可的有效方式之一,这种情形下获得的许可禁止土地所有者翻供及提出异议。③

---

① 见 Bubb v. Christensen, 610 P. 2d 1343 (Colo. 1980)。

② 见 Board of County Comm'rs v. Park County Sportsment's Ranch, LLP, 45 P. 3d 693 (Colo. 2002)。

③ 见 Gustin v. Harting, 121 P. 522 (Wyo. 1912)。

3. 通行权的征用

有时,所有者的土地位于运河、沟渠或输水管道必经之路上,他们不愿或无法许可他人使用其土地。西部各州已经颁布法令授权占有者在通过私有土地输水时,可以征用通行权。

私人征用通行权的法律已经受到了挑战,因为私人征用没有其他的公益用水目的。美国最高法院裁定支持犹他州对征用权的授予,以此来对抗所谓该法律违反了宪法第十四修正案的正当程序条款的质疑。法院承认在西部普遍缺水的条件下开发水资源的极端重要性。[1] 西方各州的法院始终坚持类似的法规。[2] 新墨西哥州高等法院说,根据州法律,任何合理使用(在那个案件中是煤炭开采)就足以支持一项有效的"公共用途"。土地所有者对抗未经允许就通过私人土地占有者的唯一补救措施是对征用请求损害赔偿。

3.11.3 修建输水渠道权是水权的从权利

为了修建沟渠的通行权和水权通常被认为是相互依存的,因此其中之一转让引起另一权利随之转让。然而,如果当事人明确表达单独转让意图,也并不能阻止其中一项权利的单独转让。

---

[1] 见 Clark v. Nash, 198 U. S. 361 (1905)。

[2] 见 In Kaiser Steel Corp. v. W. S Ranch Co., 467 P. 2d 986 (N. M. 1970)。

3.12 蓄水

如果不存储水资源,在几乎所有的西部各州,合理利用恐怕只能局限在短暂的雨季。蓄水是最大限度地利用稀缺水资源的重要途径。

在河道上蓄水意味着蓄水设施是被占有河流的外在组成部分。大多数主坝和工程项目是河道上蓄水的典型例子。其功能是在足够满足下游占有者权利需求的同时,允许河流中保留一定的天然水量。远离河道的蓄水需要修建引水和输水工程,以便把水输送到远离河道的储存地点。在法律上,河道上的蓄水和远离河道的蓄水并无区别。为完善水权,在河床中用人工方法保留的水资源构成"引水"。

3.12.1 蓄水权的获得

许可蓄水和许可修建水坝涉及不同的法律问题。

1. 蓄水权的界定

一些州立法对为当前使用进行的引水和为以后使用进行的引水做了区别,其中为当前使用进行的引水又被称为"直流水权",为以后使用进行的引水又被称为"蓄水权"。直接使用河流中水量的权利并不授权用水者可以存储任何水量,蓄水权也并不意味着用水者可以直接从河流中使用水资源。[1] 然而,在直流水权下,如果不损害他人利益,作为一项明智的保护措施,法院往往支持被占有水量的存

---

[1] 见 Handy Ditch Co. v. Greeley & Loveland Irrigating Co., 280 P. 481 (Colo. 1929)。

储。① 在一个人的占有水量之外，获取和存储未占有水量的能力也得到了维护，因为这些水量如果不被占有可能会白白浪费掉。②

蓄水权的许可证或判决由决定其他水权的同一个行政机构或法院授予。直到所蓄水资源投入实际的合理使用，蓄水权才得以完全实现。通常，蓄水权的充分通知是必需的。③ 一些州要求蓄水和把水应用于合理使用必须分别许可。例如，亚利桑那州、内华达州、怀俄明州和内布拉斯加州。这种方法认识到，引水的实体与蓄水的实体（如水库公司）往往是不同的实体或用水者（如灌溉者）。一些州把这两者视为联合占有者。④

2. 修建蓄水设施的许可

除了完善蓄水权之外，蓄水人还必须获得建造蓄水设施的许可。大多数州都要求蓄水人制定水坝和水库的建造规划，该规划需要由确定水权的同一行政机构批准。该机构或官员（例如，州工程师或水资源管理机构的负责人）可能会综合考虑公共利益，例如，安全性对鱼类和野生动物的影响和美学等因素。大多数州豁免小型存储设施，比如蓄水池塘的许可要求。

---

① 例如 Ackerman v. City of Walsenburg, 467 P. 2d 267 (Colo. 1970)。

② 例如 Federal Land Bank v. Morris, 116 P. 2d 1007 (Mont. 1941)。

③ 见 City of Thornton v. Bijou Irrigation Co., 926 P. 2d 1 (Colo. 1996)。

④ 见 Board of County Comm'rs v. Rocky Mountain Water Co., 79 P. 2d 373 (Colo. 1938)。

3.12.2 蓄水权的行使

蓄水权人可以为任何合理目的使用储存的水资源。[1]

在一条河流上的占有权利,不论是为存储还是直接使用,同样要受到适用于其他占有的优先权规则的约束。[2]蓄水权和直接流量权被逐渐合二为一,因为两者都不是优先权规则明确规定的优先权。一个例外是在内布拉斯加州,当其他占有者为直接灌溉需要水资源的时候,在那里的水资源可能不会被存储,即使是时序在前的权利拥有者。

有些州允许占用者之间的水量交换。例如,下游储存的水可以与为上游的直接引水进行水量交换。权利人之间的交换可最大限度地使用投入的水资源,允许储水利益在时序在后的占有者(拥有蓄水权)和时序在前的占有者(无蓄水权,但可能在不需要的时候对直接水量拥有所有权)之间分享。时序在前的占有者的水资源被存储在时序在后的占有者的水库中,以便在后来的使用中可以共享。在科罗拉多州,占有者可以制定扩大此类交换的规划,只要不对其他人造成损害,这样的规划将会被批准。只要符合行政机关规定的条件,在大多数州,交换可以被许可。依据合同、租约或其他约定,其他人也可以使用储存水量。[3]

3.12.3 蓄水的限制

对蓄水权人来说,广泛使用的限制是"一次充满规则"。该规则允许占有者充满其水库,但每年只有一次机会;而不

---

[1] 见 Cf. Basey v. Gallagher,87 U. S. 670(1874)。

[2] 见 Donich v. Johnso,250 P. 963 (Mont. 1926)。

[3] 例如 Kearney Lake,Land & Reservoir Co. v. Lake DeSmet Reservoir Co. , 475 P. 2d 548 (Wyo. 1970)。

允许在一年中,多次存储的累积水量大于水库的总容量[1]。法院认为,其他所有优先权优先于多次充满水库的水库所有者。一次充满限制的目的是出于简化管理的假定,但是在实践中效率非常低下。一年当中,多次的存水和取水可能会更加必须,即使是河流之外的蓄水也不例外。并且,小型的调节水坝也可以在一年期间释放大于其容量很多倍的水量。如果严格执行一次充满规则,那么这种情况将被禁止。如果应用一次充满规则严格控制水电站大坝的水量,那么结果可能大大降低发电站的发电效率。事实上,除了在灌溉背景下,几乎没有出现过此类案件。

有时候,占有者把水资源引到水库,但暂时不使用,这部分水量可能被保留以供将来使用。[2] 这种情况被称为"库存",这种做法有助于平衡干旱年份和多雨年份的水量不均。有些州不允许占有者用尽库存水量加下一年水库全部新增容量的全部;当占有者用透支库存水量的方法对抗一次充满规则的时候,一次充满规则的限制仍然适用。

---

[1] 见 City of Grand Junction v. City & County of Denver by & Through Board of Water Commissioners, 960 P. 2d 675(Colo. 1998); Windsor Reservoir & Canal Co. v. Lake Supply Ditch Co., 98 P. 729(Colo. 1908)。

[2] 例如 American Falls Reservoir Dist. No. 2 v. Idaho Dept. of Water Resources, 154 P. 3d 433(Idaho 2007)。

第4章　混合水权及其他变体

有十个州在它们的水法中采用了"河岸权"和"先占优先权"相结合的混合水权模式。这些州包括三个西海岸的州(加利福尼亚州、俄勒冈州和华盛顿州)和六个横跨西经100度(该经度是干旱西部和相对湿润东部的分界线)的州(堪萨斯州、内布拉斯加州、北达科他州、俄克拉何马州、南达科他州和得克萨斯州)。这些采用混合水权体系的州紧邻着一连串的八个州,这八个州实行的是单纯的先占优先权制度(阿拉斯加州是另一个采用先占优先权制度的州)。密西西比州采用的也是混合水权体系。由于加利福尼亚州是混合水权体系的发祥地并且实行的最彻底,因此这些采用混合水权体系的州往往被说成"加利福尼亚主义"的追随者。

使用混合模式的州并没有统一的标准。加利福尼亚州一开始就采取双重系统,而其他州从最初的"河岸权"发展到后来的"先占优先权"。每个采用混合模式的州都有自己的特点。由于历史的原因,在那些采用混合模式的州中,"河岸权"非常重要,因为这些州早期通过的水法专门规定了赋予河岸居民大量的用水权利。专用法规在绝大多数采用混合水权体系的州中有着特殊的地位,因为它是新权利产生的基础。然而,在加利福尼亚州、内布拉斯加州和俄克拉何马州,一直以来在某些情况下河岸居民会拥有比先占权更优先用水的权利。

这一章我们主要讨论在美国现行的水法体制中几个特殊的水资源分配体制。由于其水法的独一无二性,路易斯安那州和夏威夷州的水法将被讨论。随后,考察普韦布洛(美国印第安人村庄)居民的水权,以及它和一些美国西南部各州水权的相关性。

4.1 混合水权体系的历史发展

混合水权体系根源于美国众多的司法审判案例。各个州的水法都有共同的特征,每个州开始都承认河岸居民的用水权利即"河岸权",但也都发展了"先占优先权"模式,因为"先占优先权"被认为能够更好地分配用水权利。对于那些西海岸的州和那些位于高海拔严寒地区和低海拔多雨湿润地区之间的州,无论是河岸权还是先占优先权都不能完全适应当地水资源的发展,因此,这些州在承认河岸权和先占优先权的前提下建造了一个新的水法体系——混合体系。在那些以前适用先占优先权或河岸权的州,法律规定的差异性导致了水资源使用的矛盾,采用混合体系的州对这些矛盾加以区分,结合具体情况进行水资源分配。

4.1.1 加利福尼亚州早期对先占优先权和河岸权的双重认可

在 Irwin v. Phillips 案[①]中,案件争议的焦点是早期远离河道的工矿企业和后来在河流沿岸建立的工矿企业用水

---

① 见 Irwin v. Phillips,5 Cal. 140(1855)。

权的矛盾问题。这些工矿企业都位于联邦所有的公共土地上。建造较晚的工矿企业提出的理由是：他们的用水权来源于河岸权的赋予，因此他们对水资源的利用不必取得早期形成先占的工矿企业的同意。加利福尼亚州高等法院对这个主张进行了反驳。后来的工矿主并不是沿岸土地的所有者（因为他们经营的工矿企业都在联邦的公共土地上），所以他们不能主张用河岸权去阻止早期的工矿企业对他们水权的干涉。法院判决后来的工矿企业为非法的侵入者，先占优先权的规制赋予了早期先占者根深蒂固的权利，并且该判决被作为是有法律强制力和影响力的司法判决。在解释这个判决结果时，法院强调立法机关已经承认以采矿为目的的水资源利用是纳税客体，因此也就意味着对先占优先权的肯定和承认。

在 Irwin v. Phillips 案判决之后不久，加利福尼亚州最高法院承认了在后来的善意移居者和先占优先权人之间继续实行河岸权的可行性。在 Crandall v. Woods 案①中，像 Irwin v. Phillips 案一样，双方当事人的产业都在公共土地上。然而，依据公共土地的法律规定，被告人业已定居在临近河流的一块土地上，但是最初并没有使用任何水资源。原告是一家自来水公司，为了给附近的城镇供水，该公司把河流的水引到下游。后来，被告开始从河里取水，自来水公司依据它拥有的合法先占优先权对被告提起了诉讼。法院认为被告依据联邦法律定居在该地，对该地取得了除美国政府以外的绝对权利。因此，被告被赋予了河岸权，该权利只受制于占有者（该占有者声称对该土地拥有权利，并

---

① 见 Crandall v. Woods,8 Cal. 136(1857)。

且是首先对该水域的水进行利用的人)的权利。从这两个案例,得出在公共土地上两个占有者之间水资源分配的规则,作为已经使用了水资源并声明了该权利的占有者,尽管先占优先权人可以要求更优先的权利,但一个依据法定权利定居但没有使用水资源的移居者,并不因此而丧失对该水资源使用的权利。

后来,加利福尼亚州最高法院肯定了在河岸居民和土地所有者之间有关河岸权的习惯法。[①] 然而在这个案例中,法院在一份正式的声明中建议,美国政府应当授权土地所有者拥有河岸权。在国会通过1866年6月26日的《矿业法》和1870年的《矿业法修正案》后,先占优先权人取得了比河岸权更加优先的权利。

4.1.2 联邦对先占优先权的认可

加利福尼亚州高等法院认为河岸权属于联邦政府和当地居民,科罗拉多州法院和其他实施优先占有权制度的州认为,水权完全是一个州的权利,联邦政府的专有权并不包含河岸权。难道采用科罗拉多州原则的州要剥夺联邦政府授予土地所有者的河岸权吗?一些联邦土地法规有助于找到该问题的答案。

1866年《矿业法》[②]的相关规定如下。

通过先占优先权,只要矿业、农业、制造业或其他目的的用水权已经被合法地授予,并且同样的权利也得到了当地习惯、法律和法院判决的认可,那么这些合法权利的拥有者和所有者应当得到同等的保护。

---

① 见 Lux v. Haggin, 10 P. 674(Cal. 1886)。
② 30 U.S.C.A. §51; 43 U.S.C.A. §661。

通过该法案,国会认可了在先占优先权原则下已有权利的有效性,其实许多西部的州早已把先占优先权原则应用到了公共领域。法律应该明确表示,河岸权人不能宣布公共领域占用者的权利无效。毫无疑问,1870年的《砂矿法》(1866年《矿业法》的修正案)规定,未来河岸权的专有权人会受到先占优先权人合法权利的制约。

对西部水资源法来说,另一个重要的联邦法令是1877年的《沙漠土地法》①。最初,这部法律意图实施一项鼓励性的计划,即联邦政府把沙地赠给那些灌溉沙地的人。在制订计划的实施机构之后,《沙漠土地法》进一步规定:

经营着相同或任何一块640英亩沙漠土地的用水者的用水权将取决于善意的优先占有,并且,用水者所用水量不能超过实际占有的总水量,也不能超过灌溉和开垦必需的用水量。**而且,所有剩余水量——不管是超过或低于实际占有或使用的水量,连同在公有土地上的河流、湖泊和其他供给水源,以及并不毗邻的水源应当保留,以便免费供占有人以及为灌溉、采矿和制造目的的公众使用,当然该权利会受到既存水权的制约。**

法令的加粗部分或许只被用来限制占有者有权主张的总水量。但是,俄勒冈州高等法院把它解释为:该法令意在从所有联邦土地专有权中消除河岸权。② 换句话说,根据俄勒冈州法律,在1877年3月3日以后,得到专用权的专用权所有者不能取得河岸权。在 Cook v. Evans, 185 N. W. 262(S. D. 1921)案中,南达科他州采用了俄勒冈州的法

---

① 43 U.S.C.A. §§ 321—329。

② 见 Hough v. Porter, 95 P. 732(Or. 1908)。

律。但是华盛顿和加利福尼亚法院解释说,《沙漠土地法》只适用于特定的沙漠土地,并且这些法院一直认为取得了沿河土地(而不是沙地)的专有权人获得河岸权,该河岸权受到先占优先权的约束。①

《沙漠土地法》是否会消灭所有1877年3月3日以后在联邦专属土地上的河岸权,这个问题出现在美国联邦最高法院对 California Oregon Power Co., v. BeaverPortland Cement Co. 案②判决之前。在这个案件中,一位俄勒冈州的土地拥有者,其土地毗邻一条河流,该土地拥有者声称其拥有的河岸权以1885年的专有权为基础,这个时间比俄勒冈州规范所有占有水权的法律要早。虽然美国联邦最高法院支持俄勒冈州在 Hough v. Porter 案③中对《沙漠土地法》的解释,这促使了该州在1877年以后废除了土地专有的河岸权,但是其他的州则可以根据各州的偏好自由界定水权。联邦最高法院认为,联邦土地法认可每一个州都"有平等的权利制定本州占有规则或习惯法规则的适用范围,在河岸权方面也应如此"。

4.1.3 河岸权的限制

与美国加利福尼亚州不同,其他实施混合水权的州开始没有启动双重的水权法律体系。无论是通过成文法或者采用普通法,每个法律文件最初都只包含河岸权原则,然后

---

① 见 Still v. Palouse Irrigation & Power Co., 117 P. 446 (Wash. 1911);San Joaquin and Kings River Canal & Irrigation Co. v. Worswick,203 P. 999(Cal. 1922)。

② 见 California Oregon Power Co. v. Beaver Portland Cement Co., 295 U. S. 142(1935)。

③ 见 Hough v. Porter,95 P. 732(Or. 1908)。

再制定法律实施先占优先权制度。有关先占优先权的法规通常包含这样一些条款,这些条款承认在法案有效期内产生的河岸土地所有者的合法权利继续有效。

4.2 混合水权体系下河岸权制度的修正

所有实施混合水权制度的州均限制了现有河岸权实施的范围和未来河岸权的主张范围。河岸权的功能是确保水道的持续流动,并且随时决定开始或停止用水,河岸权的这些功能与占有制度的成功运行是不相容的。

4.2.1 合理使用的限制

在一个早期的案例中,加利福尼亚州高等法院支持河岸权人禁止后来的占有者引水的主张,即使引水没有对河岸权人造成实际损害。[①] Herminghuas v. Southern California Edison Co. 案[②]证实了这个规则在实践中效率低下。河岸土地所有者在 Joaquin 河上,他们用主要河流的大量春汛流量漫灌他们的土地,在这场官司中,被告成功地获得了在河流上游建造水电站的权利,这就剥夺了原告的自然灌溉。Herminghuas 的案例导致加利福尼亚州立法机关在 1928 年修改宪法。该修正案把水权限制在:"提供所需有效的、合理的使用。" 在 Tulare Irrigation District 案[③]中,作为治安权的有效运用,也继续对河岸权施以合理

---

① 见 Lux v. Haggin,10 P. 674(Cal. 1886)。

② 见 Herminghuas v. Southern California Edison Co. ,252 P. 607(Cal. 1926)。

③ 见 Tulare Irrigation District v. Lindsay—Strathmore Irrigation District,45 P. 2d 972(Cal. 1935)。

使用的限制。在 City of Barstow v. Mojave Water Agency 案①中,加利福尼亚州高等法院根据州宪法强调"不合理使用水资源,任何的权益不会受到保护,水的所有者必须有效并合理地使用水资源"。

现在,所有采用混合水权制度的州都遵循一定形式的合理使用规则;因此,河岸权人不能宣告占有者的占有无效,除非证明占有者过分干涉其合理用水。一些州的立法机构和司法机构采用了合理使用规则,但并没有关注在 Herminghaus 案中法院的意见:即有必要制定关于这方面的宪法修正案。②

4.2.2 未使用河岸权的丧失

河岸权制度和先占优先权制度核心的不同点在于河岸权是河岸土地的附属物并不取决于是否使用。如果河岸权人以前没有用水,但是现在又突然决定实施其权利,那么占有者就不能保证他们的用水权是否会因此被河岸权人宣告无效。这种不确定性大大降低了占有者修建大型昂贵水利工程的积极性。这样一来,所有实施混合水权的州都试图通过法律来剥夺未使用的河岸权。

通常情况下,虽然在采用先占优先权制度的州,未使用的河岸权会被取消,但仍然认可是"既得权利",河岸权人有时需要取得表明他们实际使用水量的许可证和声明文件。

4.2.3 宪法的挑战

作为一种财产的取得方式,河岸权人并没有支付合理

---

① 见 City of Barstow v. Mojave Water Agency ,5 P. 3d 853(Cal. 2000)。

② 例如 Brown v. Chase,217 P. 23(Wash. 1923)(法院采纳的意见)。

的补偿,当河岸权因此遭到质疑的时候,通过立法限制或者取消河岸权的主张已经逐渐得到支持。1928年的加利福尼亚州宪法修正案把河岸权严格限制在合理使用的范围内,该做法得到了支持。立法提出了更实质的问题是:终止未使用的河岸权。

堪萨斯州通过的一项法令规定"先占优先权受制于既得权利,为合理使用可以占有州之内的所有水资源,特此规定……"。该法令也要求河岸居民获得许可证来维护自己的既得权利,该规定仅限于把水资源用在合理使用的地方或在1945年颁布法令的三年之内。根据该法令,州实施了一项依靠先占优先权形成的重要灌溉工程,如果该法令是违宪的,那么联邦政府就可以拒绝该项目继续进行。在此情况下,就需要对该法令是否违宪进行测试。堪萨斯州高等法院支持该法案。[①]

与其他州相比,堪萨斯州水权体系比较典型。在堪萨斯州,"既定权利"会受到一些限制,比如比法令通过还早的合理用水会对抗"既定权利",或者在法令颁布之时在建的水利工程也会对抗"既定权利"。这样的法律一般都被支持,并且河岸权因未使用丧失时,都拒绝对权利人进行补偿。[②] 比如Hough v. Porter案即是如此。

在少数几个州,对用新的占有权体系来限制河岸权的法律,法院持不同的意见。1913年,因为在取得河岸所有人财产权的时候,没有给予合理补偿,南塔克塔州1907年的先占优先权法律被宣布违宪。1964年,南达科他州继

---

① 见 State ex rel. Emery v. Knapp,207 P. 2d 440 (Kan. 1949)。
② 例如 Hough v. Porter,95 P. 732(Or. 1908)。

1913年之后制定的先占优先权制度得到了支持,该制度借鉴了一些影响美国联邦最高法院的裁决(把治安权从征收权中剥离出来)。① 在最近发生的一起案件中,南达科他州高等法院重审,水权的立法管制,甚至是在那些立法剥夺了原有既存水权的地方是合法行使州治安权的方式之一。②

虽然加利福尼亚州在名义上依旧认可未使用的河岸权,但是加利福尼亚州在1979年决定解释1928年的宪法修正案,这意味着在整个水系,所有用户的水权是立法上授权的,河岸用户的用水量受到目前合理用水总水量的限制,也会受到有权取得的未来用水权利的限制。③

在内布拉斯加州,虽然宪法和水法的语言表达与其他州剥夺未来河岸权人的权利主张的语言表达相似,但是内布拉斯加州法院已经宣布,在1895年法案颁布之前专属于河岸土地的河岸权不能被废除,并且河岸权人可以主张在其所有的土地上继续使用河岸权。④河岸拥有者的权利受到合理使用目的的限制,这与占有者的使用目的是密切相关的。

俄克拉何马州高等法院遵循相似的方法,在该法院1993年的一份判决中,法院坚持认为一部规定了占有权制度并且有着30年历史的法律文件是违宪的,因为该法律文件旨在取消河岸权。在 Franco — American Charolaise,

---

① 见 Knight v. Grimes,127 N. W. 2d 708(S. D. 1964)。

② 见 Parks v. Cooper,676 N. W. 2d 823(S. D. 2004)。

③ 见 Waters of Long Valley Creek Stream System, 599 P. 2d 656 (Cal. 1979)(在本章4.3讨论)。

④ 见 Wasserburger v. Coffee,141 N. W. 2d 738(Neb. 1966)。

Ltd. v. Oklahoma Water Resources Board 案①中,法院认为,河岸权所有者有权从任何时候开始使用或改变水资源的合理用途。从法令不能保护那些河岸权利(除了将来家庭用水)起,该法令就违反了俄克拉何马州宪法的征收条款。因此,河岸权人的未来用水权持续存在,该权利仅仅受到合理用水条件的制约。俄克拉何马州法院拒绝遵守立法机关的法律规定。法院认为,合理性的标准必须通过行政机关或司法机关对河岸权人的新增用水和竞争占有者的用水比较后确定,必须参考《侵权法重述》(第二次)§850A规定的要件。② 立法机关立即采取行动来澄清其剥夺未来河岸权人主张的意图,并且表明其在克服部分美籍法人所说的权利不可以通过默示方式被剥夺方面做出的努力。但是无论如何,立法机关都不能说服俄克拉何马州法院裁决的其中一部分,即剥夺河岸权应当受到法律征收条款的约束。1995年,一个初审法庭认为1993年的法案要么违宪,要么未适用1993年之前的河岸权权利要求。因此,俄克拉何马州的水权制度成功地转变成了混合水权制度,尽管在1963年立法机关试图取消该制度。

4.3 混合水权制度的行政管理

由于河岸权制度和先占优先权制度差异很大,法院一直努力希望在现存的单独司法管辖区内,可以有效实施这

---

① 见 Franco—American Charolaise, Ltd. v. Oklahoma Water Resources Board, 855 P. 2d 568(Okl. 1990)。

② 见第2章的2.4。

两种并行的水权法律制度。两者最重要的不同是,在水量短缺的时候,河岸权必须根据河岸土地的价值按比例削减用水量;而早期的占有者可以获得有权得到的全部水量,而把水量短缺的不利影响留给时序在后的占有者。当法院需要解决河岸权人和先占优先权人之间竞争用水争议时,法院就必须要面对这种水权制度的不协调问题。

4.3.1 解决用水者之间的争议

在那些河岸权的获得需要申请许可证的州,许可证载明了具体的用水量,因此这些河岸权就被视为先占优先权权利层级的一部分。如果许可证没有设定具体的用水量,那么就需要确定未使用河岸权涉及的用水量(将在下一节中讨论)。河岸权的优先日期通常早于先占优先权人,因为在大多数州,先占优先权的产生是根据采用的立法方案取代了河岸权制度。

加利福尼亚州规定了限制在公共土地上的占有人剥夺河岸权人用水权的情形。因此在加利福尼亚州,与先占优先权相比,河岸权将会更加盛行。但是在1866年《矿业法》法案之后并在河岸权人专有水权产生之前的案件中,水权是通过先占获得的。

在俄克拉荷马州和内布拉斯加州,法院允许根据河岸权人和先占优先权人之间用水的相对合理程度,确定相互竞争权利人之间的用水份额。在内布拉斯加州,这一问题只发生于1895年《灌溉法案》制定之前的专有河岸土地上;而先占优先权盛行是在后来的土地专有时期。[①]

---

① 见 Wasserburger v. Coffee,141 N.W.2d 738(Neb.1966)。

4.3.2 未使用河岸权的裁决

大多数实施占有制度的州都规定了裁决用水者之间争议的程序。在实施混合水权的州,河岸权人是一般裁决中必须的当事人,其权利最终要在整条河流权利体系中被确定。根据以往用水量可以确定河岸权人可以使用的具体水量,并且尚未使用的河岸权利可能会丧失。

一些实施混合水权的州(如堪萨斯州、南达科他州和得克萨斯州),尽管规定了未被利用河岸权消灭制度,但是这些州也制定了例外情形,允许河岸权人主张为未来"家庭"目的使用的水权,而家庭目的的使用优于所有占有水权。在俄克拉何马州,河岸权人可以为其他"微量要求"主张用水权,如卫生间用水、饮用水和灌溉草地用水。因为涉及的用水量很小,因此没有量化、没有使用的水权带来的不确定性也是微乎其微的。

尽管加利福尼亚州名义上允许未使用的河岸权可以在将来付诸实施,但是该权利实质上被行政决定严格限制。在 Waters of Long Valley Creek Stream System 案[①]中,一个河岸所有者拥有几千英亩土地,但是当州水资源管理委员会裁决时,河岸权人只灌溉了其中的 89 英亩土地。河岸权人坚持认为未使用的河岸权无法量化,但是如果未使用的河岸权可以被量化,这些未使用的河岸权应该包括灌溉所有土地的全部足够水量,并且与那些已经使用的河岸权具有相同的优先权日。委员会裁定河岸权人只有权灌溉 89 英亩土地的权利,同时"剥夺"河岸权人未来在其他地块

---

① 见 Waters of Long Valley Creek Stream System,599 P. 2d 656(Cal. 1979)。

的任何用水。上诉时,加利福尼亚州高等法院支持委员会在废除未使用河岸权中的自由裁量行为,认为河岸权人的未来用水可以被限制在"一定范围、自然使用和优先使用"范围之内,以确保其使用是有效和合理的(根据1928年宪法修正案)。因此,未使用的河岸权可能被应用在将来任何有效、合理的使用,但是也可能现在被委员会量化,并且授予河岸权一项优先权,该优先权比所有占有时间比河岸权人实际开始用水时间早的占有者的优先权都低。

4.3.3 时效水权

在实施先占优先权制度的州,占有是获得水权唯一的方法;违法占有,通常不能获得水权。① 在实施河岸权制度的州,上游的河岸权人可以取得时效权利以对抗下游的河岸权人,不论是否下游的河岸权人意识到上游的河岸权人的时效权利主张或受到实际损害。这种对抗其实并不存在,因为下游的河岸权人可以使用上游折河岸权人没有使用的任何水资源,下游的河岸权人因此不会受到损害;上游的河岸权人在任何时候都可以人为引水。上游的非河岸人可能同样会获得时效权利以对抗下游的河岸权人,因为任何非河岸权人的用水权都会造成不利影响。②

在实施混合水权的州,有关规范时效取得水权的规则,在 Pabst v. Finmand 案③中加以说明(见图 4-1)。四块土地分别属于不同的当事人,Pabst 和 Prior 起诉,要求法院确定 Eagle Creek 河的水资源权利归属。加利福尼亚州高

---

① 见第3章3.10。

② 见第2章2.7。

③ 见 Pabst v. Finmand ,211 P. 11(Cal. 1922)。

等法院认为,H. H. Finmand一个非河岸权人,引水行为已满法定的五年期间,可以获得对抗下游两位拥有河岸权原告的时效权利,尽管原告并未遭受到实际损害。法院认为:"人们通过土地即便是对水资源微不足道的使用,也应当引起所有河岸权人的注意,因为这意味着使用人正在宣称与河岸权相对立的权利,通过在土地上如此的不利使用,使用人就可以获得时效权利。"法庭坚持认为,N. H. Finmand不能获得时效权利,即使该使用不会对下游的河岸权人造成实际损害。原因在于:Prior的土地只毗邻河流北边的分叉,N. H. Finmand从河流南边的分叉处取水不会损害Prior的利益;但是,N. H. Finmand也不能获得对抗Pabst的时效水权,因为"在缺乏证据显示上游土地的所有者N. H. Finmand正在使用基于时效权利获得的水资源的情况下,下游的土地所有者(Pabst)有权利推定这样的土地所有者取走的水量仅仅是作为一个河岸权人根据河岸权有权使用的水量"。

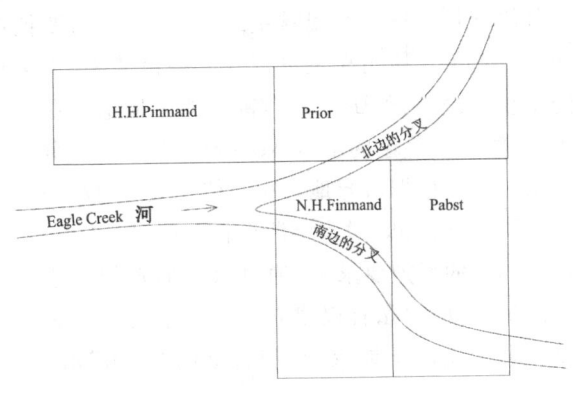

图4-1 示例图1

在实施混合水权制度体系的州,如果一个非河岸权人获得了时效水权,那么实质上,非河岸权人获得的时效权利就是一项不受占有法律制度约束的河岸权。

4.4 其他水法的变体

一些州的水资源法律体系不能简单地被划归入河岸权体系,或者先占优先权体系,或者混合水权体系。它们包括夏威夷州的古代体系、路易斯安那州民法的遗留规定以及适用于美国东南部部分地区的普韦布洛权利。

4.4.1 夏威夷水法

夏威夷水法起源于古代夏威夷的土地使用权法律体系。按传统,称为Ahupua'a的夏威夷土地被部族族长所有。典型的Ahupua'a土地是一种楔形的地块,该地块通常沿着水位线,源于山顶并向大海方向逐渐拓宽。虽然平民们被允许耕种土地和增加农作物产量,但不得不把生产的粮食分给族长。岛上实现君主统一之后,还需要把粮食分给国王或女王。使用充足水资源来种植芋头(土著夏威夷人的主食)的权利附属于人们耕种的土地上。在基本生活用水被满足后,剩余的水由Konohiki负责统一分配给每一块需水土地。根据对当地人相互依存以及对种植粮食的平民的认可,Konohiki对水资源进行分配。

在西部人的强烈要求下,通过众所周知的土地大分配法令,大部分土地的私有权建立了。土地大分配法令完善的重要标志是允许土地权利(和特定的"附属"水权)自由转让。

最早的夏威夷王国成为共和国,之后成为美利坚合众国的领土,最终成为美国的一个州。夏威夷历任政府的司法判决宣布了水法的基本原则,现在这些基本原则仍适用于个人、私人水权的创建。这些司法裁决还涉及"从属"和"剩余"的水资源问题。

从属水权以芋头种植所需水的总量为基础。虽然早先的案例回应了蔗糖种植园的水资源需求,并且允许从属权利的转让,但是这些回应仅仅依赖一方当事人的证明,该当事人试图转让水权,并且证明其转让对于他人正在实施的水权没有损害,或者不会损害其他人的引水方式。[1] 所以,法院会详细考察用水地点的改变[2]、用水类型及引水地点的改变[3]。

如果某一时期的法律允许不利使用,则从属权也可以通过时效获得。[4] 当然,附属于州所有土地上的水权不能获得时效权利,因为违法占有不能有悖政府的权利。

"剩余的"水资源通常包括所有不需要去满足私有水权的水量。在那些水资源发源于 Ahupua'a 的地方,或者水资源流经所有 Konohiki 的 Ahupua'a 的地方,关于多余的水资源是否属于 Ahupua'a 的所有权人(Konohiki 或者其权利的继承人)这一问题,早期法院对此持不同的观点。

关于"暴风雨和山洪"是否属于"剩余"水资源,同样也存在不确定性。一个早期案例明确把暴风雨作为"剩余"水量。法院认为,在 Ahupua'a 起源的地方,暴风雨的使用应

---

[1] 见 Kahookiekie v. Keanini,8 Haw. 310(1891)。
[2] 见 Peck v. Bailey,8 Haw. 658(1867)。
[3] 见 Carter v. Territory,24 Haw. 47 (1917)。
[4] 见 Lonoaea v. Wailuku Sugar Co. ,9 Haw. 651(1895)。

当受到 Konohiki 的调控。① 但是当暴风雨大大提高了超出正常水位的河流流量时,至于谁应当拥有暴风雨水量的所有权,属地法院不再遵循它之前的声明。相反,法院认为在河岸权原则下,在毗邻两块 Ahupua'a 之间的暴风雨应当被一分为二。② 同一个法院后来反复采用之前的裁决,即剩余的水量属于土地(Ahupua'a)发源地的 Konohiki 所有,并且法院认为,在 Carter 案中,洪水和其他剩余水量(当事人通过规定"普通日剩余水量"减少了纠纷)之间不存在任何区别。③

1973 年,夏威夷州高等法院对现存法律中的几个主要问题进行了改动。法院采纳了河岸权所秉承的基本原则支持如下两个看法:一是,剩余水量的使用权不能用于或转让后用于任何除河岸地块之外的土地;二是附属水权,就其本身而言,不能用于其他任何土地。法院接受了河岸权法律中的"自然流量"原则,因为该原则最适合 1895 年法令的规定:"人民"对自然流动的河流拥有权利。④ 在此后不久,法院改变了其看法,认为判断原告的实际损害以及现代的合理使用测试方法和标准适用于夏威夷州的河岸权制度。⑤

McBryde 法院也支持如下主张,即 1850 年法令不允许使用远离水源地的剩余水资源,因为这些水不属于土地

---

① 见 Hawaiian Comercial & Sugar Co. v. Wailuku Sugar Co.,15 Haw. 675(1904)。

② 见 Carter v. Territory,24 Haw. 47(1917)。

③ 见 Territory of Hawaii v. Gay,52 F. 2d 356(9th Cir. 1931)。

④ 见 McBryde Sugar Co. v. Robinson,517 P. 2d 26 (Haw. 1973)。

⑤ 见 Reppun v. Broad of Water Supply,656 P. 2d 57 (Haw. 1982)。

拥有者。当然,在所有授予的土地上,为了夏威夷居民的公共利益,剩余水量还可以被保留。并且法院认为,时效权利是无效的,因为州政府根据该州人民的公共信托对州领域内的全部水资源拥有所有权,因此对抗州公共利益的时效占有均是无效的。

McBryde法院的观点产生了如下影响力,即禁止获得广泛权利的当事人在其流域之外的土地上实施其水权,这带来了非同寻常的质疑。在复审中,当事人极力主张,法院的裁决等于在违反美国联邦宪法正当程序条款下,可以对财产权进行征收,因为法院的裁决违背了水权的早期声明。复审结果是法院维持了原有的裁决。

然后,当事人又基于该理由上诉到联邦地区法院,这可能会禁止州实施州法院的裁决。① 在Robinson案件上诉时,联邦第九巡回上诉法院向夏威夷州高等法院证明了州法律中的几个问题。最主要的问题是,在McBryde裁决之前,"谁拥有剩余水资源的争议"是否是"夏威夷州法律中的固有问题"。夏威夷州高等法院答复说,在早期的案件中,争议的问题主要是谁有权使用剩余水量,并且McBryde法院关于河岸权的声明已经解决了该争议。并没有秉承其他州的河岸权主义,法院特别描述了一项根植于古代夏威夷习惯法的夏威夷州河岸权法律,并且作为公众的受托人,负责分配夏威夷州水权的权力机构比其他州既存的机构大很多。②

法院解释说,作为早期拥有所有土地的君主制和族长

---

① 见 Robinson v. Ariyoshi, 441 F. Supp. 559(D. Hawaii 1977)。
② 见 Robinson v. Ariyoshi, 753 P. 2d 1468(9th Cir. 1985)。

制的继承人,州有义务保证在所有为生产合理用水的人之间进行公平的水资源分配。在 Mahele,土地已经归私人当事人所有,该当事人的权利受君主(现在是国家)保留水权的限制,而君主保留水权的目的是把水资源在所有需水的当事人之间分配。这与公共信托原则类似,迫使州有义务保护水资源,并为像航行、消遣、野生动物和鱼类的公共目的使用水资源。州高等法院也认为夏威夷州的水权更接近于联邦为印第安人保留的水权。[①]

在 McBryde-Robinson 案审而未决之时,为了认可州的信托义务以便确保水资源用于公益目的,以及为了建立水资源管理机构来管理和保护水资源,州修改了宪法。1987年,为配套州的综合水源利用规划以及水资源管理区的确定和河流水资源保护,一部影响深远的、崭新的州水法诞生了。根据新水法,既存的水权和新水权必须获得许可,并且一旦一个地区被指定为水资源水管理区并碰触到这些许可要求时,普通法很大程度上被替代了。在这个新的法律中,现行的和新的水权必须被保证,并且一旦触碰这些要求时,习惯法则被极大地代替。如同在 McBryde 和 Reppun 所声明的那样,习惯法的一个明显改变是水资源的使用不再被严格限制在河岸权土地上或同一个流域的土地上。

夏威夷州水权公共信托的本质是明确赋予州行政机构水资源分配责任,并且为了维持河流的天然状态,允许用水者把更多的水释放到河流中。此外,"有效合理用水"的标准和条件要求州应审查在同一条河流中与其他公共和私人

---

① 见 Robinson v. Ariyoshi,658 P. 2d 287(Haw. 1982)。

用水相关的水资源的使用——拟建议的使用和已经建立的使用。这样做的结果可能是,为了更好地利用河流水资源,改变不合理的使用以及替代枯竭性的使用。①

4.4.2 路易斯安那州的水法

尽管路易斯安那州经常被列入实施河岸制度的清单,但是该州的水资源法律体系却是根据起源于法国和西班牙的民法典建立起来的;它是唯一一个在美国拥有民法典体系的州。法典规定了解决水事纠纷的相关规则,明确提出水资源管理的方案。虽然法院不是非得遵循 stare decisis(拉丁语判决先例)确立的基本原则,但是如果习惯法的先例恰好适用,那么法院可能会参考这些先例。

法典详细规定了类似河岸权体系的入门知识,例如:

第 657 条:毗邻流动水域的不动产所有者可能会为浇灌土地或者其他目的使用河流水资源。

第 658 条:水资源流经的不动产所有者,无论水的源头在不动产或者水流经上部土地,都可以利用流淌其土地上的水资源。

第 657 条几乎是逐字采用了由拿破仑实施的法国民法典。目前尚不清楚这个条款是否表达了自然流量规则或者合理利用规则。在水污染背景下,早期的案例应用了合理使用规则。法院陈述如下:

污染河流的用水是合理使用或者是不合理使用,需要法官或者陪审员根据案件具体确定,这些具体情况包括河道的特点、河道对特定使用目的的适应性、河岸所有人受到损害的范围等。

---

① 见 Water Use Permit Applications, 9 P. 3d 409(Haw. 2000)。

通过法令,路易斯安那州建立了不同类型的水资源区,水资源区提供给客户不同目的的用水,如家庭用水、市政用水、工业使用和灌溉用水。市政当局也有法定权力来维护其供水系统。

直到现在,在路易斯安那州,几乎没有法律调整有关地下水的问题。如民法典规定:

第490条:除非法律另有规定,否则一大片土地的所有权包括土地正上方及土地下部所有资源的所有权。

只要土地所有者愿意,他可以在土地上部或者下部任何地方利用土地,并且可以从土地利用中收获所有的利益,除非被法律或者他人权利禁止。

在Adams v. Grigsby案①中,法院认为一个人不可以拥有土地下面的水资源,除非他通过抽水来占有水资源。Adams案的裁决遭到了批评,因为它没有为水资源的保护提供激励机制。一部1972年的法案对此给予了回应,该法案授权公用事业部管理那些日均出水量在50000加仑的水井。至今,小型水井仍然受Adams v. Girgsby案所确立的规则的约束。

4.4.3 普韦布洛水权

在美国西南部的少数几个地方,根据早期的土地赠与理论,以及西班牙和墨西哥政府的继承人应用的基本原理,人们可以主张普韦布洛水权。通常,这些权利承认,为了满足当地居民的需要,市政当局可以使用其领土范围内的任何天然水资源。当地居民可以和毗邻普韦布洛的居民共同使用水资源。很多发生在新墨西哥州(Cartwright v. Pub-

---

① 见 Adams v. Grigsby,152 So. 2d 619(La. App. 1963)。

lic Service Co. [①])和加利福尼亚州(Vernon Irrigation Co. v. City of Los Angeles[②])的案件都承认普韦布洛水权的存在。在普韦布洛水权一开始就存在的州(如亚利桑那州、得克萨斯州和科罗拉多州),它们已经成为要求赔偿的主因。然而,时至今日,普韦布洛水权的重要性已经微乎其微,因为除了加利福尼亚州,很少有州承认这种水权。它们主要属于加利福尼亚州城市的权利和在新墨西哥的印第安部落(普韦布洛)的权利。

普韦布洛权利最早可以追溯到被西班牙王权和墨西哥政府认可的权利。1821年之前西班牙统治着美国西南部的部分区域;之后墨西哥共和国统治该区域直到1848年。在1848年,通过Guadalupe hidalgo条约,该部分领土被割让给了美国。继而,条约确认了根据墨西哥法律产生的既存财产权,其中包括普韦布洛权利。政府承认普韦布洛土地上的水权,意图通过便利农村发展以及农业生产,鼓励那些在新大陆的定居者们。在印第安普韦布洛地区的一起案件中,对于那些几百年都居住在现在是新墨西哥州部分地区的人们来说,权利的认可似乎达到了双赢的目的,一方面证明了它代表的部落土著的权利,另一方面界定了他们领土以外的区域,这样其他人在这里定居便成为可能。

普韦布洛权利在加利福尼亚州的某些城市具有特别重要的意义。水资源的使用并不要求城市拥有水权;后续的

---

① 见 Cartwright v. Public Service Co., 343 P. 2d 654(N. M. 1958)(部分被推翻)。

② 见 Vernon Irrigation Co. v. City of Los Angeles, 39 P. 762(Cal. 1895)。

城市可以替代长期以来形成的用水,即使在过去该城市并没有使用过该水资源。因此洛杉矶作为普韦布洛权利的继受者,有权利维护日益增加的地下水供给需求。加利福尼亚州高等法院认为,城市的权利优于其他占有者(包括其他城市)的水权。① 但是,在 City of Barstow v. Mojave Water Agency 案②中,加利福尼亚州高等法院认为,普韦布洛权利不应当包含使用旧金山城市下部地下水的权利,同时法院认为,在分配一个流域水资源的时候,法院一定不能忽视土地所有者既定水权的优先顺序问题。

通常,普韦布洛水权可以涵盖地表径流和地下水、从源头到海洋,以及城市居民需要的任何合理用水量,也包括扩大的用水量或新增用途使用的需水量,甚至包括全部需要的供给水量。

在有关印第安普韦布洛人的诉讼中,普韦布洛权利已经被法院认可。对于印第安部落来说,普韦布洛权利与印第安人的预留权利相似。③ 然而,普韦布洛权利的范围却被严格限制,因为不允许一个普韦布洛人利用和该城市居民一样多的用水。④ Aamodt 法院坚持认为,印第安普韦布洛人的土地所有权优于那些在联邦法律确权之后获得的土地所有权。然而在后来的诉讼中,Aamodt 法院认为,根据联邦法律之前灌溉土地的需水量,印第安普韦布洛有权获

---

① 见 City of Los Angeles v. City of San Fernando,537 P. 2d 1250(Cal. 1975)。

② 见 City of Barstow v. Mojave Water Agency, 5 P. 3d 853 (Cal. 2000)。

③ 有关印第安人的保留权利,详见第8章。

④ 见 New Mexico v. Aamodt,537 F. 2d 1102(10th Cir. 1976)。

得的总水量被确定。无论根据印第安人的预留水权原则还是根据普韦布洛水权,法院对未来用水的限制不是人们期待看到的结果。在2004,新墨西哥州法院甚至进一步背离了加利福尼亚州的裁决,并且批驳了Cartwright认为可以把普韦布洛权利的范围扩大到允许未来用水的主张,法院认为普韦布洛权利与先占优先权原则的合理利用要求相对立。[1]

---

[1] 见 State ex rel. Martinez v. City of Las Vegas ,89 P. 3d 47(N. M. 2004)。

第5章 航道水面的使用权

与其他不动产权和私人产权一样,水资源的相关权利不是排他性权利。一方面,通常情况下多个主体有权分享相同的水资源。另一方面,公众有权使用很多航道的水面。公共水面的使用具有深远的历史意义,这些权利根植于古代的罗马法,并在英国的普通法中有所反映。

从历史的角度来说,航道的核心价值是作为公众贸易和捕鱼狩猎的通道。这些公共权利通常授予那些拥有航道河床和河岸的所有者。土地所有者,无论他们是政府或者是私人,都可以有效地拥有受公共权利限制的土地,这是"公共信托"的一种类型。

一个航道的适航性已经成为界定公共使用领域的合法基准点。这是因为,在所有的公共使用中,航行具有特定的商业价值。并且,在州和国家政府的主权划分中,宪法把贸易权授予给了美国国会。

与其他任何公众拥有的权利不同,河岸土地所有者之间有互惠的权利,并承担允许分享利用特定河道下面被淹没的公有土地的义务。

无论一个州是否确立了河岸权、先占优先权或者是混合水权制度,本章中的基本原理都是适用的。在每一种类型的司法裁判区,用水的私有权利都会受到使用范围方面的必要限制,权利人应当允许公众实施其水面的使用权,并允许个人实施其私有水权。

5.1 适航水域的公共权利

英国的普通法赋予所有主体通航的权利,或诸如捕鱼和狩猎等其他航道的使用权利。这些使用敏感的、被淹没的土地归王室拥有,但会受到公共权利的限制。与公共权利相反,君主不可以使用或转让王室的土地。因为航道公共使用的本质,所以这些限制也同样适用于被潮汐涨落影响的土地。

潮汐的影响可能已经充分描述了对英格兰岛国的公众最重要的那些航道。然而在美国,大量的航道距离岛屿很远,超过了潮起潮落所能影响的最远点,在这种地方很少有这样的感觉。结果,作为对海事法庭管辖权的限制,美国高等法院拒绝接受有助于调查河流适航性特点的"潮起潮落"试验。[1]

因此,在美国的案件中,"适航性"已经成为一个焦点问题,该焦点不仅涉及海事法庭,而且涉及对淹没土地所有权的质疑,后来还挑战了商业条款下国会的权力。那些构成航道公共使用的方式——灌溉、捕鱼、狩猎等,在现代美国变得越来越重要。由于构成此种使用的权利可能依赖拥有河道河床的所有者,也可能依赖河道是否带有公共信托的深深烙印,因此涵盖适航性在内的裁决变得非常重要。

---

[1] 见 The Propeller Genesee Chief v. Fitzhugh, 53 U.S. 443(1851)。

5.1.1 适航性的界定

1. 联邦对适航性的界定

联邦法对适航性水域的界定取决于河流和湖泊下部河床的权利。联邦法对适航水域的分类也告诉我们这样一个问题:在商业贸易条款下国会对水域的规定是否正确？基于适航性,考虑商业贸易的联邦立法权得到了更加充分的发展,详见第 9 章 9.2。

有关适航水域下部土地所有权的诉讼已经出现。当联邦政府和州政府都主张权利的时候,或者当联邦政府和州政府试图转让相同的地块,在受让人之间也会出现此类诉讼。在一些案件所涉及的河床中已经发现了石油或者其他有价值的自然资源。简而言之,如果通过联邦的试验证明河流或湖泊是适航的(在后面解释),那么河床的权利可以传递到州,经过州的承认又可传递到国家。

这种奇特的原则,起源于普通法,通过联邦公共土地的膨胀,授予新成立的州拥有更多土地的权利。最初的十三个州从国外取得了领地,这些领地主要是英国的。自从王室拥有了被潮汐影响的所有流域的河床和水资源的所有权,王室的权利传递到作为英国继受者的十三个州。后来,在美国成立之后,州放弃了对航行水域水资源的控制,原因在于,在美国宪法商业条款中,州同意把国家对贸易的管理权授予给联邦政府。继而又因为贸易最初主要通过水运承担,商业条款可以被理解为建立国家对适航航道的管理权。这样,各个州有必要放弃对河流流量的控制,并把该管理权力授予给联邦政府,但是州可以保留对河床的权利。州对河床拥有的权利会受到联邦政府"航行地役权"的限制,或者受到保持河道对航行开放权利的制约。因此,州对河床拥有的权利间接来自于宪法的运行,而不是来自于国会的财产让与。[1]

在 Pollard v. Hagan 案[2]中,高等法院制定了一项原则:根据联邦的许可,州可以获得非沿岸潮汐地的权利。也就是说,在许可之前,为了人民及将来成立州的需要,潮汐地可以被联邦政府托管。后来,法院坚持认为河岸潮汐地归联邦政府所有。[3] 作为对此问题的反应,国会通过了《水下土地法》,该法案把潮汐地的管理权移交给了各州。

在州成立之后传递给州的土地——公共信托土地,无论是被拥有或被转让必须受到公共利益的限制。[4]

联邦对适航性的试验是为了确定在州成为美利坚合众国成员的时候,水体是否"事实上是适航的"。换句话说,通常情况下,在建州的时候,作为"贸易通道"的航道必须被允许持续地使用。[5] 根据下列证据:在犹他州建州的时候只有少量的几只小船在湖中从事贸易运输,大盐湖被发现满足试验要求。[6] 航道是否适航的界定和航道使用规则是联邦普通法的产物。[7]

除了适航水域下面的土地,联邦政府也根据公共信托拥有了非沿岸河床、被潮汐影响的非适航水域,并传递给新

---

[1] 见 Idaho v. Coeur d'Alene Tribe,521 U.S. 261(1997)。
[2] 见 Pollard v. Hagan,44 U.S. 212(1845)。
[3] 见 United States v. California,332 U.S. 19 (1947)。
[4] 见本章 5.2。
[5] 见 The Daniel Ball, 77 U.S. 557(1870)。
[6] 见 Utah v. United States,403 U.S. 9(1971)。
[7] 见 Hughes v. Washington,389 U.S. 290(1967)。

建的州。① 虽然这也是王室的土地,但是因为他们不具有适航性,联邦政府不能借用海事法庭司法管辖权,或者不能在土地上借用航行地役权。但是无论如何,受公共信托的影响,联邦政府保留了对非适航水域的相关权利。因此最高法院认为,非沿岸河床及被潮汐影响的非适航水域一直被联邦托管拥有,直到州成立的那一刻起,联邦政府才把这些地域传递给新建的州。

起始于平均高潮线的水下土地属于州所有。平均高潮线取决于各个季节的平均最高水位。沿着适航水体,河岸财产所有者的财产范围延及那条水位线;州所有的河床开始于那条水位线。这些水位线也描绘出了这样一处地域的轮廓:在这个地方,联邦的航行地役权可能会运行用以摧毁那些妨碍航行又不支付损失赔偿的私有财产利益。②

在联邦测试下确定的非适航水域,其河床的所有权,通常从联邦政府传递给河岸土地的所有者。在一些州的法律中,如威斯康星州和洛瓦州把权利授予给在非适航水域下面的土地,在州成立的时候,这些水域不可以转让给私有当事人。为此目的,州采用了他们自己对适航性的测试方法。

2. 各州对适航性的界定

州可能会通过法令或普通法对私人或州所有的航道的河床采取限制措施。这些限制措施以及相应的公共权利,可能建立在州对适航性界定的基础之上。州没有必要把他们对"适航性"的界定建立在航道是否能够维持贸易航行的基础之上。

---

① 见 Phillips Petroleum Co. v. Mississippi, 484 U.S. 469(1988)。
② 见第9章9.1。

一些州已经采用了与河流可供娱乐的能力——快乐的小船,直接相关的适航性的扩张性解释。① 或者是采用"娱乐性使用"的测试方法。② 遵循这些方法的州包括阿拉斯加州、阿肯色州、加利福尼亚州、爱达荷州、缅因州、马萨诸塞州、密西西比州、密苏里州、蒙大拿州、纽约州、北卡罗莱纳州、俄亥俄州、南卡罗莱纳州、南达科他州以及威斯康星州。可供小船、独木舟、充气式皮筏艇和其他相关的船舶航行的航道通常被认为是适航的,并且受到公众使用的限制。河岸财产权有必要允许这样的公共使用权利存在。但另一方面,密歇根州的一个法院,已经明确拒绝使用这种方法,尽管法院解决的是私有湖泊的案件,但是在这个案件中法院发现对于娱乐功用来说,该湖泊太小了。③ 通过1999年的法律,密西西比州宣称所有年均流量在每秒100立方英尺以上的航道应当被认为是公共航道,其河流和河床应当受到"免费运输权利"的限制,应当向捕鱼和水上运动开放。

5.1.2 适航水面的公众使用权

在宪法的贸易条款下,联邦政府会规定航行的问题。联邦的立法没有被"适航性"束缚,因为贸易权利很广泛,见第9章9.2。甚至是在立法缺失的情况下,也没有私有权利可以阻碍航行。然而,联邦的法律还没有有效地解决许可使用的本质,以及公众在航行水域进行非航行使用的范围,因为大多数的航行水域归州或者私人所有,所产生的法

---

① 见 People v. Mack, 97 Cal. Rptr. 448(Ct. App. 1971)。

② 见 Arkansas v. McIlroy, 595 S. W. 2d 659(Ark. 1980); Parks v. Cooper, 676 N. W. 2d 823(S. D. 2004)。

③ 见 Bott v. Michigan Dep't. of Natural Resourse, 327 N. W. 2d 838 (Mich. 1982)。

律问题应当由州法律予以解决。

为了适应与水相关的娱乐机会日益增加的公共需求,一些州的立法机关和法院在联邦和州法律对适航水域界定的基础上,已经界定了在适航水域中可供公众使用的、广泛的水域范围。在 Diana Shooting Club v. Husting 案[①]中,在州的法律下,一位拥有河流下面河床的河岸所有者注定是可以"航行的"。被告乘着一艘小船顺流而下去捕杀鸭子,河岸土地所有者诉其非法侵入。法院确定了有利于被告的规则,法院认为,狩猎和捕鱼的权利是航行权利的附带权利。法院进一步认为,在州的法律下,适航河流的河岸土地所有者只对河流的河床拥有权利。该权利是州保护其公民充分享有航行和其他附带权利的子权利。河床的所有权并不允许河岸所有权人阻止公众以州法律规定的目的和方式对适航水体水面的使用。

5.2 公共信托原则

尽管每一个州都取得了适航水域下部河道的所有权,但是当这样的土地归州所有的时候,他们通常会受到公共信托的限制,除非为了增进公共利益的目的,否则不能够转让该权利。这一规则就是大家所熟知的"公共信托原则"。

有关公共信托原则典型的案件是 Illinois Central Railroad v. Illinois 案[②]。在那个案件中,伊利诺伊州的立法机关授予铁路公司拥有密歇根湖部分河床的权利,作为回报,

---

① 见 Diana Shooting Club v. Husting,145 N. W. 816(Wis. 1914)。
② 见 Illinois Central Railroad v. Illinois,146 U. S. 387(1892)。

铁路公司承诺将从在河床上修建的码头、防洪堤、船坞中提取一定比例的毛利润支付给该州。立法机关后来废除了该法令,铁路公司主张该废除是无效的。为了公正地确定水下土地的权利归属,州提起了诉讼。在上诉的时候,美国联邦最高法院支持法令的废除,法院认为原始的授权是无效的。并且,法院推理认为,州拥有密歇根湖适航水域下面土地的所有权,该权利来源于州公民的公共信托,在与公共信托不一致的情况下,不能转让该土地。

每一个已经考虑了该问题的州法院一致认为基于公共信托,州拥有适航河道下面土地的所有权。大多数司法管辖区已经撤销了试图通过转让或放弃土地上公共利益的方式来废除公共信托理论的立法。① 在夏威夷州,法院密切关注行政机构和立法机关的行动,以便确信这些机关的行动遵守了公共信托原则。② 这不能排除州转让土地,只要转让仍然带有公共信托的烙印,并有利于公共利益。一些州(如得克萨斯州)规定,信托土地可以被自由地转让。在那些适用公共信托原则的地方,如果私人的使用与公共利益不一致,其使用行为将被仔细地审查才能确定是否遵循了公共信托理论。③

通过州的解释,公共信托原则已经可以允许用来保护

---

① 例如 San Carlos Apache Tribe v. Superior Count,972 P. 2d 179 (Ariz. 1999);Ariona Center For Law in the Public Interest v. Hassell ,837 P. 2d 158(Ari. App. 1991)。

② 见 Wai'ola O Moloka'i,Inc. ,83 P. 3d 664(Haw. 2004)。

③ 见 Kootenai Environmental Alliance v. Panhandle Yacht Club ,Inc. ,671 P. 2d 1085(Indho 1983)(为了建造私人的帆船,州以租约的形式出租了湖面,法院认为这一行为并没有违反公共信托学说)。

各种各样的公共使用,包括航行、贸易、捕鱼和狩猎、沐浴、游泳和娱乐。① 夏威夷州高等法院支持:为了将水量返还给河流以便保持河流更加自然的状态,公共信托原则可以用来迫使占有者释放所存储的水量。法院注解是:复审引水许可申请的州行政机构必须考虑隐含在河水流量中的公共利益。② 然而,并非所有的公共使用都被保护,在华盛顿州"公共信托原则不包含收获在私有财产上自然生长的蛤蚌的权利"③。州也已经把该原则扩张到适用于非航行水域,以及除了水面使用的其他情形。④

5.3 州认可的非适航水面的公众使用权

一些州已经认可可以使用私人拥有的河床上部的水域,这些水域具有娱乐功能但是没有被认定为具有适航行。5.1 阐述过,为了允许对航道进行公共娱乐使用,比如娱乐性的划船、捕鱼和狩猎,一些州已经扩大了适航性的定义,甚至是在那些河床归私人所有的地方。虽然在这些州,把公共使用建立在基本娱乐功能基础上的基本原理和结论是相似的,但是他们避免了在证明适航性时经常遇到的证据提交难题。

---

① 例如 Marks v. Whitney, 491 P. 2d 374 (Cal. 1971)。

② 见 Water Use Permit Applications, 9 P. 3d 409 (Haw. 2000)。

③ 见 State v. Longshore, 5 P. 3d 1256 (Wash. 2000)。

④ 见 National Audubon Society v. Superior Court, 658 P. 2d 709 (Cal. 1983)(在优先权制度下,限制从适航河流的非适航支流引水);见 R. W. Docks & Slips v. State, 628 N. W. 2d 781 (Wis. 2001)(根据习惯保护,驳回河岸权人建造码头的许可申请,不会导致行政性赔偿)。

在那些现在是缅因州、马萨诸塞州、新罕布什尔州的地方,拥有十平方英尺的大型淡水湖泊被认为是"大池塘"。虽然不适航,但是大池塘在殖民地时期就被认为应当向公共使用开放,只不过公众到达大池塘的权利会受到限制,因为到达池塘要通过私人的土地。明尼苏达州的法律宣称为公共目的管理或使用的水域一定是公共水域。

通过 Montana Coalition for Stream Access v. Curran 案[1]来举例说明现代的方法。Curran 案涉及河流的适航性问题,法院认为河床所有权与公众使用权是不相干的,因为"流域的娱乐使用功能取决于公众娱乐使用的有效性"。一个月之后,同一个法院裁决了另外一个涉及非适航河流的案件,法院明确表示,为了娱乐目的(或其他目的)使用水面,适航性不再成为必须考虑的问题。[2] 在这些案件之后,大量立法详细规定了在娱乐性河流中存在的广泛的公众权利。法令的其中一部分内容允许在私人所有河流的最高水位线以下宿营甚至是建造捕鸭器,这部分内容并不被认为违宪,正如要求财产所有者自费建设运输路线的法律规定一样。但是,公众如果需要通过私人的土地才能到达对公众开放的水面,则必须获得许可才可通行。[3]

在 Curran 案中,蒙大拿州法院依据与西部大部分州的宪法条款相似的州宪法条款中的部分内容,宣称所有州的水域"可以被该州的人民使用……但该使用受制于为了合

---

[1] 见 Montana Coalition for Stream Access v. Curran,682 P. 2d 163(Mont.1984)。

[2] 见 Montana Coalition for Stream Access v. Hildreth,684 P. 2d 1088(Mont.1984)。

[3] 见 Ryan v. Harrison & Harrison Farms,306 Mont. 534(2001)。

理用途进行的占有"。怀俄明州高等法院认为该规定产生了一项通过该水域的通行权,并且公众可以利用该水域进行捕鱼和狩猎。① 新密西西比州遵循了相同的方法。犹他州高等法院认为,一项宣称所有州的水域是"公众共有财产"的法律产生了一项供所有类型娱乐活动使用的隐含地役权,包括当他们游泳、跋涉和划船的时候可以接触私人所有河道的河床的权利。②

在 People v. Emmert 案③中,尽管科罗拉多州的宪法宣称:尚未被占有的水域是"公共财产,并且该水域可供本州的公众使用",但该州的高等法院并没有套用该规定来解读公众使用权。法院认为,该条款与蒙大拿州几乎相同,是"从历史的角度对占有的考量",并没有反过来限制河岸所有人的绝对财产权,并禁止其他人使用水面。因此,公众"没有权利为了娱乐目的使用私有土地上部水域"。

科罗拉多州是少数反对公共使用的州之一。几年前,在堪萨斯州,有关公共使用的法案没有通过,这一事件对法院的影响重大,该州的法院遵循了 Emmert 案的判决,拒绝接受大多数州采用的方法。④ 亚拉巴马州、宾夕法尼亚州和印第安纳州也认为,河岸权人有绝对的权利排除其他人使用水面。然而,在印第安纳州,公共的淡水湖泊被视为是适航水道,大多数湖泊"经过河岸权人默许可以被公众使用"。其他少数几个州,如路易斯安那州、密苏里州、得克萨

---

① 见 Day v. Armstrong ,362 P. 2d 137 (Wyo. 1961)。
② 见 Conatser v. Johnson,2008 WL 2776716(Utah 2008)。
③ 见 People v. Emmert ,597 P. 2d 1025 (Colo. 1979)。
④ 见 Meek v. Hays ,785 P. 2d 1356(Kan. 1990)。

斯州、弗吉尼亚州、威斯康星州，则规定公众在非适航水域无权进行捕鱼或狩猎。一些早期的案件限制在私有河床上航行的公共地役权（例如，康涅狄格州、伊利诺伊州、缅因州、马萨诸塞州、纽约州、北卡罗来纳州、田纳西州）。但时至今日，大多数的裁决至少会允许某些公共娱乐目的的使用。

在有些水域，公众的使用会引起财产所有者权利和财产价值的不确定性，因此期待涉及这些问题的案件能够得到公正的裁决。一些州通过制定法律允许私人水域向公众开放，这缓和了此种不确定性。明尼苏达州列举规定了不同于一般水体的公共水域，包括所有大型的水体。州行政机构根据用途（比如捕鱼），对这些水体进行了分类，这些水域与公共土地毗邻或从公用土地直接就可以到达。在亚拉巴马州和宾夕法尼亚州，这样的立法被认为影响了河床私人所有者合法权利的取得。

5.4 合法通行权的取得

在行使适航河道水面公共权利的时候，除了考虑这些河道是否适航或者是否向公众开放之外，如果不通过私有土地，或者接触河岸、河边或者河床的底部，通常无法实施使用这些水面的权利。各个州有关到达适航水域的规则是不同的。一般情况下，同一个河流或湖泊适用相同的规则。然而，有关公众在行使其权利到达河道水面的过程中，如果需要接触私人所有的土地，还存在其他的问题。密歇根州和密苏里州允许使用在水下的土地及相邻河岸归私人所有的河流航行。在蒙大拿州，为了娱乐目的，公众可以使用河床和河岸,在障碍物周围,有权使用土地上部区域运输物品。但是,土地的所有者没有义务让被使用的土地更加方便、富有效率和更加舒适。此外,这种权利受到下列事实的限制:公众只能使用水面必须的河床和河岸,并且必须保证对河床和河岸的影响最小。①

5.4.1 征用取得

州可能会通过征用取得私有土地以便公众到达适航水域。② 尽管对于因征用应当补偿的数额会有争议,但无疑,政府有权征收对公众开放的、公众通行航道的地役权和其他权利。在立法和司法裁定中,更加复杂的情况是那些即使征收也不需要赔偿土地所有者的案件。

5.4.2 默示取得

一些法院已经裁定,毗邻向公众开放的航道的河岸财产需要负担公众通行的地役权。法院采用了下述不同的理论来支撑上述裁定。

1. 习惯

俄勒冈州规定,禁止河岸权人把与海洋毗邻的干沙区域用围挡围起来。该州的立法宣称在涨潮线和退潮线之间的区域是公共娱乐的场所。该州高等法院发现根据人们早期以来形成的习惯,公众有使用干沙区域(涨潮线的上部)的地役权,根据布莱克斯通的习惯法,法院援引了在私有财产权上施加限制的原则。③

---

① 见 Galt v. State Dept. of Fish,Wildlife & Parks,731 P. 2d 912 (Mont. 1987)。

② 见 Branchv. Oconto County,109 N. W. 2d 105(Wis. 1961)。

③ 见 Thornton v. Hay,462 P. 2d 672(Or. 1969)。

美国最高法院已经裁定,那些阻碍了所有经济可行地使用私人财产的州治安权的有关规定可能会被支持,只要该规定剥夺的并不是土地所有者首先获得的那部分财产利益的使用。① 引用 Lucas 案的判决,根据 Thornton 案援引的习惯,州和城市政府剥夺了在俄勒冈州海滨地带的财产所有者对土地干沙地区排他性的使用权,海滨地带的财产所有者对此提出了质疑。俄勒冈州高等法院裁定土地所有者的权利从来都不包含妨碍公众使用干沙地区的发展权,因为当公众获得此权利的时候,事先也并未留意这种长久以来就已经存在的习惯。②

在佛罗里达州和夏威夷州,习惯也被援引作为达滨权的权利来源。夏威夷州高等法院已经依据一项古老的有关收割和捕鱼的夏威夷州惯例裁定:西部有关绝对权的概念不能普遍应用于夏威夷州的财产管理。因此,当需要保有和保护实施习惯行为的夏威夷州本土的传统商业权利的时候,海滨地带的开发者建造和使用土地的许可申请应当被驳回。③

尽管新近的英国法律涉及解决公众使用大型池塘时被允许通过私有土地的规定,但这些规定已经被解释为只能适用于没有被耕种过的或没有被圈的土地。尽管这些法律以殖民地时期的实践为基础,但更深深地根植于传统习惯。

2. 默示捐赠

捐赠是指对土地或者公众设置或取得地役权的无偿捐

---

① 见 Lucas v. South Carolina Coastal Council ,505 U. S. 1003(1992)。

② 见 Stevens v. Cannon Beach ,854 P. 2d 449 (Or. 1993)。

③ 见 Pubic Access Shoreline Hawaii v. Hawaii County Planning Comm'n ,903 P. 2d 1246(Hawaii 1995)。

助。捐赠需要具备两个条件,一是土地所有者有捐助部分土地的主观故意;二是公众对捐助的接受。加利福尼亚州高等法院已经裁定,在那些对公众不利地使用私有土地超过五年的地方,就可以表明土地所有者默示对公众为娱乐目的取得地役权的捐赠。① 纽约州也有这样的裁定。

3. 时效

当公众公开、持续、不利地使用他人所有的土地达致一定水域满一定期限,时效占有就产生了。威斯康星州认可驳船的权利可以通过时效获得。

4. 公共信托

其他法院在批准公众通过私有土地和使用毗邻海洋的干旱沙地区域的时候,适用了公共信托理论。② 因此,新泽西州法院也已经裁定,为了给俱乐部成员提供私人海滨赚取更多利润,私人俱乐部既不能阻挡公众达致干旱沙地海滨,也不能够阻挡公众间歇地使用干旱沙地海滨。③

5. 治安权的规定

为了公共利益,一些毗邻海滨的州对财产所有者施加了一定的规定,其中最常见的限制来自于《加利福尼亚海滨法》的规定。该法对于在海滨地带试图建造或翻修建筑物的人施加了一定的限制条件,包括公众观赏和通行地役权的强制取得。在那些强制取得必须与立法目的相关联系的

---

① 见 Gion v. Santa Cruz, 465 P. 2d 50 (Cal. 1970)。

② 见 Matthews v. Bay Head Improvement Association, 471 A. 2d 355 (N. J. 1984)。

③ 见 Raleign Ave. Beach Ass'n v. Atlantis Beach Club , Inc. ,851 A. 2d 19 (N. J. Super A. D. 2004)。

地方,该法案抵抗了对宪法的抨击。① 然而,美国联邦高等法院裁定,这些限制条件在完全满足州应当确保在土地后面观赏海景的立法目的方面,还不是非常合适。② 因此,在严格限制与公共需求之间必须有合理的连接点。在案件中,私人拥有毗邻一条小溪的土地,城市试图获得在该土地上通行的公共权利,作为一项条件,私人要求州需要允许其在该土地上进行商业建造,高等法院裁定,城市也必须证明这种强行性的建造应当与城市获得的公共权利及对公共利益的影响"基本相协调"。③

5.5 河岸所有权人的互惠权

河岸权人拥有非适航水域至河流中心线之间河床的所有权,这意味着该区域既受河流中心线的束缚,也受中心线到河岸土地的财产界限与河岸相遇的湖泊中心点之间范围的束缚。传统的财产权法律认为,土地所有者拥有的不动产财产权的范围"从天堂到地狱"——这就是说,范围可以进入太空的上面和地球的下面。在这种绝对所有权的观念下,在河道上的河岸土地所有者可以排除任何为了娱乐和其他水运活动,试图使用河道(或者其河岸和河床)对其造成的侵害。很多早期的案件也这样裁决,但是正如上面5.3中的官方观点,这一规则仅在少数几个州(亚拉巴马州、宾

---

① 见 Ranch Ass'n v. California Coastal Comm'n, 527 F. Supp. 390(N. D. Cal. 1981)。

② 见 Nollan v. California Coastal Comm'n, 483 U. S. 825(1987)。

③ 见 Dolan v. City of Tigard, 512 U. S. 374(1994)。

夕法尼亚州、科罗拉多州、印第安纳州和堪萨斯州)继续沿用。

通过允许其他河岸所有者使用全部水体水面的共同权利,私有河床上部的河岸土地所有者使用水面的权利也授予。一些州的法律也允许公众享有水面的使用权。

一般的规则是,河岸土地所有者可以合理地使用其他河岸所有者在同一条河流中的水体,尽管可能会包括技术性入侵,但是法律规定已经满足了一些有共同利益需求的人共同取得水资源的实际需要。大多数法院已经裁定,所有环湖的土地所有者都可以使用全部的水面,如果这种使用没有不合理地妨碍其他所有者的相同权利。①

环绕水体或在水体下部的土地所有者的共同权利可能不适用于凹陷露天矿井,这些土地所有者不能主张河岸权来对抗矿井所有者填平其矿井。② 佛罗里达州高等法院得出了一个不同的结论:在一个地方,有一处发掘并命名了的湖泊,在湖泊的周围有可以区分所有权的建筑物,可以通过契约给予建筑物所有者接近湖泊的权利。③

所有者使用私有土地的权利受到其他人对水面共有权利的限制。因为所有的河岸权人都有权使用湖泊的水面,所以已经有法院裁定:沿海土地的所有者一般不能进入湖

---

① Johnson v. Seifert, 100 N. W. 2d 689 (Minn. 1960); Snively v. Jaber, 296 P. 2d 1015(Wash. 1956)。

② 见 Publix Super Markets, Inc. v. Pearson, 315 So. 2d 98(Fla. App. 1975); Cf. Nottolini v. Lasalle Nat'l Bank, 782 N. E. 2d 980(Ill. App. 2 Dist. 2003)(禁止围挡土地)。

③ 见 Silver Blue Lake Apartments, Inc. v. Silver Blue Lake Home Owner Ass'n, Inc., 245 So. 2d 609(Fla. 1971)。

泊,在水下土地上填水造田或扩建建筑物。① 然而,在 Bach v. Sarich 案中,法院同时认为:如果案件涉及的不是一个公寓,而是一个"与水相连"的建造项目(如码头或停船场),结果就很难决定。如果财产所有者填水造地阻碍了公众的航行权,则此行为会被禁止。一个发生在华盛顿的案件运用了该项原则。②

在非适航湖面适用合理使用规则的法院裁定,河岸所有者可以许可他人使用湖泊,但是必须限制使用者的数量和行为,以便阻止对河岸权人的不合理妨碍。一般的规则是,河岸土地所有者必须获得许可,必须有可分的土地,或者通过地役权或其他权利转让河岸权给非河岸权人。这可能会扩大接近并使用湖泊的人员数量,当划船者或者游泳者相互妨碍的时候将会引发一些问题。③ 如果州自身购买或征用湖泊前面的土地,并向公众开放,可以适用相同的规则。如果仅限于只有公众成员的合理使用,如同颁发许可证一样,将会被允许。④

---

① 见 Bach v. Sarich ,445 P. 2d 648(Wash. 1968)。

② 见 Wilbour v. Gallagher,462 P. 2d 232(Wash. 1969)。

③ 见 Thompson v. Enz,154 N. W. 2d 473(Mich. 1967); Thompson v. Enz,188 N. W. 2d 579(Mich. 1971)(一系列运河的建设以及为休闲游艇目的的许可公众接近一个小型湖泊的地役权的授予)。

④ 见 Botton v. State ,420 P. 2d 352(Wash. 1966)。

第6章 地下水

6.1 基础水文学

6.1.1 地下水的产生原理

1. 岩层的渗透性

有关物理现象和当地地质条件的法律负责管理地下水的产生和运动。虽然地下水会以地下河流的形式出现，但是大多数渗透出来的地下水依然存储在气孔、裂缝或岩层中。裂缝的大小随着岩石颗粒大小的不同而不同。虽然砂砾层存在肉眼可见的裂缝，但是粘土也有非常细小的颗粒和裂缝。裂缝要么通过岩石形成时期的地质作用形成，要么后来通过岩石断裂或侵蚀产生。

孔隙率是测量岩石内部开放空间总量的方法。这种方法可以界定气孔占岩石体积的百分比。在其他因素相同的情况下，孔隙率越大，通过岩石移动的自由水量就越多，岩层中存储的水量也就越多。

重力作用会使水通过岩层向下移动。放慢这种运动，就是分子吸引力的力量。分子吸引力与岩石颗粒表面积成正比，与分子的大小成反比。为了说明这个问题，可以对比水通过砂砾的运动和水通过沙子的运动。因为砂砾由大一些的颗粒组成,所以所有颗粒的表面积比所有沙子颗粒的表面积小。因此,强大的分子吸引力可以减慢水通过细小裂缝的运动。沙子体积的孔隙率与砂砾的孔隙率相等,但是沙子的渗透性(运送水的能力)比较低。

尽管横穿一个地层频谱,渗透性会随之变化,但是岩层也将被聚集成更大范围的有渗透性或者没有渗透性的岩层。水是否能够通过岩石渗透以及渗透的速度如何,取决于重力和岩层渗透性的大小。地下水通常存在于被非渗透性岩层限制和包含在渗透性岩层中。

2. 地下水出现的地层

地下水在被称为含气层与饱和层的地层中出现。在离地表面最近的含气层中,水分存在于土壤及接近植物根系的地方。但是因为这部分水分被分子吸引力吸引着,不容易被泵抽取出来。

在含气层的下面是饱和层。在饱和层中,地下水完全充盈了裂缝。在这一层中,由于受重力的作用,水可以流动并可以通过泵抽取出来。饱和层的上部边界是水压面,或者叫作地下水位。水在水压面常受到大气的压力。在饱和层的下面是一层不可透水的基岩。在上部岩层的压力下,基岩几乎不透水。几乎所有不可利用的地下水都出现在距离地球表面两英里的地下,比较常见的是出现在半英里的地下。

3. 含水层

含水层通常被认为是地下水库。它们是大量产生水的岩层。因此,低渗透率的岩层不可能成为含水层,即使是能渗透水并饱含水的低渗透率岩层也不例外,因为在这些岩层中,可用水的释放速度太低。含水层可能是承压含水层,也可能是非承压含水层,大部分常见的含水层是非承压含水层。在非承压含水层中,水位于标准气压下,必须用泵才能把非承压含水层中的水抽出来。与此相反,承压含水层或自流含水层,所处的压力比空气压力大。当含水层被上面可渗透地层与下面可渗透地层挤压时,压力就产生了。如果正压力足够大,水井中的水不需要泵就可以出现在地表面,但是在饱和层的顶部,用来升高水位的压力足够使含水层自流。当含水层的一部分位于水井(或泉水)上方的时候,含水层的自流就发生了,这种情形下的压力是由地球重力引起的。

表层含水层是一种非承压含水层,由另一地层上部的可渗透地层引起。在水文学意义上,表层含水层通常不受饱和层水量减少的影响。在表层含水层渗出山坡的地方,泉水就产生了。然而,泉水这一词汇,是指任何密集的地下水释放,释放出来的地下水作为流水出现在地表面。

含水层充盈的水起初来自于岩石产生时期的水文运动(原生水),后来主要来自于其他水源,比如雨水(气象水)。在那些含水层露出地表的地方,含水层通过地面沉降或流水补给,含水层也可通过地表或地下河流补充。就像水运动的速度,地下水的补充速度差别很大,并受水文状况的影响。一些含水层不会得到水量的补充,其他含水层水量的补充速度很慢,常常要花费数百万年的时间才能充满整个含水层。

地质学家将含水层能够产生的、尚不会造成含水层枯竭的水量称之为"安全出水量"。虽然经济学者、法院和立法机关用"安全出水量"这一词汇来描述超过补给的水量枯竭速率,但是他们也认为"安全出水量"是根据当前需求估算的合理用水量。当从任何含水层中抽取的水量超过补给水量的时候,所谓的透支或矿井状态就产生了。持续透支产生的危害将在下一节讨论。

含水层可能会与其他含水层和地表河流隔绝。在水文学意义上,如果含水层相互连接,地下水域则被用来描述组成一个大含水层,或一个或更多小一些含水层的生理单元。

在水文学意义上,如果含水层与河流相连,以至于地下水的抽取影响了河流水量的供应,地下水有时会被认为是河流的支流。地下水是否是河流的支流可能会产生重要的法律后果:健全的经营模式要求把支流地下水和河流作为整体进行一体化运营。因此,在实施先占优先权制度的州,为了防止损害同一个河流中时序在后的占有者的利益,法院会禁止从一个支流含水层中抽水。如果地下水的使用不妨碍河流的水量,地下水的使用也不会损害他人的利益,则地下水不需要与地表水的分配体系统一管理。地下水和地表水的一体化管理将在本章的 6.3 中讨论。

4. 区别于地下河流

地下河流是指在地下流动的、具有"合理可探明边界"的水,也指在一个"众所周知的、很容易被确定的天然河道中持续流淌"的河流。[①] 一条地下河流,像渗透水域一样,属于"地下水"。但是通常情况下,地下河流受地表河流法律而非地下水法律的调整。[②] 在实际案例中,确定水域是否是渗透水形成的,通常很困难,需要承担繁重的证明责任。能够表征所声称河流河道的详尽证据才能完成满足证

---

① 见 Hayes v. Adams,218 P. 933(Or. 1923)。
② 见 Herriman Irrigation Co. v. Keel,69 P. 719(Utah 1902)。

明责任的要求,比如生长在地表的蔬菜。并且,地表的河流通常是可听见的,或者大量的取水会对河流下游产生影响。钻井和水文学的研究成果也会被用来满足证明责任。

6.1.2 水井的工作原理

1. 钻井和抽水

通常情况下,水井通过重型旋转探钻设备进行钻孔。穿过岩石层下面的地层钻井是非常昂贵的过程。井钻得越深,泵的扬程和伴随的能量消耗就越高。当抽水降低了该地方的地下水水位时,井就需要钻得更深。深度钻井和从深井中抽水的成本迫使边缘用水者濒临破产。

随着地下引水技术的发展,地下水使用的特征也随之改变。风车的发明和使用加快了西部井灌农业的发展速度。面对不确定的地表水和稀少的地面沉降,灌溉者为了寻求更多的可用水量,开挖了浅层含水层。通过对更深含水层的利用,高压水泵的发展使得集约利用地下水进入了一个全新的时代。在一些案件中,拥有较深水井或更高功率水泵的时序在后的占有者把地下水位向下牵引,结果:在同一个含水层中,时序在前的占有者的泵可以到达的水位比牵引后的水位高时,这就实质上日益增加了用泵抽水的成本。

2. 使用水井的影响

(1) 水位下降漏斗的影响

一旦水井开始运转,周围含水层中的水就开始通过岩层渗透以便代替被抽走的水。这就产生了水位下降漏斗,即在地下水位中的漏斗形状的洼地,在这个地方的水已经被暂时引走。漏斗是倒置的——其尖端是抽水点,它的底部是地下水位的表面。水位下降,漏斗进一步加宽,可能会影响周边用水者的水井,为了防止失去水量供给,他们不得不加深水井或把水井迁移到别处。

(2)水量枯竭的结果

除了局部漏斗效应的影响,抽水的速度和范围也会影响含水层产水的体积和能力。

当来自于海洋或者地下沉淀的咸水挤占了被抽走的水量在含水层的位置,咸水会污染地下水。通过在侵入区域注入一道淡水隔离带,海滨地区已经解决了咸水入侵问题。

地下水的枯竭也会导致地面下沉——覆盖在含水层上部地面的下降。如果岩层没有被水充盈,当特定的地层(可压缩的、低渗漏性粘土层)不能够支撑上部地层重量的时候,地面沉降就发生了。如果静水压力的支撑被移除,地层就会发生不可逆转的倒塌。上部地表下降的结果会损坏建筑物、公路、铁路、沟渠和水井。天然结构可能会受到损害,含水层的蓄水能力会降低,地球表面的裂缝会导致含水层遭受侵蚀。当地面沉降后,海滨地带会被淹没,有证据表明地质断层将会产生。在美国,严重的地面下降发生在亚利桑那州、加利福尼亚州、佛罗里达州及得克萨斯州,这些地区经历了严重的地下水过度开采。

与其他地下水过度开采的后果相似,地面下降通常是抽水机的经济外部效应,也就是说,地面沉降对他人的外部成本并不构成私有抽水机成本的一部分。为了使地面沉降的外部成本内部化,一些司法裁判区为地面沉降导致的损害提供了合法的救济。[①]

---

① 例如 Friendswood Dev. Co. v. Smith－South west Indus., Inc., 576 S. W. 2d 21 (Tex. 1978)(过错抽水引起了地面下降)。

地面沉降责任的理论不同点在于:疏忽大意、地下水的法律原则、损害、地下支撑义务。在亚拉巴马州,有关地下水的普通法没有相关的责任条款,该州已经适用《妨害法》来解决地面下降的责任承担问题,《妨害法》允许对地下水有"合理需求"的土地所有者任意利用地下水。[①]

少数州把地面沉降作为地下水管理体系的一部分进行监管。在得克萨斯州的地下水保护区,州授权有关权力机构管理地面下降问题。亚利桑那州1980年的《地下水法》授权在地下水过度开采的地区建立主动管理区。

3. 最佳利用

地下水位下降并由此给抽水者带来的经济负担可能是对地下水开采最严重的影响。地下水,作为一种公用资源,任何个人都可以使用,并且任何一个用水者都可以无限制地使用。一个拥有全部含水层的人,可能会希望减少当前的消耗以便节约部分地下水以供将来之用,随着时间的流逝,他将会获得最大的经济利益。但是,其他用水者很少受到激励为将来节约使用地下水,因为那些停止当前使用的个人所节约水量,将会面临被其他人消耗的风险。因此,这就诱发了:在其他抽水者用尽所有水量之前,为任何使用目的,任何人都可以从公共地下水中抽取足够的水量,甚至是浪费用水或无足轻重的用水。没有保护地下水的激励机制就导致了"对含水层底部的捷足先登",这就妨碍了对资源的最优经济利用。加勒特·哈丁把这种现象称之为"公有地的悲剧"。

---

① 见 Henderson v . Wade Sand & Gravel Co., Inc., 388 So . 2d 900 (Ala. 1980)。

对于个人用水者来说，过度开采地下水对局部的影响可能会是重大的。随着水位的下降，需要更深的水井，这就导致了钻井和抽水成本的日益增加。一些实体，比如行政当局和大型农场，可能会更愿意选择能使他们从地下深处抽水的规模经济；然而，一些小型的个人灌溉者无法摆脱每投入一个用水单位，所带之的高额抽水成本和相对低的经济回报。对于灌溉者来说，每抽取一立方英尺水的成本与每投入到农作物一立方英尺水的收益紧密联系。成本的小幅提高会进一步致使地下抽水的不经济性。

所适用的地下水规则将会决定新的抽水者对既存水井所有者的责任。在严格的先占优先权管理体制下，后来的抽水者不得不停止所有抽水。时序在后的占有者也可能会被要求支付时序在前的占有者向更深处打井和增加的泵水成本，或者把时序在后的占有者的水井供时序在前的占有者使用。

6.2 地下水的分配权

6.2.1 权利的本质

为了使用公共水资源，比如地下水，若干法律规则和程序提出了一个建立权利的疑难问题。适用于地下水使用的权利和义务可能基于上部土地所有者的权利、已经建立的使用，以及水是一种可分的公共资源的理念。通常，州普通法和立法规则反映出来不止一种有关地下水的权利理论，然而，主张遵循单一理论的司法管辖区无一例外地要求吸纳其他参考因素。因此，一个州的法律会宣布，承认在上部的土地所有者拥有地下水的"所有权"，但仅限制于地下水的合理使用。法律的规定为早期使用者对抗后续使用者提供了特殊保护,同时通过禁止污染含水层保护了公共利益。

在水资源相对充裕的州,可能很少有人关注地下水的合法分配。但是随着地下水的污染,最近产生的问题引起了各州对地下水权利的关注,甚至是水量充裕的地区也不例外。通常情况下,如果一个人有权抽取地下水,该权利人就有权保护地下水免受他人的污染。尽管在实践中,人们渴望一体化管理的方式,但是通常情况下,保护和负责处理污染问题的法定行政机构与地下水的权利分配机构是相互分离的。

1. 以土地所有权为基础

(1)绝对所有权原则

绝对所有权原则主张,土地所有者有权抽取其土地下面发现的任何地下水,该权利不会受到任何限制。众所周知,作为一项"英国规则",绝对所有权原则起源于1843年英国的 Acton v. Blundell 案[①]。在这个案件中,法院的观点是,地下水是土壤的组成部分,根基于其赖以支撑的古老权利:土地所有者对土地上部空间和土地下部土壤拥有权利。作为支撑的另外一个原因似乎是地下水的神秘特点;在水文学发展的早期,在抽水的被告和受害的原告之间建立因果联系是很困难的。[②]

随着科学工作者们对地下水水文学研究的深入,合理原则日渐演变。在19世纪50年代的美国,绝对所有权原则被广泛采用。在康涅狄格州,该原则被写进了法律。但

---

① 见 Acton v. Blundell,152 E. R. 1223(Eng. 1843)。
② 见 Roath v. Driscoll,20 Conn. 533(1850)。

是,几乎所有的这些司法裁判区均通过立法或普通法的解释来缓和其影响。

自1862年的 Bassett v. Salisbury Mfg. Co. 案①开始,绝对所有权原则在一系列的美国案件中被拒绝适用。法院发现,承认对地下水的"绝对所有权"过于严格和不公正,因为这将导致水资源的永远枯竭,并留下受附近高容量抽水机支配的用水者。然而,时至今日,即使是遵循绝对所有权原则的州,也允许对将来的损害进行救济。而且,一些遵循英国规则的州规定,对因过错抽水引起的地面下降,抽水者应当承担责任(如马萨诸塞州)。在一些实施绝对所有权原则的州,地下水的使用会受到下面所讨论规则的约束。

(2)相关权利原则

和绝对所有权原则一样,根据相关权利原则,地下水的权利也取决于土地所有权。每一个单独含水层上部的土地所有者均会受到全部地下水合理份额的限制。可用的地下水份额通常根据土地所有者拥有的土地面积确定。相关权利原则被应用于 Katz v. Walkinshaw 案②中。在这个案件中,法院确立了如下规则:在水量短缺的时候,每一个地下水使用者必须把抽水量限制在公正的和合适的比例——以含水层上部土地面积的比例为基础。

加利福尼亚州允许多余的地下水(即可用地下水超过土地所有者的需求)可以用在非含水层上方的土地上。输出水量的权利基于先占。在前面的 Katz 案件中,法院主张在两个水量输出者之间,适用先占优先权原则。相反,在上

---

① 见 Bassttt v. Salisbury Mfg. Co. ,43 N. H. 569(1862)。
② 见 Katz v. Walkinshaw, 74 P. 766(Cal. 1903)。

部土地所有者和水量输出者之间,不需要考虑与水量输出者相关的优先权,上部的用水者就可以获权使用合理的水量份额,但是根据优先权,多余的水量可以被分配。尽管采取了相关权利原则的其他司法管辖区,还没有涵盖全部在Katz案件确立的分配体制,但是这些区域仅接受了基于土地所有权的按比例减少的一般理念。

加利福尼亚州还把另一种分配概念引入了相关权利法令,并且吸纳了公共利益衡量的方法。在一个包括受到严重过度开采的流域案件中,该流域的过度开采由抽取地下水和输出抽取的地下水共同造成的,法院认为,所有抽水者的用水权是相互对立的。因此,持续的不利使用已经导致了"共同时效"。[1] 用水者权利的分配与他们实际的历史使用量成正比。在 Pasadena 案件中确立的共同时效方案发展起来了,这就避免了完全剥夺一些大型用水者的水量,例如给市政用水和公共用水带来的困难。为了建立时效权利或防止时效权利的丧失,引起了抽取大量地下水的争夺。

City of Los Angeles v. City of San Fernando 案[2]的判决对共同的时效原则进行了重大限制。在那个案件中,法院认为,市政用水可免于时效的限制,法院要求告知土地所有者开始过度开采地下水将引起的不利后果(在 Pasadena 案件中,当事人明确要求城市应当受到共同时效的限制)。法院也改变了相关权利分配的准则。新的准则确立了对抗私有权利所有者的时效权利,并制定了相关权利的分配方

---

[1] 见 City of Pasadena v. City of Alhambra, 207 P. 2d 17 (Cal. 1949)。
[2] 见 City of Los Angeles v. City of San Fernando, 537 P. 2d 1250 (Cal. 1975)。

案;然后,再从私人所有者的分配权利中扣除时效权利。任何多余的地下水被分配给优先占有者。

虽然上面的 San Fernan 案限制了共同时效原则,但是公平的分配方案可能会被用于将来的地下水判决中。然而最近,加利福尼亚州高等法院主张,任何公平的解决方案不能完全忽视既存水权的优先性,任何人为的解决方案必须尊重既存的河岸水权(上部)和占有水权。[①]

2. 通过先占获得权利

在先占优先权原则下,最先开始利用水资源的人拥有最优先的合法权利。基于一些相同的理由,早期获权的地表水使用者也申请地下水的使用。根据对水量供给的信赖而进行的水井投资、灌溉设备、土地和商业应当得到保护。由此,法律已经认可了已经建成的地下水使用者的特定权利。在本章 6.2 中讨论的归责原则先是对新的抽水者给既存用水者的损害做出了反映。通常,地下水使用的许可证制度保护了抽水者的公平,即通过给予泵水者"祖父权利",扩大了权利使用范围,抽水者的用水可以追溯到许可证制度建立之时。只有当新用水者不会损害在前许可证中的权利,新用水者的许可证才会被许可。

严格根据优先使用确定地下水的权利配置是不现实的;理论上来说,时序在前的地下水占有者会不允许任何新用水者抽水,因为任何新用水者都会给既存的水井带来影响。占有原则也忽略了个体之间的公平和社会公共利益。如果一个时序在后的抽水者拥有地下水上部的土地,却没

---

① 见 City of Barstow v. Mojave Water Agency, 5 P. 3d 853 (Cal. 2000)。

有可供利用的水源,那么拒绝给予该抽水者抽取地下水的权利是不公平的。更为重要的是,州有义务保护和监管有限的和不可更新公共资源的使用。如果法律允许第一个用水者拥有独占地下水的权利,那么该义务会受到阻碍。简而言之,一项严格的先占优先权的申请会剥夺其他用水者和社会充分合理使用水资源的资格。

州法必须确定允许新的用水者妨碍已有用水者的范围。必须限制占有者对地下水的使用,避免含水层被过度开采。这就意味着不超过年平均补给量的地下水才允许被抽取。在那些没有天然补给水量或天然补给水量很少的地方,州必须决定地下水是否可以被"开采",如果可以被开采的话,应当决定以多大速度开采,为什么目的开采。[①] 为了设定整个州或州部分地区的合理抽水标准,占有的概念经常反映在修正了先占优先权原则的州法中,这些州包括阿拉斯加州、科罗拉多州、爱达荷州、堪萨斯州、蒙大拿州、内华达州、新密西西比州、北达科他州、俄勒冈州、南达科他州、犹他州、华盛顿州、怀俄明州。其目标是在保护时序在后的占有者利益的同时,平衡其他主体的利益,选择最优的、最经济的使用方式,并确保可持续的水量供应。

3. 地下水是公共资源

在大多数行政区,私有权观念并不禁止州对地下水进行管理。大多数州认为,在地下水中不存在私人所有权,应当将地下水视为公共财产进行监管。通常情况下,州的许可证授权可以产生使用地下水的权利,并且通常也伴随对上部土地所有者和已有用水者利益的认可。法律的改变通

---

① 见本章的 6.2。

常不会必然导致取水权的产生,如果新产生的取水权剥夺了土地所有者或农民使用地下水的权利。①

科罗拉多州高等法院主张,非附属地下水既不受所有公民占有水资源宪法权利的约束,也不归上部土地所有权人拥有。由此,立法者可以自由决定如何管理水资源。②

行政许可制度缺失的州和除了行政许可制度之外还有其他制度的州,土地所有者或占有者私有权利的实施受损害侵权原则和过错原则的约束,这加重了土地所有者或占有者对其他使用者和财产所有者损害的责任承担。

为了保护竞争用水者的利益以及在公共利益范围内分配地下水资源,州可能会行使其治安权(只要任何赋予的财产权被尊重,治安权利就充分扩张来证明许可证制度和严格管理模式的正当性)。

6.2.2 归则原则

当既存的抽水者声称新的抽水或者原有抽水者增加的抽水对其造成了损害,很多地下水争议就产生了,处理争议所适用的基本原则将在下面讨论。在特定的司法管辖区,归则原则受权源理论的影响,并反过来影响权源理论。大多数州使用许可证制度(在本章的 6.2 中详述),这避免了涉及地下水使用者诉讼的复杂性。

1. 无责任原则

承认上方土地所有者对地下水拥有财产权的州,通常

---

① 见 Town of Chino Valley v. City of Prescott,638 P. 2d 1324(Ariz. 1981); Bamford v. Upper Republicn Natural Resources Dist. ,512 N. W. 2d 642(Neb. 1994)。

② 见 State,Dep't of Natural Resources v. Sourthwestern Colorado Water Conservation Dist. ,671 P. 2d 1294(Colo. 1983)。

允许他人抽水,并不需要对既存所有者承担责任。理论上来讲,每一个土地所有者都有权利抽水,包括那些只支付直接产生的成本(如打井、装备和电力)就可以抽水的土地所有者,并且,这些抽水者不需要对他人的损害或花费承担责任。

2. 先占——"不利于时序在后的占有者"的规则

在很多州,特别是那些对地表水分配坚持先占优先权制度的州,当新的抽水者对拥有合法权利的既存抽水者造成损害的时候,新的抽水者需要承担法律责任。在犹他州新近发生的 Current Creek Irrigation Co. v. Andrews 案[①]适用了该规则。

在立法层面上,有的州修改了占有法律,以便把对时序在前的占有者的保护限制在合理的抽水水平内。某种程度上,这样的限制不适用于有些水井(如家庭用水),先占优先权的法律可能会保护容易受到时序在前的占有者损害的时序在后的占有者的利益。[②]

少数几个州只把先占优先权制度适用于水文学上不与地表水相联系的地下水。但是,优先权的理念可能会被用来构建地下水分配的法律框架。根据占有地下水的法定权利被侵害的程度,确定水井所有者之间的责任承担。通常情况下,只有不合理的损害才可以提起诉讼。

3. 合理利用原则

合理利用原则最终被很多美国的司法管辖区采纳,也

---

① 见 Current Creek Irrigation Co. v. Andrews,344 P. 2d 528(Utah 1959)。

② 见 Parker v. Wallentine,650 P.2d 648(Idaho 1982)。

就是众所周知的"美国规则"。① 先占优先权中的合理利用原则与现代河岸权制度中所适用的合理利用规则的目的和作用几乎是相同的。② 对合理利用原则具有里程碑意义的案件是 Forbell v. City of New York③。

当地下水上方的土地需要用水时,会选择适用合理利用原则。通常,在上部土地上的使用(不存在实际浪费)被认为是合理使用,离开上部土地的使用是不合理使用,除非是为了实现土地合理的、娱乐观赏的偶然目的。④

在那些关联权利原则适用的地方,合理利用原则被进一步限制。一个水井使用者在上方土地上的合理使用可能会使含水层枯竭,其他使用者的用水会变得更加困难和不可能。当水量的供应不能满足所有合理使用需要的时候,相关权利原则适用于所有上方的土地所有者。因此所有的用水者必须按比例减少其用水,以便每一个土地所有者都可以得到公平的、恰当比例的水量供应。

4. 侵权法重述(二)第 858 节

侵权法重述(二)第 858 节试图平衡竞争用水者之间的公平和困境。只有对其他用水者产生不合理影响的取水才会承担法律责任。侵权法重述不同于前面讨论的合理使用规则,因为侵权法重述包含了对竞争用水性质的探究,以及通过特定的救济程序分配给每一位当事人的相关证明责任。侵权法重述不同于关联权利方法,前者在进行权利配

---

① 见 Adams v. Lang, 553 So. 2d 89(Ala. 1989)。
② 见第 2 章 2.4。
③ 见 Forbell v. City of New York, 58 N. E. 644(N. Y. 1900)。
④ 见 Higday v. Nickolaus, 469 S. W. 2d 859(Mo. App. 1971)。

置时,不考虑土地所有者的用水份额。而且,重述规则没有对在上部土地上的用水给予特别照顾。

第858节重点强调了无过失责任原则。它规定水井的所有人不需要对地下水的抽取承担责任,除非该抽取:

a. 通过降低水位或者减少自流水压力,对相邻方造成了不合理的损害;

b. 超过水井所有者全部年供应量的合理份额或超过地下水的全部水量;

c. 对水道或湖泊有直接和实质的影响,并且不合理地损害了水道或湖泊用水者的利益。

第858节的第一项限制需要一项平衡测试来确定其中的"不合理"。根据水井的使用类型,这似乎要求原告的水井应当是合理的、高效率的。适用平衡测试的法院可能会调查诸如当事方相对财产(如市政机构诉小型农场主)、筹措资金的相对能力、用水的相对价值等问题。

第858节的第二项限制吸收了"关联权利"的理念,并把其作为责任承担的额外基础。

第858节的最后一项限制是结合地表水的占有制度,深度思考地下水使用的管理模式。

尽管在实施合理使用规则的司法管辖区,很多的法院也适用重述规则的部分要点,但是只有少数法院明确表示打算遵循这些要点。在 Prather v. Eisenmann 案[1]中,在确定损害合理性的时候,法院借助了用水本质的判断。在那个案件中,当事人主张,高容量的灌溉用水者应当对降低家庭水井的直流水压承担责任,法院援引了州的参考法律(不

---

[1] 见 Prather v. Eisenmann, 261 N. W. 2d 766(Neb. 1978)。

是侵权法重述),认为灌溉对家庭用水者造成了损害,可能本身就是不合理的。在法官意见部分,法院的记录是:如果在较深的含水层中有充足的地下水,那么家庭水井所有者之间不存在责任的承担,因为两者受到的损害相似。

后来,一个内布拉斯加州的法院明确表示接受第858节,该案件中涉及妨碍地表水使用的抽水。该法院是第一个在处理竞争用水者之间争议的时候采用侵权法重述的法院。在 Spear T Ranch v. Knaub 案①中,Spear T 是一个时序在前的灌溉者和时序在后的灌溉者之间的争端,时序在前的灌溉者从河流中引水,时序在后的灌溉者从地下几百米深的水井中抽水,时序在后的灌溉者的抽水已大大减少了河流的水量。在 State v. Michels Pipeline Constr. Inc. 案②中,在那些挖掘对附近水井所有者产生影响的地方,威斯康星州高等法院适用重述规则(法院适用的是草案,草案与现在的第858节的尾部存在主要不同点,尤其是草案缺少第二节的 b 部分)。密歇根州法院和俄亥俄州法院也已经援引了重述规则。③ 但是,在 Michels Citizens for Water Conservations v. Nestle' Waters North America, Inc. 案④中,法院适用了合理利用规则,尽管法院的选择适当平衡了案件当中河岸用水者和地下用水者之间的利益,但同时也

---

① 见 Spear T Ranch v. Knaub,691 N. W. 2d 116(Neb. 2005)。

② 见 State v. Michels Pipeline Constr. Inc. ,217 N. W. 2d 339(Wis. 1974)。

③ 见 Maerz v. United States Steel Crop. ,323 N. W. 2d 524(Mich. Ct. App. 1982);Cline v. Amercian。

④ 见 Michigan Citizens for Water Conservation v. Nestle Waters North America,Inc. ,709 N. W. 2d 174(Mich. Ct. App. 2005)。

引起了当事人对858节适用范围的质疑。印第安纳州和缅因州已经明确表示反对该规则。在Spear T案后,所有适用重述规则的案件都是有关水量减少的水事案件——在这些地方采矿或挖掘导致了原告水供应量的枯竭。

5. "经济能力"规则

经济能力方法与重述规则相似,都试图公平处理时序在前的占有者和时序在后的占有者之间的纠纷。有关这种方法典型的案例是City of Colorado Springs v. Bender案①。在这个案件中,时序在前的地下水占有者试图禁止时序在后的占有者抽水,因为时序在前的占有者的水井很浅,时序在后的占有者的抽水妨碍了其水井的正常运行。法院查阅了相关地表河流的法律,发现在水量不是非常充足的情形下,法律并不保护时序在前的地表水占有者为反对时序在后的引水者而采用的引水方法,除非时序在前的占有者的引水具有充分的合理理由(在Schodde v. Twin Falls Land & Water Co.案②中,最高法院的判决隐含了这一意义)。在Bender案中,法院主张,依据经济学和历史用水量,时序在前的占有者的井水必须合理且足够。这暗示了已经建成的家庭水井不需要和灌溉水井一样深。

在Bender案中适用的规则,与重述规则相似,导致了对诸如当事人的财产、竞争用水的价值等问题的查明。法院分析认为,尽管时序在前的占有者"不能仅仅为了方便抽取其中的一小部分水量,而合理地要求提供全部的水量",但是他们"不能被要求超过他们的经济能力来改进抽水设

---

① 见City of Colorado Springs v. Bender,366 P. 2d 552(Colo. 1961)。
② 见Schodde v. Twin Falls Land & Water Co. ,224 U. S. 107(1912)。

施,是否超出经济能力需要考虑所有相关的因素"。该规则已经被应用到 Idaho and Utah. Baker v. Ore－Ida Foods, Inc.；Wayman v. Murray City Corp. 案①中。它反映了一种政策折中方案,即关于时序在前的占有者免受抽水能力损失应当被保护的程度。

6.2.3 规则的经济效应

为了地下水的管理,有关地下水使用和保护的不同管理法律制度所提供的激励因素中,经济学是一种有效的方法。地下水使用包括两种类型的成本:内部成本,直接由个人承担;外部成本("外部性"),转嫁给第三方或由社会公众承担。地下水的内部成本包括钻井和抽水的成本(如建造、安装、电力、管道);外部成本包括因水量下降对所有用水者的损害(例如,更深钻井的成本、购买更大能量水泵的成本、从降低的水位抽水所需要更多能源的成本;水资源不可以被替代的价值部分)。每一个用水者以更高抽水成本和物资供应枯竭的形式,把"互惠的外部性"给予所有其他的抽水者。

如果在比较抽水的成本和收益后,一个私人抽水者发现抽水只包括内部成本,那么在决定是否抽水和抽多少水的时候,他将不会考虑对其他抽水者和社会整体造成的损害。法律,通过设定归责原则,可以将全部或部分的外部成本内部化(由个人抽水者负担)。这影响了对含水层的需求程度,理论上来说,每一个潜在的抽水者在决定是否抽水的时候,都将会对比边际成本和边际回报。但是,很多的法律

---

① 见 Idaho and Utah. Baker v. Ore－Ida Foods, Inc.,513 P. 2d 627(Idaho 1973);Wayman v. Murray City Corp.,458 P. 2d 861(Utah 1969)。

规则允许抽水者外部化一些生产水的成本,那么抽水者会获得一个净收益,但是,在此种情形下,抽水者却将成本转嫁给了他人,通常也会给社会造成危害。

这并不是意味着,新的抽水者会内部化所有来自于另一单位水量抽取者的成本。如果新的抽水者内部化所有来自于另一单位水量抽取者的成本,那么新用水者的成本将会被人为提高,因为其中包括了早期抽水者在同一个含水层中的抽水成本。法律会寻求将全部边际成本的占有份额分配给每一个抽水者,包括抽水者为了获得最大收益的间接抽水成本。据推测,当全部边际成本的占有份额分配给每一个抽水者时,社会的选择将会是最优的或者是最好的,因为水资源不会被浪费。

立法者和法院可能会选择采取如下的规则:把所有成本分配给新用水者承担,或者新的用水者不承担成本(时序在前的用水者和时序在后的抽水者只支付他们自己的直接成本),或者通过考虑优先权或效率等因素来决定责任的承担。理论上来讲,为达到良好的经济结果,用水者会采用任何规则。但是,因为高交易成本、影响原因的信息不对称以及抵制改变的个人会抑制自由的市场交易,因此在迅速提高达到令人满意的社会结果方面,有些规则可能会更加高效。

如果由于抽水带来的损害影响了其他人,新的抽水者又不用承担责任,那么每一个用水者将只需支付抽水的内部成本;既存的抽水者要么调整他们的用水(深挖水井等),要么赔偿新用水者防止这些影响的损失。快速的、不经济的含水层消耗常常会产生。

尽管时序在后的占有者的责任承担规则充分保护了时

序在前的占有者的合法权利,但该规则却并不鼓励时序在前的占有者抽水。所有时序在前的占有者的成本转嫁给了时序在后的占有者,包括外部成本,其中主要是时序在后的占有者自身的使用成本(即使没有新的时序在后的占有者抽水,由于时序在前占有者的使用,水位也会下降)。进一步来讲,该制度保护了时序在前的占有者的低效率用水,并且为了改进引水方法,时序在后的占有者不得不赔偿时序在前的占有者的损失。

侵权法重述(二)第858节规定,时序在后的占有者仅仅对引起时序在前的占有者的不合理损害承担责任。合理性的确定涉及很多因素,包括竞争用水的价值、竞争水井的效率和当事方的经济实力(例如,规模经济和财政措施提升的能力)。通过由时序在前的占有者承担可归因于其抽水的一部分边际成本,重述规则对于纠正时序在后的占有者的责任承担规则具有潜在的作用(由此理想的经济激励措施达到最优的资源分配)。尽管平衡测试是主观的,然而,平衡测试具有足够的广泛性来考虑非经济因素;测试的结果可能由公平决定,而不是仅仅由经济效果决定。

6.2.4 许可证

建立并保护地下水使用权利的行政方法是许可证制度,这与其他州的目标保持一致。构建许可证制度的地下水法令的制定,试图用统一的行政模式来取代用水者之间的零碎诉讼。体现在许可证中的权利在某种程度上以土地所有权、优先使用和公共利益为基础,而且也可能包括其他一些情形,这些情形反映了任何一个归责原则或多个归责原则的组合,关于归责原则已在本章的6.2.2讨论过。许可证制度的主要目标是规范地下水开发和利用行为,以便地下水的利用可以取得最大的社会效益。这样的制度也提供了有关抽水活动和社区控制的公共知识。

许可条件的变化依赖水源地的变化。通常,州会针对不同类型的地下水,适用独立的许可程序。很多州区别与地表河流和湖泊相连的地下水(即河流或湖泊的支流)。佛罗里达州和明尼苏达州有广泛适用的许可证制度。大多数西部的州要求,除了零星的家庭用水和库存灌溉水井用水,所有的地下水抽取必须进行许可。其他的州规定,仅从特定水源地抽取地下水,才要求申请许可证。例如,加利福尼亚州要求,只有从地下河流和地表河流的地下流量抽水,才需要许可(尽管在很多地区,比如市政用水区和在那些在地下水流域有判决权利的地方,需要适用特别的规定)。在得克萨斯州,抽取地下水不需要办理许可证(从爱德华州含水层抽水除外),但是,该州规定地方的管理区域可以自由形成。

立法限制和许可证标准被应用是在过度开采问题形成之后。很多州已经标出了"临界区域",在这些地区适用许可证标准和其他规章。尽管一些经济工具,比如地下水开采税,也可以被用来解决这样的问题,但是,被州工程师办公室或一个等同机构监管的许可证制度是最为普通的制度。大多数许可证条件的设计围绕为阻止地下水过度开采和保护既存水井的目的展开。

许可证有两种类型:水井许可证和证明水权的许可证。两种许可证都是必须取得的。

1. 水井许可

水井许可证通常是钻井的前置条件。所有水井的钻井人也必须被许可,并报告所有跟钻井有关的地质结构、位置和含水层深度等信息。

申请水井许可证时需要提供的信息由法律和行政机关制定的规则加以规定。要求的数据通常包括:用水类型和抽水总量、水井和利用水资源土地位置的合理描述、水井类型、钻井所处地层的描述。大多数州有规范水井建设的法律,比如规定当水井流经其他含水层的时候,所有水井都必须被围砌或密封。设计这样的要求是为了防止污染物侵入其他含水层或被来自于其他含水层的污染物侵入,同时也为了防止地下水被其他含水层偶然捕获。然而,除了围砌要求之外,还存在少许的规定来预防水井产生污水,或者污染其他水域。另外,法律也规定相互毗邻水井之间的间隔距离。

2. 证明水权的许可

使用水资源可能需要一个独立的许可证。在水权的评估申请中,行政官员主要考虑附条件的水权授予是否将会损害既存抽水者的权利。"损害"的部分根据有关含水层补给的水文资料和现有使用的范围来确定。行政官员也对含水层枯竭的可能比率进行价值判断,这通常受到法定标准的指引。当在协调用水权的优先性和上部所有者的权利、经济效率和其他社会目标时,这样的标准反映了立法机关的政策选择。

法令通常明确规定公告和要求听证的类型,并且规定潜在受害当事人提出书面异议的程序。很多法令规定了对授予或拒绝水权的行政决定的上诉和司法复审。许可证可能包含有关水井使用的情形,这些情形的设计来保护既存的水权。一旦一个预期使用者的水井许可证和水资源使用许可被公布,使用者必须尽职尽责地继续钻井,并把水资源用于合理用途。当水资源被投入使用,以及证实水权的许可证被公布,水权就被合法拥有了。许可证可能会通过放弃、没收或者违反法定情形而丧失。

6.2.5 抽水的立法限制

通常情况下,州会对既存的地下水给予一定保护。为满足将来和现在的用水,很多州也从法律上限制了抽取地下水的允许速率和体积。一些州已经制定了法律来处理一些地区已经出现的、专门的地下水抽取问题。

1. 既存权利的保护

大多数规范地下水的法律制度包括一些保护现存水井的方法。因为任何新的水井都会潜在地妨碍在同一个含水层的既存水井,所以绝对的保护是不适当的。既存权利的保护目的在于保护"不合理的"妨碍。因此,如果新水井将会妨碍合法的既存原有水井者的权利,州又授予权利给新水井所有人的时候,那么州的行政机构或官员就需要权衡此举将会产生的不公正。法律制度设计的目的在于给地下水的管理带来秩序和信赖。为达此目的,对既存水井的保护是一种重要的方法。

在一些州,法定的许可证制度已经取代了根基于占有或土地所有权的地下水权;为了保护立法制定时已有的水井,也为了保护那些法律实施后被许可的水井,保护措施通常成为许可证法律的组成部分。在这些新的许可证模式下,那么州的法定标准和负责地下水分配的行政主体扮演了重要的角色。[1]

---

[1] 见 Harloff v. City of Sarasota, 575 So. 2d 1324 (Fla. App. 2 Dist. 1991)。

1965年科罗拉多州的《地下水管理法》谋求协调合法占有权的保护和地下水最优经济利用之间的关系。法律采用了"修正"的占有原则来管理指定区域的行政管理机构。在纯正的占有原则下,如果对时序在前的占有者造成任何损害,那么新的用水者都不能被授予权利。与此不同,"修正"的占有原则只有当对时序在前的占有者造成不合理损害或不合理地造成水资源浪费时,新的用水者才不能被授予权利。不合理的损害被界定为"不合理降低了地下水位,或者超过抽水或者用水的合理经济限制,不合理地造成了水质恶化"。确定不合理损害或者浪费的标准包括地质状况、平均年出水量和补给水量的速率、优先权和既存权利的数量、建议使用的方法和所有其他的占有因素。既存水井所有者被要求建造合理深度和效率的水井。为履行含糊不清的法定职责,科罗拉多州的地下水委员会制定了复杂的规章。例如,Fundingsland v. Colorado Ground Water Comm'n案[①](根据新的许可:所有直径是3英尺以内的水井在25年内将会造成40%的含水层枯竭,该案支持了否定新水井许可的规则)。

新密西西比州的判例法已经解决了这样的问题:在临界区域,什么构成了对既存权利的损害。在Mathers v. Texaco,Inc.案[②]中,新密西西比州高等法院反驳了这样的争论:在密闭水域,时序在前的占有者实施的任何抽水均构成损害。法院表明:地下水位的降低不会对自身造成损害。

---

① 见Fundingsland v. Colorado Ground Water Comm'n,468 P. 2d 835 (Colo. 1970)。

② 见Mathers v. Texaco ,Inc. ,421 P. 2d 771(N. M. 1966)。

但是在 City of Roswell v. Reynolds 案[①]中,法院支持州工程师为了保护时序在前的占有者的利益所采用的用水条件。法院表明:"不应该遵循如下观点:就水位降低自身而言,从来不可能构成对既存权利的损害。"

2. 地下水开采的立法计划

因为一些州已经规定了地下水的控制开采,所以地下水枯竭在超过预期若干年之后才会发生。严格来讲,"允许出水量"这一术语意味着地下水抽取的水平,即不能超过补给水量。在没有补给或需要很多年才能完全补给的含水层的案件中,"允许出水量"的概念已经被调整:"允许出水量"是指地下水抽取的水平,经过一个被认为是社会最优选择的期间,将允许含水层的枯竭。

时间期间的选取反映了政策的判断。例如,虽然一个很长时间的枯竭期是为了保护地下水以便将来使用,但是法律会对当前的使用规定更严格的限制条件,由此也给水井的所有人增加了困难:在打井和购买灌溉设备的时候,必须投入更多的资金。与此相反,较短的枯竭期是为了当前用水者的利益,它允许更大量地抽水,但是水资源会很快枯竭,当抽取成本超过用水经济回报的时候,该地区已经建立的灌溉经济会迅速瓦解。通常一个折中的枯竭期既可以保证灌溉者有时间来收回灌溉设备成本,又可以延长含水层的寿命。俄克拉何马州 1972 年的《地下水管理法》允许在 20 年内,地下水可以相对快速枯竭。在内布拉斯加州,允许地方制定他们自己的地下水枯竭时间表。在科罗拉多州,抽取指定水域之外的非附属地下水,必须保证含水层

---

① 见 City of Roswell v. Reynolds,522 P. 2d 796(N. M. 1974)。

100年寿命。

3. 临界区域立法

即使是在那些不存在广泛地下水枯竭的州,也可能会存在局部的地下水枯竭,也就需要严格管理。很多西部的州通过立法规定了"临界区域"的确认和管理,在这些区域新水井的钻探和抽水可能会被严格控制或禁止。规定临界区域的西部各州,包括俄勒冈州、怀俄明州。临界区域通常由州工程师办公室或相当的行政主体负责管理,这一概念试图从水文学上界定含水层或地下水域的边界。

临界区域的界定条件会发生变化。在蒙大拿州和俄勒冈州,如果从水域中抽水超过补给(枯竭的定义),可能就会被指定为临界区域。在怀俄明州,只要抽水接近补给速率,"控制区"就会被指定。在科罗拉多州,枯竭的状态不需要通过建立一个诸如"指定的地下水域"的区域来表示,如果该区域不是附属水域,或者该区域把地下水作为主要饮用水源已满15年(在指定申请之前)。堪萨斯州和内华达州允许地方自由选择是否建立地下水保护区。

用来纠正过度开采的救济措施中,临界区域的立法也会改变。例如,爱达荷州的《地下水管理法》规定,在那些进一步抽取地下水将会:(1)影响当前和将来任何地下水权的使用;(2)造成超过补给的普遍抽水的地方,地下水注定是不可用的,并且占有申请也会被驳回。该法令被认为禁止了时序在后的占有者的抽水,如果其抽水涉及了地下水的开采。[1]

科罗拉多州、内华达州和华盛顿州的法律也规定了抽

---

[1] 见 Baker v. Ore—Ida Foods, Inc., 523 P. 2d 627(Idaho 1973)。

水的削减,但是削减的形成以优先权为基础;时序在前的占有者可以持续抽水,当时序在后的占有者的抽水量被削减的时候。俄克拉何马州1972年的《地下水管理法案》采取了与加利福尼亚州原则相似的"关联权利原则"。在地下水不足的地区,根据土地所有权进行地下水分配。

堪萨斯州允许通过当地居民的请愿,建立地方地下水管理区。管理计划需要州水资源部的首席工程师批准。在水井间隔和安全出水量方面,每一个地方管理区都适用自己制定的标准。

在亚利桑那州,菲尼克斯和图森是最大的严重依赖地下水的城市。没有管理的抽取地下水的年代导致了严重的地下水的枯竭。有鉴于此,亚利桑那州1980年的《地下水管理法案》包含了一些比其他州更严厉的监管措施。该法案规定了正在建立的"积极管理区",该区域覆盖了该州80%的人口,但是只有30%的土地面积。如果过度开采继续存在、过量抽取造成地面下降、盐水入侵造成水质威胁,这些区域可能会被指定为"临界区域"。临界区域的管理目标是为了在45年内,获得安全出水量(抽水不超过补给)。为达到这一目标,州水资源部长被要求制定管理规则,具体包括:通过市政和个人强制性地合理削减人均用水量、征收专门用于行政管理的地下水抽取税、灌溉土地的退役,以及一项要求:新的次级引水必须保证一百年的水量供应(或者立订利用亚里桑那州中部项目的用水合同,见第10章的10.3)。

6.3 综合利用

"综合利用"这一术语是指联合使用,或者是指地下水和地表水的一体化管理。如果两种水源在水文上相互连接,那么联合使用就很重要。为了获得最大化的可用水量供给,这一术语有的时候也指两种不相连接水源的使用。相互连接的地下水和地表水实际上是一个水源,联合管理是处理此类问题的唯一合理方式。然而,很多法律对水井水和河流水的利用实行分别管理,这样做就忽视了一个事实:水井水和河流水可能来自于同一水源。正如下面将要讨论的那样,越来越多的州正在将相互连接的地下水和地表水作为整体来管理。

在有些情形下,综合使用涉及影响或强制水资源使用:拥有地表水和地下水使用权的用水者需要调整每一个人的用水以便达到最优的利用。在其他情形下,虽然地表水和地下水使用者的合法权利必须被考察,但是这些权利以一种与最大化的综合合理使用相一致的方式被管理。一种最明智的方法是成立一个拥有综合使用权力的水资源管理机构。但是,给予一个机构大量的权力,如税收、获得有担保的债务,拥有财产权、采取法律行动和实施广泛的行政管理权,通常会存在政治阻力。

6.3.1 与地表水相连的地下水的规定

1. 地表水与地下水的相互作用

在水文学意义上,地下水通常与地表河流相连。例如,来自于河流的渗漏水量会填充地下含水层。河流的地表水量可能会"在河流下面含水层所包含的地下水的上面"。或者来自于含水层的渗漏水量孕育了一条河流。① 在这种情形下,使用河流的水量会减少含水层的水量,抽取地下水会减少地表流量。一些州把这样的相互连接的地下水源称为河流的"支流"。

尽管长期以来,科学界已经承认了相互连接的地下水和地表水,但是法律已经滞后于理论的发展。一些早期的案件强制执行了根据该真理产生的权利。② 然而,很多州的法律仍然基于错误的观念:两种类型的水彼此孤立的存在;法律对地下水和地表水实行相互独立的立法体制。

一些州,包括加利福尼亚州、科罗拉多州、新密西西比州、犹他州和华盛顿州,把管理影响地表水的地下水或受地表水影响的地下水制度作为地表水占有制度的组成部分。1973年国家水资源委员会的报告以及1998年的西部水事政策调查咨询委员会的报告介绍了这种被较为广泛采用的方法。虽然一些州不把支流水作为地表水的组成部分,但是这些州,如犹他州,会授权管理机构对妨碍地表水水权的地下水抽取施加特别的条件。然而,亚利桑那州高等法院已经裁定:支流地下水应该被作为地表水系统的一部分,除非它是"次级支流",因为支流地下水的抽取将"明显地、直接地减少地表河流的流量"。③ 另外,土地所有者使用地下水受到合理利用地下水的制度限制,而不是受到地表水法律制度的限制。此后,亚利桑那州采用了行政测试方法来

---

① 见本章的6.1。

② 见 Smith v. Brooklyn,54 N.E.787(N.Y.1899)(河岸土地所有者被授权防止使用地下水对河流的妨碍)。

③ 见 Maricopa County Municipal Water Conservation Dist. No. 1 v. Southwest Cotton Co.,4 P.2d 369(Ariz.1931)。

界定那些漫滩河流的支流。①

影响水井抽水的时间和强度被美国地质调查机构明确表达为"河流枯竭因素"。因为地下水在通过含水层时可能渗透得非常慢,从连接含水层中抽取地下水的时间滞后于它们对地表河流的影响。此外,在数量上,对地表水的影响可能会比地下水抽取的量要少一些。随着河流流量百分比的确定(不是抽水的总量),河流的影响也随之被确定。例如,30天,5%的河流枯竭因子意味着从地下抽水在30天内,将会减少5%的河流流量。河流枯竭因子的计算工具包括计算机模型和使用河流枯竭等高线地图。

水井抽水对河流流量延迟影响的时间长短,决定了超过时序在前的地表水权拥有者需水量的时序在后的水井所有人的用水必须被削减到什么范围。它也决定了,在什么时间时序在后的占有者将会被允许抽水,尽管事实是:在"无效召唤"原则下,时序在前的占有者被剥夺了用水(见第3章3.5)。延迟影响的时间长短也有助于界定那些在水文上有足够联系的水域,这些水域可以被综合管理,因为很久以前发生的河流影响可能被认为是微不足道的。

2. 与地表河流水文相连的地下水(支流)的界定

"支流"这一词汇是指和地表河流有水文连接的、足以直接引起法律关注的地下水。尽管证明地下水是一条河流的支流,既困难又昂贵,但是这会产生重要的法律后果。为了简化事实的查明,科罗拉多州采用了一种叫"支流推定"

---

① 详见 Gila River System and Source,9 P.3d 1069(Ariz. 2000)案中所有水资源利用权的一般性裁决部分。

的方法。① 法院已经裁定,在那些从地下抽水超过一百年都不会影响河流的地方,地下水不是河流的支流,但是在那些从地下抽水在40年内就会影响河流的地方,可以推定地下水是河流的支流。② 科罗拉多州把非支流地下水界定为:"以比年均抽水速度的十分之一更快的年均速度,在100年内将不会耗尽任何天然河流水量的地下水。"作为一种实践,推定的运用有助于河流的占有者,因为证明的花费必须由时序在后的地下水占有者负担。

3. 综合利用的管理

地下水和地表水的相互关联,使得有权用水者可以灵活使用这两种水资源。与承认地下水和地表水相互相连的特性一致,在很多州,如果抽取地下水会妨碍合法的地表水权,那么州工程师有义务拒绝地下水的许可要求。③

在新密西西比州,时序在前的河流占有者可能会"追踪水源",通过挖井把在河流下部的水引出,从而得到更多的可用水量供给。在 Templeton v. Pecos Valley Artesian Conservancy Dist. 案④中,该程序被批准。因为时序在后的占有者从水井中抽取地下水减少了河流水量,所以那些不能引到足够地表水的时序在前的水权拥有者,试图在提供河流水量的冲击含水层钻井。法院认为,追加的水井使用了来自于较深含水层的相同水资源,因此自水井被开挖

---

① 见 Safranek v. Limon, 228 P. 2d 975(Colo. 1951)。

② 见 District 10 Water Users Ass'n v. Barnett, 599 P. 2d 894(Colo. 1979)。

③ 见 Albuquerque v. Reynolds, 379 P. 2d 73(N. M. 1962)。

④ 见 Templeton v. Pecos Valley Artesian Conservancy Dist. , 332 P. 2d 465(N. M. 1958)。

之日起，追加的水井拥有原始地表优先权，而不是一个时序更靠近现在的优先权。后来，"追踪水源"规则被认为允许地表水的占有者引出更深含水层中的水量，其中更深的含水层提供水量给与河流相连的浅层含水层。[①] 在这些案件中，实际的问题是，在水文上连续的含水层，在提供给时序在前的地表水占有者基本流量情况下，相同的含水层还能否提供水量给时序在后的水井所有者。[②] 显然，新密西西比州的法令允许时序在前的占有者和时序在后的占有者抽取权利所允许得到的全部水量，甚至是在地下水短缺的时候。

在科罗拉多州的先占优先权法律中，附属地下水和地表水源可以综合管理，当地表水引水点改变的时候，该州的法律允许水井的地点随之改变。科罗拉多州的法律甚至要求，当时序在前的占有者既拥有水井，同时又有权从相同水源引取地表水的时候，如果其引水点改变的话，在他们"召唤河流"（要求上游时序在后的占有者削减水量）之前，可以使用水井中的水量。并不清楚的是，当改变引水点需要使用或加深水井的时候，法院将会要求时序在前的占有者承担多少费用。可能科罗拉多州的法院会遵循与他们在水井妨碍案件中使用的相同的方法：在时序在后的占有者被要求削减水量之前，规定时序在前的水井拥有者可以有合理的、经济的水量获得方法。[③]

[①] 见 Langenegger v. Carlsbad Irrigation Dist.，483 P. 2d 297（N. M. 1971）。

[②] 见 Herrington v. State of New Mexico, ex rel. Office of State Engineer, 133 P. 3d 258((N. M. 2006)。

[③] 见本章 6.2。

通常,在已有地表水使用者和新近建立的地下水抽水者之间对抗时,适用优先权制度,并且行政官员有义务强制实施这些优先权。① 但是管理的规则会被发展,并适用与合理使用原则一致的有效使用规则。爱达荷州高等法院支持综合管理规则,该规则要求水资源管理的行政长官,在允许时序在前的地表水使用者"召唤"时序在后的水井所有者的水量时,并且宣称正在妨碍时序在前的地表水占有者的利用之前,"考虑通过采取合理引水设施、输水效率和保护措施,时序在后的使用者既存设施和水量供应是否能满足时序在前的用水者的水权需求"。②

因为从地下抽水可能允许抽水时间和地表水使用者感觉到抽水对河流影响之间存在月份的差异,所以综合管理会采取有利于抽水对河流延迟影响的措施。在那些拥有灵活管理政策的州,时序在后的占有者可能会继续抽水,只要避免对先占权利造成损害,并且时序在前的占有者可以得到充足的水量供应。

一方面,在影响的时间上,地下抽水对河流的影响会滞后;另一方面,经过测量,河流减少的水量可能会小于从附属含水层中抽取的水量。例如,从河流下面的含水层中抽取 5 立方英尺的水量可能只减少河流 2 立方英尺的流量;其他水源,至少是小批量水源或在很近水源的补给可能会弥补这一差距。在这种情况下,一个抽水者会提供满足数量和质量要求的替代水量给时序在前的地表水占有者,因

---

① 见 Musser v. Higginson,871 P. 2d 809(Idaho 1994)。

② 见 American Falls Reservoir Dist. No. 2 v. Idaho Dept. of Water Resource,154 P. 3d 433(Idaho 2007)。

此需要更多可用地下水的供给。在给定的例子中,当为避免河流枯竭影响地表水的使用,需要从别处调2立方英尺的水量直接进入河流的时候,抽水者可能会从地下抽5立方英尺的水量以便满足需求——技术上被称为"迂回抽水"。迂回抽水的效果可能受含水层的自然补给和毗邻水井的限制。在没有对相连河流中时序在前权利产生不利影响的情况下,储存的和输入的地表水也可能会被用来满足地表水优先权的需要,在此种情况下,则允许抽取更多的地下水。

科罗拉多州1969年的《水权确定和管理法案》规定,可以通过"扩张计划"进行综合管理。通过采取保护时序在前者优先权的综合计划,时序在后的占有者可以满足时序在前的占有者的需求。通常,这些计划提供了用地下水代替时序在前的占有者"召唤"水量的方法。其他的扩张计划包括新的引水和存储设施的开发、改变引水点、水量交换计划、替代供给和新水源的开发。计划通常设计了保护时序在前的占有者的条款和情形,计划必须经过州工程师的批准。通常情况下,扩张计划会被分享,计划成本由面临用水缩减威胁(如果优先权被严格执行的话)的时序在后的占有者共同分担。一些扩张计划由一个中央的水资源管理官员负责管理,该官员依靠水文资料和计算机模型来计算一个流域范围内的水量目标。虽然有时水文数据可能是错误的,或者扩张计划可能因为其他原因以失败而告终,时序在前的占有者面临权利不能被满足的风险,但是扩张计划的正确性被支持。[①]

4. 支流地下水的管理规则:以科罗拉多州为例

在科罗拉多州,州工程师把支流地下水作为地表水优先权制度的一部分进行管理。虽然在时序在前的所有者召唤的时候,时序在后的水井所有者必须削减用水量,但是为了最大化水资源的经济使用,科罗拉多州高等法院已有判决表明:州工程师有权保护时序在前的用水者曾经拥有的理性用水的权利。但是,在 Fellhauer v. People 案[②]中,法院并未考虑州工程师有关时序在后的占有者减少其水井水量的命令,因为水井的减少并不能表明时序在前的占有者会因此受益,这与支流地下水"无效召唤"原则(见第 3 章的 3.5.3)是相同的。例如,一个时序在后的抽水者在 20 天内没有影响河流水量,并且时序在前的占有者的使用会在 20 天内结束(如在灌溉季节结束的时候),就可以允许时序在后的占有者持续抽水。法院在 Fellhauer 案件中认可了严格优先权管理制度的无效性,并做出了如下注解:"该案是水资源最大化利用,以及如何使最大化使用尽可能与保护合法权利持续相结合"的开端。

在 1969 年的《水权确认和管理法》中,Fellhauer 案中确认的最大化使用的授权管理以及地下水无效召唤原则的接受被立法机关再次确认。虽然该法案认可水井所有的合法水权,但是却要求占有者应当采用合理的、有效的引水方法。没有人被许可:"仅仅为了便利取走部分水量而要求占

[①] 见 Cache LaPoudre Water Users Ass'n v. Glacier View Meadows, 550 P. 2d 288(Colo. 1976)。

[②] 见 Fellhauer v. People,447 P. 2d 986(Colo. 1968)。

有整条河流。"

为了管理在支流含水层中的水井,科罗拉多州的工程师采用了"分区制度"。抽水区域根据地下水抽取和抽水对河流影响之间的时间差确定。根据对河流水量和时序在前的占有者的预期影响,在河流中,如果超过时序在前的占有者预期召唤水量后,时序在后的所有者的水井就可以被关闭,关闭的顺序依次是:最远区域的水井最先被关闭,继而紧挨地带的水井被关闭,依次类推。在 Kuiper v. Well Owners Conservation Ass'n 案[1]中,该制度被认为是一项公平的、合理的管理模式。后来,法院又进一步发展了该模式,认为在召唤时序在后的占有者之前,州工程师可以要求时序在前的占有者打井抽水。[2]

6.3.2 输入供应和集约管理:以加利福尼亚州为例

长期以来,加利福尼亚州南部快速的人口增长使得水量需求远远超出了供应。大的含水层被过度开采,并受到咸水入侵和地面下降的威胁。基于日益增加的抽水成本和政府结合管理的运用,地方用水者认为应当实施独立的水资源管理制度。

1929 年,为了满足公共机构会员的追加需要,根据立法机关的法案,市政水资源管理区(MWD)——几个加利福尼亚州南部的自治区和自治水资源管理区形成了。MWD 从加利福尼亚州南部和科罗拉多河输入水量,并把

---

[1] 见 Kuiper v. Well Owners Conservation Ass'n,490 P. 2d 268(Colo. 1971)。

[2] 见 Alamosa—La Jara Water Users Protection Ass'n v. Gould ,674 P. 2d 914(Colo. 1983)。

这些水量全部卖给 MWD 的会员,然后这些会员再把水量分配给当地的使用者或者自来水公司。其中部分输入水量补充了过去为扩大地表水域而抽取的含水层水量,或者先被注入水井存储起来,以便日后需要的时候再抽取出来。

为了管理和分配输入水量,并和天然产生的地下水一体化使用,加利福尼亚州南部已经制定了两步走的方案。一是,判决确定每一个人在特定流域的地下水权。一旦流域被判决确定,管理整个流域水资源开发和使用的特定水资源管理区就形成了。二是,抽取的地下水在使用者之间进行分配。对抽取地下水进行评估是为购买输入水量做准备,以便满足通过当地水量供应不能被满足的需求。

一些加利福尼亚州南部地区运用市场机制调整地下水的使用并把水量输入到加利福尼亚州南部。橙色国家水资源管理区从 MWD 购买输入水量,然后通过价格激励把这些输入水量和地下水进行分配,这样做试图用经济的方法解决水资源的综合管理问题。整体流域目标的设定是为了按比例使用地下水和从 MWD 处购买更加昂贵的输入水量。那些抽取水量比全部水权所表明的水量多的用水者需要交纳特定的泵水税,泵水税等于抽取一立方英尺地下水的成本及从 MWD 处购买一立方英尺水量的成本之间的价格差。因此,事实上,每一个人使用一立方英尺水量均需要支付相同的价格,无论是地下水还是从 MWD 处购买的水量。

6.4 地下水的存储

存水容量大大提高了水资源计划决定的灵活性。如果不稳定的季节性地表水在地下被收集和储存起来,当整年需要水的时候,都可以抽取并使用。传统的储存方法是在水泵的后面拦截地表水,从而产生了一个地表水水库。现代的方法是采用地下含水层存储,这种存储避免了大部分的高额成本和对环境的影响以及蒸发损失和地表水库的污染问题。加利福尼亚南部使用与来自于科罗拉多河和加利福尼亚河的主要水域相连接的地下水库。为了需要的时候可以随时抽取,亚利桑那州已经采用了一个项目把中央亚利桑那调水工程的水量储存在地下水库中。

有一些办法可以使用输入地表水来扩大含水层的天然补给。通过注入井输入的水量可以直接被放置入含水层,或者使水量漫灌在土地的上部,这样水就可以向下渗透进入含水层。

尽管地下蓄水比地表存储有更多的优点,但是如果输入者对存储的地下水没有合法权利,那么地下存储可能会变得不切合实际。如果没有回收水量的权利以及没有排除其他人从其获得的、输入的或者存储的水量中取水的权利,公共机构和私人投资者可能不愿意承担昂贵的水量输入项目的花费。华盛顿高等法院已经裁定,存储地下水和天然地下水的混合不会导致存储水量的无法单独识别。①

在加利福尼亚州,公共水量输入者和存储者对于存储的水量享有使用权,只要其使用没有损害既存地下水的使用权。在 City of Los Angeles v. City of San Fernando

---

① 见 Jensen v. Department of Ecology,685 P. 2d (Wash. 1984)。

案①中,法院裁定,洛杉矶对其存储在地下蓄水库的水量拥有排他的权利。公共机构可以对水量输入和存储权利进行限制。尽管特定水域的地下水补给计划在法律规定的区域有效地运行,但是与大多数其他州一样,加利福尼亚州仍然还没有采用综合的、遍及全州的计划来确定谁有权使用地下水的存储空间。因为这一领域的法律还没有解决此类问题,但是综合利用和地下水的存储项目已经在逐渐地获取时机。

在 Niles Sand & Gravel Co. v. Alameda County Water Dist. 案②中,水资源管理区加入了地下水存储计划。Niles 公司从砂砾竖坑中抽取地下水,这些砂砾竖坑与蓄水层水文相连。抽水装置的运行降低了在含水层中所存储水量的水位,而水资源管理区试图补充水量以防止咸水入侵。法院禁止 Niles 公司抽水,并裁定:储水计划必须在管理区公共权力的范围内进行,管理区应当履行保持水位的"公共职责"。因此 Gravel Company 在抽水的时候必须承担有利于蓄水的"公共地役"。在 Niles 案件中,法院还裁定砂砾矿坑所有者负担的责任不包括补偿性的取水。与此相似,内布拉斯加州法院认为,规定在其他土地下部的含水层存储或恢复水量权利的法律并不侵犯上部财产所有者的权利。③

---

① 见 City of Los Angeles v. City of San Fernando,537 P. 2d 1250(Cal. 1975)。

② 见 Niles Sand & Gravel Co. v. Alameda County Water Dist. ,112 Cal. Rptr. 846(Ct. App. 1974)。

③ 见 Central Nebraska Public Power & Irrigation Dist. v. Abrahamson,413 N. W. 2d 290(Neb. 1987)。

已有的案件判决支持三种类型蓄水权的存在：①公共机构输入和存储地下水的权利，不需要对上部的土地所有者承担责任；②保护存储水量防止其他人使用的权利；③存储水量再利用的权利。

新密西西比州的理由不同，认为一旦输入水量渗透入含水层，它就变成了可供占有的公共水域。① 如果新密西西比州的方法被严格遵守，那么可能会挫伤地下水存储开发者的积极性。

一些州的法令为蓄水提供了便利。加利福尼亚州的法律规定：因为地表水供给可以被占有，所以水资源的地下存储是合理使用；与实体不同，私人不可以获得地下存储水资源的权利。下列州实施了相似的法律：亚利桑那州（亚利桑那中央水管理工程）、内布拉斯加州（一些项目偶然或者是有意存储的水量）、犹他州（占有的水量可以存储）、佛蒙特州（水量的地下存储是合理使用）和华盛顿州（存储水量从占有水量中留存）。

如果一些公共机构竞争在地下水域存储的有限水量，那么存储地下水使用者之间的优先权问题便会产生，一些州的法律还没有规定解决这一问题的方法。可采用的方法是，相互竞争的公共蓄水机构协商一致签订合同规定优先权问题。

6.5　地下水的污染控制

联邦法律主要通过非直接的方式，限制排放和使用一

---

① 见 Kelly v. Carlsbad Irrigation Dist. ,415 P. 2d 849(N. M. 1966)。

些可能会造成污染的物质进入地下水。一些州也有法律来防止地下水的污染。普通法也提供一些救济措施给水井所有者来解决含水层的污染问题。

6.5.1 规范地下抽水

地下水的抽取可以引起污染物从污染的含水层进入其他相连的没有污染的含水层。不规范建造的水井、那些被大量抽水和速度抽水很快的水井会吸引污染水质进入含水层。污染地下水的污染物包括海水的侵入，其他含盐分的水源以及被污染的水源，污染物在土壤中的沉积，荒废的注入井、地表水的存储和使用活动，来自于农业、城市街道和工业的雨水。并且，利用抽取的地下水也会引起污染，例如，如果地下水已经被污染，那么使用地下水将会影响其他含水层或地表水源。与此相关的问题是，作为石油或天然气开采的一部分，"采出水"不可避免地被抽取。含盐分的采出水或者其他被污染的采出水已经成为一个主要的问题。

为防止地下水污染，只有少数州否认或设定水井的许可条件，比如通过控制抽取水的速率或范围。有些州，如亚利桑那州、科罗拉多州和堪萨斯州，制定了一定地区的水井许可标准，或者制定了防止地下水污染的重点区域的许可标准。值得一提的是，重点区域的设计仅仅专门用来处理污染问题。

州的许可机构通常检查一个新的水井或水井地点的变化所带来的影响，看看它是否会引入咸水或其他低质量的水进入含水层的某一部分。如果很可能会带来水质的严重恶化，机构会驳回许可申请或规定水井的许可标准。但是，为了水资源的全面利用，如果入侵速率或污染聚集小幅增加可能会被认为是合理的,许可机关也会授与申请人许可证。①

实际上没有判决否认使用地下水的权利,因为与抽水不同,地下水的使用将会带来污染。然而,俄克拉何马州高等法院已经裁定,如果一个机构决定允许申请人抽取干净的地下水并把地下水用于水冲采油操作(漫灌老的油田可以使石油再次产生),该项决定要求一项调查结果:此种操作不会通过污染或者是过度开采引起地下水的"浪费"。②

6.5.2 规范污染活动

1. 州的规定

大多数州很早就规定了水井的建造。各个州也控制石油和天然气的钻探,并阻止这些操作过程中产生的高盐分水进入干净的地下水井。现如今,很多州增加了新的立法计划,这些新的立法计划大多出于对联邦激励措施和要求的应对。

为了更加高效地利用水资源,综合性的地下水水质管理法律除了规定水井的建设和使用之外,还必须规定土地的使用及其他行为,因为以土地为基础的人类活动是污染的主要来源。一些法律根据构成用水的地下水不同,对含水层进行了分类;同时,为了保护目前或将来的使用,也允许或多或少产生一些污染。在某种程度上已经制定了地下水保护法律的州包括亚利桑那州、佛罗里达州和威斯康星州。

---

① 见 Stokes v. Morgan, 680 P. 2d 335(N. M. 1984)。

② 见 Oklahoma Water Resources Bd. v. Texas County Irrigation and Water Resources Ass'n, Inc., 711 P. 2d 38 (Okl. 1984)。

管理地下水分配和管理污染活动的机构很少会是同一个机构。因此,就会存在机构之间的冲突。例如 Matador Pipelines,Inc. v. Oklahoma Water Resources Bd. 案[①](因为公司董事会对地下水污染控制拥有排他性的权利,所以水资源委员会没有管辖石油管道破裂之后的清理事宜)。

2. 联邦的规定

虽然联邦的地下水水质管理规定还没有推行固定的策略,但是很多环境保护方面的法律规定了地下水保护问题。

在本书第 9 章的 9.5.1 中介绍了《清洁水法》,该法规定了点源污染物的控制排放。尽管法案还没有对地下水进行专门保护的法律规定,但是法案规范了造成地下水污染物的工业和其他活动。《露天采矿管理与复垦法案》(SMCRA)被《美国联邦法律编撰注释》收录在第 30 章第 1201—1328 条,通过管理自 1977 年开始的采煤活动达到防止水资源污染的目标。

来自于非点源、灌溉回流水量的污染物,以及来自于农场、建设活动、城市街道和开采场地的雨水中的污染物,会渗入含水层并向下流动进入水井。尽管《清洁水法》要求各个州制订计划控制这些污染物的来源,但是却没有规定不能有效实施该计划的制裁措施。

《安全饮用水法案》被《美国联邦法律编撰注释》收录在第 42 章第 300 条,规定了一项源头保护计划,它适用于水井的设计和保护,以及过去常常抽取地下水的水井所在的土地。该计划激励了人们对非点源污染物的控制。该法案

---

① 见 Matador Pipelines,Inc. v. Oklahoma Water Resources Bd. , 742 P. 2d 15(Okl. 1987)。

包括一项地下水注入控制计划,该计划要求获得许可并遵守相应的标准。法案也规定了液体废物的处置,包括一些被注入深水井的危险液体废物。州有权对这些计划实施行政管理。

保护地下水必须对抽水进行控制,在有些案件中,法院裁定必须对旧址进行清理。最直接保护地下水水质的法律是《固体废物法》,也被称为《资源保护和回收法》(RCRA),见《美国联邦法律编撰注释》第42章第6901－6991i条。RCRA控制危险废物产生、运输、储存、生产和处置的每一个环节,法案也给出了一些州管理非危险废物的指导建议。同时,该法案还规定了地下存储罐的管理(如汽油罐)规范。

过去,废弃物处理引起了很多地下水资源的污染,并威胁其他水源。《综合环境反应、补偿与债务法》(CERCLA)见《美国联邦法律编撰注释》第42章第9605条,即"超级基金法",该法案制订了一项清理不使用或者废弃场所危险物质的联邦计划。CERCLA规定了一个行动条款,以便对抗大多数对资源有害的处理活动,对资源的损害通常是指对地下水的损害。[1]

地下水的直接保护源自立法对有害物质生产和使用的控制。《联邦杀虫剂、杀菌剂及灭鼠剂法》(FIFRA)见《美国联邦法律编撰注释》第7章第136－136y条,要求农业生产的常规杀虫剂和其他化学物质必须向联邦机构登记。为了保护环境,该法案还要求美国的环境保护机构限制杀虫剂的配送、买卖或使用。

---

[1] 见 Utah v. Kennecott Crop. ,801 F. Supp. 553(D. Utah 1992)(法院驳回了依据CERCLA的同意令,因为同意令对州地下水的保护不充分)。

3. 州的司法救济

大多州的法院偏好处理责任承担的诉讼,即水井所有者起诉包括油井所有者在内的其他人,因为他们的行为引起了水井污染。一些州的法律,比如俄克拉何马州的《油井污染法》,规定了采取特定行动的权利。普通法对地下水污染的救济包括损害、罪过和过错诉讼。①

一些案件涉及如下问题:联邦的法律和程序是否可以取代州的程序和行动。如果国会打算取代州的法律,那么上述问题的结果就依赖通过个人对联邦法律的认知来决定。② 在一些案件中,作为更有效控制污染的方式,州的救济程序和行动条款将会被允许使用。在其他案件中,如国会,并不打算使用不同的规范要求处理州际的贸易纠纷。

---

① 见 Mowrer v. Ashland Oil & Refining Co. ,518 F. 2d 659 (7th Cir. 1975);City of Attica v. Mull Drilling Co. , 676 P. 2d (Kan. App. 1984)。

② 例如 Attorney General v. Thomas Solvent Co. , 380 N. W. 2d 53 (Mich. App. 1985)(CERCLA 并没有取代州的法律来处理公共损害诉讼)。

第7章 地表积水

水道受制于其所在州采用的水资源分配制度体系——河岸权制度、先占优先权制度或混合水权制度。地表积水通常是指并未流入水道的水，比如降雨径流。人们试图采用不同的规则来使用或者避开这些地表积水。

自然降水会降低土地的利用价值，除非这些水经过人为的引导和约束。土地所有权人为了提高土地的有用性，很有可能把这些雨水引向别人的土地，这样就会引发土地所有权人之间的矛盾。因此，一般情况下，土地所有权人都会采取合理的措施保护他人或者土地免受损害。

在干旱地区出现了另外一个问题，那些规定占有水权的法律，是否可以规定土地所有权人毫无限制地获得并使用地表积水。尽管基于不同的理论基础，大多数司法管辖区的法律都允许土地所有人在个人所有的土地上无限制地使用地表积水。

7.1 水道和地表积水的区别

7.1.1 水道

理论上讲，水道的定义几乎涵盖了所有的水域。河流的支流不仅仅包括小溪，而且包括冲刷形成河道的雨水和洗涤废水,也包括流淌在整条流域的雪融水。水道还可能包括地下水,以及与地下水水文相连的地表水。但是,水道的界定要受到如下因素的制约:科学家不能确保追踪到注定要流入河流或湖泊的水资源,以及州对水资源实施监管的实际能力和政治能力。因此,在各个州,受各州水资源管理和分配制度的影响,形成了各州的"水道界定"标准。

各州普遍会运用权力来改变"天然水道"的定义。通常情况下,天然水道指的是顺着河床和堤坝流动的水。大多数州认为常年有水的水道才算是天然水道,但有些州则会把干旱的小溪或者湖床也定义为"天然水道"。雨水或者雪水融化后形成的积水通常不作为一个水道(详情请见第3章的3.6)。各州对地下水是否属于水道的观点持不同看法。

7.1.2 地表积水

地表积水是指和水道不连通的地表水。《侵权法重述》(第二版)第846条把地表积水定义为,"雨水、雪融水、流动的泉水或者是退去的洪水等流动在地球表面、并不属于水道或者河流的地表水"。地表积水通常包括那些流动在低洼、沼地、洼地、沟壑处的水资源,也许还包括水坑、凹地、小池塘里的水资源。一条小溪若是直接流向河流就不能算是地表积水。一般来讲,以某种固定频率和流动规律,不断地流向固定河流或者池塘的水就被认为是水道。洪水通常被认为是水道,只有在溢出堤坝等脱离水道的情况下,才能算是地表积水。

7.2 地表积水造成危害的保护措施

最早报道的一些水处理案件都与排水问题有关。当时,法律允许土地所有权人可以采取任何措施保护自己的土地,即使引发其他土地所有权人的排水问题也在所不惜。地势较高的土地所有权人会利用天然的排水条件,把沼泽地变废为宝,通过转移洪水来保护土地、房子、堤坝或者修建排水沟来保护土地。但是,地势较低的土地所有权人的排水方式却与他们大相径庭。他们会提高自己土地的水平面或者修排水沟使地表水流向那些地势较高的土地。在排水过程中,如果能够把水排向水道避免损害他人利益,就不会引发土地纠纷。美国法院在历史上解决这种问题遵循了两种不同的规则:"一般防御原则"和"民事法律原则"。今天,大多数的法院更偏向于合理利用原则。

普通水的排放不同于地表积水,普通水在排放过程中不可避免地会对土地造成伤害。比如,人们在利用河流湖泊水之后(如用来灌溉农田或者发电厂发电)可能需要解决未经处理的水,这类水常被称为"尾水"。尾水并不是地表积水,通常未经许可不得排放在有使用权或者地役权的土地上。[①] 然而,排放尾水的权利也可以通过时效获得。

将水保留在一块土地上,比如水库,是一种特殊的水处理规则。土地所有权人修筑水坝或者其他阻水措施(不论是否是地表积水),造成他人土地淹没会被提起过失诉讼。但是,如果洪水持续不减且符合有关的法定时效,土地所有

---

① 见 Cf. Loosli v. Heseman,162 P.2d 393(Idaho 1945)。

权人就有获得淹没土地的法定权利。拥有土地征用权的国家实体就会被起诉并承担赔偿责任。

修筑水坝的人在排水和蓄水时必须保护他人财产。许多国家对于人工蓄水,如溃坝造成的伤害实行绝对责任制。[①]

7.2.1 一般防御原则

一般防御原则认为,土地所有权人可以采取适当的措施避免地表积水危害到他人利益。这些措施包括修建屏障以防水体流向毗邻土地,这类似在水坝的上部边界,建一个平台、挖一个沟或者抽运一些水来改变天然的排水方式使水不会进入到地下室或者流向农田。一般防御原则允许发展排水模式来增加自然排水。挖一个排水沟或者河道来转移积聚在一起的水。唯一的局限性就是不能储藏地表水(比如存在水库或者水坝里),这样就可能使它流向别人的土地。

这一原则也曾被叫做"马萨诸塞原则",但是遭到了马萨诸塞州的拒绝。现在,马萨诸塞州使用这一原则时有着理性的选择。[②] 这一原则来源于英国的普通法,在美国东部的大部分地区,农业用地的使用与发展都取决于预防地表水径流和防止污水渗漏。在英国,早期的排水规则是把一系列的普通排水方法集中于中央,通过法令规定起来。没有清晰的普通法和判决支持一般防御原则和民事法律原则。

虽然享有绝对权的土地所有者可以按照自己的意愿随

---

① 见 Rylands v. Fletcher,1868 WL 9885,LR 3 H. L. 330(Eng. 1868)。
② 见 Tucker v. Badoian,384 N. E. 2d 1195(Mass. 1978)。

意地利用自己的土地,也可以根据一般防御原则修建防御设施,但是土地所有者的这些行为却忽视了法律体系中的平等与互惠原则。土地所有权人在使用自己权利获得利益时不能伤害他人的利益。在不阻碍和损害别人利益的情况下,它鼓励所有者无限地实现自己的权利。所以,这也加速了土地所有权人之间恶性排水竞争和破坏当地社会稳定。

现今,几乎所有的州都意图通过修改和加入合理侵权理念形成新的一般防御原则。法院保留规则的改变,偏向另一类没有恶意地通过一些活动引起地表水渗入地下的行为,并且不是粗心大意,也没有引起大的损害。但也有很多司法管辖区使用修改后的一般防御原则,比如:美国亚利桑那州、阿肯色州、内布拉斯加州(顺应于水流的自然排放)、卡罗来纳州以及部分哥伦比亚地区。此外,俄克拉何马州、弗吉尼亚州和华盛顿州的法院在合理利用的申请中广泛地运用修改后的原则(详见本章节的 7.2)。尽管原则在未变更之前出现过很多异常情况,但是在印第安纳州、缅因州、蒙大拿州和纽约州仍旧使用这一原则。[1]

7.2.2 民事法律原则

民事法律原则起源于拿破仑法典,它给予每一个土地所有权人使用自然排水方式的资格。每一个土地所有权人都有权利通过筑坝、凿沟或者使地表水改道限制别人给予的不利影响,改变或增加排水量。因此,这样的规定默许了利用毗邻土地来保证自然排水。民事法律原则在解决这一问题的规定并不合理,因为这些预防措施限制了很多发展。例如,修一个建筑物或者铺设一个停车场来替换地表径流,

---

[1] 见 Romine v. Gagle,782 N. E. 2d 369(Ind. App. 2003)。

这样的做法在法律申请中不允许;而在农村地区,农业的耕作经常依靠改变天然的排水方式。

尽管在少数被报道的案件中,有关民事法律原则的语言表述通常是模糊不清的,但是下列这些州显然不做重大修改就采用了该规则。例如,佛罗里达州(在原始土地的规定方面)、格鲁吉亚州、堪萨斯州、路易斯安那州、密歇根州、新米尔福州、田纳西州、得克萨斯州、佛蒙特州。

对于法庭而言,它们更愿意使用修改后的适应社会需求的民事法律原则。一些州修改了民事法律原则,允许以合理的方式改变天然排水。科罗拉多州和爱荷华州允许不改变水流量和水流的排水方式。尽管合理利用原则引发的结果难以界定,但马里兰州坚持认为"合理使用"是民法赋予的一种权利资格。

除了使用合理利用观念,一些州也包含了一些关于共同共有原则的元素。例如,美国亚利桑那州在处理一般的地表积水时遵循民事法律原则,但是在处理洪水时则倾向于使用一般防御原则。

一些州倾向于"合理使用"范围内的民事法律原则,主要是为了适应那些典型的小型拥挤城市。它们包括:亚拉巴马州、佛罗里达州、宾夕法尼亚州以及南达科他州。爱达荷州破例允许在合理利用范围内把水排入自然河流中。

内布拉斯加州,通常使用一般防御原则,也用民事法律原则来要求那些地势较低的土地所有权人忍受那些在自然排水过程中产生的负担,还包括那些为了土地的管理而人为地改变水流。在俄勒冈州,只有一种情况是法律允许的,那就是为了农业生产的需要而利用天然水道中的水。伊利诺伊州允许通过良好的管理规划后的人工排水方式。

7.2.3 合理使用原则

为了提高土地价值和增加社会效益,允许土地所有权人享有互惠权利去对天然水道进行合理改变。因此,法院运用很多免责条款缓解两个不同原则之间的冲突,例如,当它们允许土地所有权人忽视别人财产或者是由于过多限制从而不利于土地的开发时。

《侵权法重述》(第二版)的第二部分详细介绍了合理使用原则。法庭运用大量的规则排斥或者修改一般防御原则和民事法律原则。一些地区在实践过程中倾向于用合理利用原则来修改一些其他的原则。

合理利用原则最早被用于调节新罕布什尔州发生的地表积水扩散引发的冲突。[①] 其他一些州随后也开始使用。之后更多州开始使用合理利用原则。使用这一原则的州有:阿拉斯加州、加利福尼亚州、康涅狄格州、特拉华州、佛罗里达州、夏威夷州、肯塔基州、马萨诸塞州、明尼苏达州、密西西比州、密苏里州、内华达州、新罕布什尔州、新泽西州、北卡罗来纳州、北达科他州、俄亥俄州、俄克拉何马州、罗德岛州、南达科他州(仅包括城市地区)、犹他州、弗吉尼亚州、华盛顿州、西弗吉尼亚州和威斯康星州。

在使用合理利用原则的过程中,法院通常会权衡损害的严重性和措施实施后的效果。为了确定损害的严重性,会考虑损害的程度和特征、损害行为引起的社会影响、损害地点的适当性和受损后的补救难度等几个方面。在评估执行的效果中,法院还会考量这一行为对当地造成的社会影响,对于伤害行为引起的损害补偿的影响和对个人伤害后

[①] 见 Bassett v. Salisbury Mfg. Co., 43 N. H. 569(1862)。

实施补救措施的难度。

"合理"的标准通常没有那么详细。有些司法管辖区常把一般防御原则和民事法律原则中的"合理"定义为合理利用原则。比如说,在加利福尼亚州,合理利用原则是在使用民事法律原则后得出的。加利福尼亚最高法院依据一个又一个案件的判决书,讨论并总结在地表水扩散中适用的合理利用原则。[①] 如果双方都是为了合理利用才改变天然排水系统的,那么损害责任将由改变方的土地所有人承担,这样的结果和民事法律原则规定相一致。

7.2.4 地表积水的公共调控

1. 公共排水工程

几个世纪以来,英国的路面排水都有明确的行政性规定。在美国,有很多管理排水项目的特殊区域。排水工程的建成是非常特别的,它通常是依照当地法律规定或者由当地一些有影响力的土地所有权人同意才能建设。这些工程通常是公共出资的项目,它会对所有财产的受益进行评估,但不顾及享有土地所有权的个人意愿。这些项目能够提高干旱土地的农业种植能力,提供新的建设用地和其他土地的改良。实际上,许多在排水区域的湿地和沼泽也都已经被回收并改造利用。

特殊地区管理排水区域则是通过不同规则来免除以上原则的限制。但如果私人财产权遭受侵犯时,则必须要赔偿。

2. 湿地排水的公共限制

过去荒凉无用的沼泽地区,是野生动物的重要栖息地。

---

① 见 Keys v. Romley, 412 P. 2d 529(Cal. 1966)。

但是排水可能会产生很多不利影响,比如增强水流流速而引发洪水或者降低水位。所以,很多联邦政府和州通过法律调节那些会破坏湿地环境的私人活动。

联邦和地方为了保护环境控制私人用地的用水可以适当运用"守夜人"的权力。尽管这种限制会影响土地所有者充分实现自己的最大利益,但它也不是挑战宪法的权威,不会被要求赔偿。[①]

《美国注释法典》第33部分第1344条,即《清洁水法案》第404条(详见第9章的9.4)规定,在进行"疏通和填充"项目计划影响到国家湿地或"美国其他水域"时,需要先向美国工程兵团申请许可。第404条规定了在这种水域进行活动的先行许可制度。在获得许可前,兵团负责人必须有充分的证据证明这种行为不会对当地的野生动物及其栖息地造成过度破坏,同时也不能违反其他联邦法律。第404条的规定很宽泛,一般不会和其他联邦或地方规定相违背,但《清洁水法案》明确规定允许地方诸州在法案规定的基础上制定适合本地区更为严格的标准。州可以根据联邦的指导方针和标准制定自己的许可证申领制度。

7.3 地表积水的使用

地表积水的使用通常并不是由国家规定的;因为没有人能够保证它们的流量持续度。土地所有权人允许按照自己的意愿来拦截和使用地表积水,但是如果地势较高的土

---

① 见 Just v. Marinette County, 201 N. W. 2d 761 (Wis. 1972)和 State v. Johnson, 265 A. 2d 711 (Me. 1970)。

地所有权人把这些水截留的话,那么地势低的土地所有权人将不能得到补偿。

7.3.1 获得地表积水的权利

大多数的州认为土地所有权人有绝对权利在自己的土地上使用任何地表积水,包括低洼、雨水、溶化后的雪水和死水。这样规定的结果就使大家防止这些水流向毗邻的土地,这样他们可以拦截、储藏、使用或者出售这些水。获得地表积水的绝对权利是一般防御原则的基本原理:土地所有权人拥有土地上部及下部所有的水资源,他们会想尽办法避免别人使用。① 民事法律原则中自然水流动是指毗邻的土地所有权人可以要求地表积水的流动畅通无阻。不过,实际上所有的民事管辖区都能够接受先占先得原则。

只有极少数的州对土地所有权人使用地表积水进行限定。通常来说,法律没有明文规定地表积水的使用,除了废止条款(在前一章提到的)在某种程度上可能适用,因为,水在没有进入水道之前水使用权通常不能够实现。

7.3.2 地表积水使用的州调控

鉴于水道受到州的法律限制,对水进行广泛控制的州可能对地表积水定义的范围较窄。一些州对地表积水和水道水的监管规定没有差别,这一点可从所有显示国家权威的宪法解释、立法和法律语言中表现出来。

得克萨斯州通过放宽水道的定义来控制地表积水,包括任何形式存在的水,使其可以物尽其用地用于灌溉。② 得克萨斯州的法令清晰地宣布:州控制所有的水,包括雨

---

① 见 Broadbent v. Ramsbotham, 156 E. R. 971(Eng. 1856)。
② 见 Hoefs v. Short, 273 S. W. 785 (Tex. 1925)。

水、洪水、河水、溪水、峡谷、洼地和州流域内的水,并把这些水定义为"国家的财产"。得克萨斯州最高法院限制了法条的效用,规定法院不能将该法条适用在法律规定的有效时间之前已经授权的土地(假设对象为私人所有者),因为这一权利已经限定给土地所有权人。[①] 判决主要依据的法条把国有财产作为一个所有权人的声明。一条议案进一步解释了法律,它认为只要地表积水在流向自然水道之前土地所有权人就把水提前储存好,那么水的使用权就属于他们。[②] 一般来说,法律和宪法主张使用国家权力调控水。如果这样解释的话,那么得克萨斯州的法律为了管理地表积水扩大了治安权的范围。

犹他州宪法规定除了州管理计划外,其余所有水的管辖权解释都来源于州最高法院。[③] 法院认定所有流向河流的水都是河流的一部分。

科罗拉多州法律规定自然水流是州政府权力的一部分。在立法和司法上,这项权力也包括地表水。法院认为所有流向河流或是影响河流流速的水是支流。州法律坚持认为所有流向或者流进河流的水,都是州宪法中规定的公共财产。甚至水中的沉淀物都属于州管辖。科罗拉多地区判例法不允许土地所有权人使用或者截留具有明显流向的地表积水。[④]

---

① 见 Turner v. Big Lake Oil Co., 96 S. W. 2d 221 (Tex. 1936)。

② 见 City of San Marcos v. Texas Comm'n on Envtl. Quality, 128 S. W. 3d 264(Tex. App. 2004)。

③ 见 Richlands Irrigation Co. v. Westview Irrigation Co., 80 P. 2d 458 (Utah 1938)。

④ 见 Nevius v. Smith, 279 P. 44(Colo. 1929)。

科罗拉多州和犹他州是用流速和水流量来判定地表径流。尽管这似乎否定了土地所有权人的财产权利,但是地表积水的水权必须完全遵循州的专项法规,其他土地所有权人想要得到水权是不可能的。各州为了严格控制地表水,是否会防止使用小型池塘或者水桶尚未决定。假如使用很简单,这样的案件可能就不会出现。因此,即使是土地所有权人在合法情况下使用小型池塘创建的自然水道也必须符合各州规定的专项法律体系。

一些沿河的州使用合理利用原则来调控地表积水(如新罕布什尔州和明尼苏达州)。爱荷华州法条规定土地所有权人有权利使用地表积水,但是必须延续水流的最小流动不能侵害地势低的土地所有权人用水的权利(假定这个水道全部都是地表积水)。

大多数州都允许土地所有权人拥有使用自然水道外的水的权利。很多州的法条体现了这一规则(如印第安纳州和南达科他州)。俄克拉何马州和北达科他州明确规定地表积水使用权不属于国家调控。在亚利桑那州和新墨西哥州,水域的定义不包括地表积水,因此地表积水使用权有效地避开了国家专项法律控制范围。大多数州限制"自然水流"的定义或者用其他相似的术语来表示"自然水道"而不是地表积水。一些州(比如内华达州和俄勒冈州)的法令调整领域内的所有水体,但是只有犹他州和科罗拉多州放宽对地表积水的控制。很多司法管辖区还没有处理土地所有权人使用地表积水的问题。

第8章 联邦和印第安人的保留权利

8.1 权利保留原则

权利保留原则的产生是为了确保联邦政府为特定目的而设定给印第安人的土地和公共土地能有充足的水供给。该原则认为,拥有足够水量的权利才能实现保留土地的目的。在美国西部,尽管根据第一次合理用水的时间大部分水权获得了优先权,但是在联邦和印第安人土地上的水权优先权至少可以追溯到保留地建立的时候,即使这些保留地上的用水要比其他人占有河流水量晚很久。

为量化这些权利,国会已经同意在州法院对有关水量的裁决中可以让美国联邦作为一方当事人出现。然而,总的来说,保留水权不属于州法管辖的范围。

8.1.1 原则的起源——Winters v. United Stated

权利保留原则来源于联邦最高法院对 Winters v. United States 案[①]的判决。这个案件是蒙大拿州 Belknap 保留区的印第安人和附近的非印第安移居者关于 Milk 河水源利用的纠纷。1888年,印第安人部落同意割让部分在

---

① 见 Winters v. United States,207 U.S. 564(1908)。

早期协议中由印第安人保有的土地给美国政府,他们自己则被限制在一个相对较小的保留区域。联邦政府引导移居者在这块分割出来的土地上建立农场。这些农场主就开始使用 Milk 河的水资源进行灌溉,并在蒙大拿州法律下不断完善他们的用水权。不久以后,印第安人也开始从 Milk 河引出大量的水资源进行灌溉。于是移居者就在上游引水,使河流不经过印第安地区,从而阻碍了印第安人有充足的水源。然后,联邦政府代表印第安部落起诉了这些移居者。

联邦最高法院宣布,虽然根据州法移居者拥有水权,并且他们的用水时间早于印第安人,但是印第安人有优先使用该水域的权利,这个权利的存在基于当时特定情形的内在要求。因为政府的保留政策是为了使印第安人转变成从事牧业和农业的现代人,但是保留地却是干旱的。法院发现无论是印第安人还是政府都不可能在转让大片土地后,不留下充足的水源来使保留地能够耕种。虽然这项协议没有记载在法律条文上,但是通过必要的推理,我们会发现印第安人应该拥有水的优先使用权。更进一步来说,法院不得不调和政府与印第安人之间的冲突。政府本来意图使移居者开垦割让的土地,但移居者用水权的否决使政府的政策目标无法实现。法院适用在法律条文中已经建立的规则来支持在协议或条约中比较模糊的印第安人的权利,以此来补偿印第安人在与美国联邦政府谈判时明显不平等的地位。

在这个具有里程碑意义的案件有充分的影响之前的许多年中,很少有印第安人来主张他们的权利。尽管在 Winters 原则下,印第安人相对其他人而言在理论上有开发水域的权利,但他们缺乏设备来引水和分配水,同样也缺少法律条文来明确他们的权利。

印第安部落与联邦政府之间是一种信托关系,这也是他们寻求产权保护和主张法律权利的基础。然而,联邦政府加大对水开发项目的投资力度,并授权非印第安人使用大量的应属于早期印第安人的水权。因此,当联邦政府代表印第安部落的利益时,一场利益冲突就在所难免。内务部长扮演了双重的角色,他既是垦务局的管理者,又是印第安人的受托人,但是,他必须毫不妥协,必须为保证印第安人有充足的水源而努力,而不只是简单地找到双方利益的平衡点。① 尽管如此,一旦政府在用水权利审判中代表印第安人,第三方可以依赖这个判决,即使政府不充分代表印第安部落,最高法院也拒绝变更这个判决。②

一旦印第安人的保留水权得到确认,将来会对非印第安人可用水量的使用方面有着重要影响。在 Arizona v. California 案③中,法院认为印第安人的保留权利延伸至保护将来保留地的用水权,且不受印第安人的人口和需求的限制。

除了通过明确的立法程序,只要有持续的目标政策在发挥作用,印第安人的保留权利就不会被废除,甚至在保留地被取消或者售出后也不会被废除。④

---

① 见 Pyramid Lake Paiute Tribe v. Morton,360 F. Supp. 669(D. D. C. 1973)。

② 见 Nevada v. United States,463 U. S. 110(1983)。

③ 见 Arizona v. California, 373 U. S. 546(1963)。

④ 见 United States v. Adair ,723 F. 2d 1394(9th Cir. 1983)(印第安部落的捕鱼权不可以被剥夺)。

8.1.2 原则在联邦(非印第安)土地上的应用

为了实现特定的政府管理目的,保留权利原则已经延伸至公共土地。有关印第安保留地的温特斯法案,其原理是恰当的:如果国会授权建立公园、野生动物保护区、国家森林、军事基地、荒野地保护区或者其他公共保留地,当这些区域的成功建设需要水源时,那么保留这些土地意味着需要保有充足的水源来实现国会的建设目的。

在财产条款下,国会有权制定法律为设定的联邦土地保留水源。问题在于,联邦土地的保留地是否自然像印第安水权一样意味着水权的保留。在 Federal Power Comm'n v. Oregon 案①中,最高法院认为,因特殊目的在联邦土地上设立的保留地(不仅仅是利用公共土地建设家园或其他安排),转移该土地上的水源时需要遵循州法。这个判决预示着法院对这类问题有了明确的决定,在 8 年后的 Arizona v. California 案②中,法院果然明确宣布,保留权利原则适用于联邦土地。

法院暗示,每一块联邦公共土地的保留区域都有保留的水源用来在必要的限度内实现保留土地所要达成的目标。鉴于此,最高法院支持了政府的主张:通过保有一定量的水来保存位于魔鬼洞(Devil hole)国家历史遗迹旁的石灰岩洞穴里鳉鱼的栖息地,鳉鱼被宣称是一种史前的物种。③

---

① 见 Federal Power Comm'n v. Oregon,349 U. S. 435(1955)(Pelton 大坝案)。

② 见 Arizona v. California,373 U. S. 546(1963)。

③ 见 Cappaert v. United States,426 U. S. 128(1976)。

水源的保留数量受限于达成保留区域特定目的的必要数量。这个被国会授权的特定目的,在保留区域建立之初,就应该被考虑周全。United States v. New Mexico 案[①]牵涉到一片在 1899 年设立的国家森林中的保留权利,最高法院否决了政府因野生动物保护、娱乐、景景和灌溉库存的需要增加河内流量而保留水权的主张,认为 1897 年《森林服务组织法》的目的只主张木材供应和流域保护。然而,为增加流量而保留水权也可以被创造,因为当国会授权建立一个荒野保护区时,荒野保护法案的目的包括保护土地的原始形态。[②]

8.1.3 联邦政府的权力

在州法律下,最高法院的任何一项判决都不会质疑联邦政府在水保留方面的权力运用。相反,一直让人困扰的问题是,在缺乏明确的水资源保留时,国会是否打算运用自己的权力。

1. 宪法依据

宪法财产条款(规定在美国《1787 年宪法》的第 4 条、第 3 款),授权美国国会有权废除或制定有关领地或者其他属于美国财产的必要规则或制度,根据该条款,国会有权保留公共土地上的水使用权。

在 United States v. Rio Grande Dam & Irrigation Co. 案[③]中,法院支持国会管理那些不适宜航行的河流,以免影

---

① 见 United States v. New Mexico,438 U. S. 696(1978)。
② 见 Sierra Club v. Yeutter,911 F. 2d 1405(10th Cir. 1990)。
③ 见 United States v. Rio Grande Dam & Irrigation Co. ,174 U. S. 690 (1899)。

响航道河流的运力。这个保证运力的条款也被引用到 Arizona v. California 案①中。然而,在 Rio Grande 案中的财产条款宣言,是联邦水保留权力中最经常引用的条款。水保留权利也经常被应用在联邦权力的其他事项中,如防卫权(设立军事装置或者建造大坝发电等出于防卫目的的设施)。

印第安人的水保留权通常是建立在他们的贸易条款基础上的(见第1节第8条第3款),该条款授予国会权力"规制与印第安部族进行的贸易活动",而且也可能是建立在条约权力基础上(见第2节第2条第2款),这个权力有时也用在建立印第安人的保留地方面。

2. 国会或行政部门的实施

最近出现的问题是,是否国会打算运用它的权力？如果要用,是否意味着它会取代州水法？

国会可以为了联邦的目的,运用它在全国强有力的权力征收水权。这就需要对在州法律下取得权利(由于这些权利构成了对水的所有权)的个人支付一定的补偿。但是,如果国会出于联邦的远期目的保留水资源,而这个决定又早于根据先占确立的私人权利,则国会不需要付出补偿。

不管何时,在确定一块土地需要水资源时,国会可以运用自身的权力来保留水。土地上保留水权的设立可以依据国会的决定、条约的签订或者在国会授权下总统的行政命令。② 在印第安人保留区、国家森林等其他保留区域建立之初,尽管国会可能没有考虑到赋予行政机构保留水资源

---

① 见 Arizona v. California,283 U.S. 423(1931)。

② 见 Arizona v. California,373 U.S. 546(1963)。

的权力,但法院根据行政命令设立这些保留区的目的很容易引申出水资源的保留权利。

8.1.4 与州水法的关系

在配置水资源方面,联邦政府长期以来遵从州法律的规制,甚至在公共土地上也是如此(见第 3 章的 3.2)。在 California Oregon Power Co. v. Beaver Portland Cement Co. 案[①]中,1877 年的《干旱土地法》被解读适用,确定了一项关于那些在公共土地上的水资源被州法律保护的联邦政策。然而,最高法院的权利保留原则确认联邦政府有特权移除那些根据州法令无效占有的水,并同时可以不根据州法令来行使和确立水权。

州政府从来没有权力转让那些在公共土地上被联邦使用的水权利。联邦认可州保护的水权,但并没有放弃那些在公共土地上没有被占用的水资源(还没有分配给私人的水资源)中的联邦财产利益。一个州配置水资源的权利,适用于这个州的所有水体,除了那些在被占有之前就被联邦政府保留的水资源。

州法律不能妨碍联邦的财产权利或者打乱联邦的目的和计划。只要州法在某种程度上与联邦权力的行使发生冲突,最高条款就会限制州对水的控制。联邦的优先权影响了那些在州法律下水权的管理者和持有者,因为联邦的水资源保留权利往往很多年不使用,但却以不确定的数量存在着。这样就可能打乱了州的水法体系并撤销州法所认可的水权拥有者,而这些人,正是依靠这些水权而谋生的。

---

① 见 California Oregon Power Co. v. Beaver Portland Cement Co. ,295 U. S. 142(1935)。

1. 先占优先权

先占优先权原则,其主要适用在西部各州,认为水权基于历史上的合理使用而存在。因此,最早的水使用者有权利使用那些一直被利用的水资源,并且优先于后来使用者。水使用的次序根据他们开始使用的时间,最早时序的水使用者保有最高的优先权(见第 3 章)。所有的水权拥有者,如果他们开始用水的时间晚于保留地建立的时间,那么保留权就优先于他们的水权。联邦政府随时可以介入并确定没有使用的水权;如果一条河流被占有了,那么那些晚于联邦保留权建立的水权,会在联邦政府实际主张权利的时候变得一文不值。因此,那些在公共土地确立后设定的水权,其水权的使用在一定程度上是不确定的。这些权利的价值取决于优先权的数量,联邦的潜在使用尺度和水资源可供使用的量。联邦的权利被限制在满足"保留目的"所需的数量之内。

联邦政府对水的使用建立在水资源保留权基础之上,即便它没有满足州法所定义的合理使用原则;联邦政府在行使水保留权时,不需要遵从州对水资源的管理制度。另外,联邦政府在实施水保留权来实现政策目的时,不受州法的约束和规制。

2. 河岸权

Winters 案例和其他的保留权案例出现在先占优先权原则适用的区域内。政府在保留地的优先使用权基于保留地确立的日期,这一点符合根据日期而确定的权利优先制度。但是,在河岸法之下,人们开始使用水资源的顺序并没有特殊的意义(见第 2 章)。一般来说,临近河流的每个土地所有者,都有权使用这条河流合理的水量。在水资源短缺的时候，所有的河岸居民共同分享可用的水资源。

法院并没有决定在河岸权案件中如何适用水保留权的概念。如果联邦政府在水短缺的时候仍然和其他水使用者共同使用水资源，那么联邦政府的政策目的就难以实现。在这种情况下，法院就可能免除政府分担水资源短缺的义务，只把这些水短缺的负担强加于私有的河岸权人。

Eve Hank 教授建议摒除不公平的因素来寻求一个解决的办法：允许联邦政府充分使用保留的水源；允许所有权早于政府保留权的河岸权人与政府公平地分享短缺的水资源；限制在保留权之后确立水权的河岸权人的用水份额，他们必须分摊因为政府满足政策目的用水而导致的用水量的减少。

8.2 保留权的优先性

8.2.1 保留权的设立日期

从保留地设立之日起，联邦政府就获得水资源的优先权。保留地的设立日期是根据法规颁布、行政命令下达、协议或者条约签订确定保留地的日期。在一条河流上，当保留地设立时现存于该河流上的私人权利优先于联邦政府的保留权；联邦政府保留权只优先于那些晚于保留权设立的私权利。这极大地限制了联邦政府因新设保留权而占有大部分或者整条河流的水资源。

8.2.2 基于土著印第安人权利的早期优先权

很多印第安条约把土地从印第安部落手里授予美国联邦。如果一个部落被视为保留了所有的权利，那么除了那些通过特殊方式让渡的外，保留权的优先权或许在史前时候就确立下来了。一些基层法院采纳了这个观点,但是最高法院还没有就这个问题做出决定。印第安人保留区取得优先保留权的日期,应该是条约签订的日期还是在远古时期,常常没有结论;然而,大多数印第安人保留区的建立都早于其他权利的确立。另外,一种更早的说法是,早期历史上的优先权无法适用于所有印第安人保留区,比如那些早期被政府单方面建立而不属于印第安部落的土地。

8.3 保留水量

8.3.1 保留的目的

属于联邦政府或者印第安人保留权的水量,被限制在满足保留地设立目的的用水量范围内。用水量也可能会随着需求的变化而变化,但是这个变化要符合设立保留地的最初目的。

1. 保留水量的限制

在 Cappaert v. United States 案[①]中,最高法院认为,"政府的保留水量仅仅是用于满足保留地目的所需要的水量,不能再多"。在 United States v. New Mexico 案[②]中,法院认为应该对目的施加一个限制条件,也就是保留土地所要达到的具体目的。

2. 目的的决定因素

在新墨西哥案中,最高法院需要对保留土地的政策目的进行一个"谨慎的诊视",以此来决定保留水资源的数量

---

① 见 Cappaert v. United States, 426 U.S. 128(1976)。
② 见 United States v. New Mexico, 438 U.S. 696(1978)。

(由于对水资源的保留是引申出来的权利,并非是明确的,这也因为历史上国会尊重州水法)。法院研究了《森林服务组织法》的文字、立法历史和它之前的法案,发现当时国会法案对国家森林的管理有两个主要的目的:木材生产和流域保护,并没有涉及鱼类、野生动物保护和储存水源。法院还对比了组织法与对野生动物关注的立法(如国家公园法)。随后的立法,例如1960年的《多用途持续生产法》就拓宽了国家森林的管理范围,包括野生动物、娱乐、牧场,但并不包括为现有森林资源保留额外的水资源。[1] 然而,在有关立法拓宽国家森林的立法目的之后,最高法院在国家森林保留权的案件中,可能会得出不同的判决。

在 United States v. City and County of Denver 案[2]中,卡罗拉多州最高法院认为美国政府应该提供证据来支持"河道流量权对保持水道航行供水是必要的"主张。[3] 如果设定最小的流量能够实现国家森林法流域保护的目的,那么水保留权就有必要存在。然而,在候审期间,水法庭认为,立法目的能够通过不同方式得到满足而不仅仅靠确定水权来实现。

第一审法院在面对这个问题时认为,在自然保护区设立之时就创建了水保留权。然而,因为对这个问题的讨论还不够"成熟",这个判决在上诉中被撤销。根据 Sierra

---

[1] 见 United States v. City and County of Denver, 656 P. 2d 1(Colo. 1982)。

[2] 见 United States v. City and County of Denver, 656 P. 2d 1(Colo. 1982)。

[3] 见 United States v. Jesse, 744 P. 2d 491(Colo. 1987)。

Club v. Yeutter案①,目前还不能确定直接侵害自然保护区生态特性就违反了法规对保存的规定。在这个案件中,政府拒绝了一个保护组织强制要求保留权利的努力。这个问题在 Potlatch Corp. v. United States案②中再一次被提出。爱达荷州最高法院认为,联邦的水资源保留权原则适用于本州的三个自然保护区,这是因为自然保护区法案中隐含了水资源的保留权利。该法院做出判决,美国政府在每一片区域中"拥有所有未被占用的水资源"。爱达荷州最高法院在相同的案件中也认为,《自然和风景河流法》已经明确建立了水保留权。

3. 印第安人的权利保留:实际灌溉面积

在 Arizona v. California 案③中,最高法院找到了一个"公平并且可行"的办法,来衡量卡罗拉多河流周围五个部落的水资源保留权,这个方法的依据是印第安人实际可灌溉面积(PIA)所需要的水量——一个非常大的水量。一个州法院在它的一个判决中应用了实际可灌溉面积(PIA)方法(在 VI 节 A 小节中详述),它的做法得到了美国联邦最高法院的支持。关于 Big Horn 系统水资源所有权的裁决案④里,Wyoming v. United States 案⑤对所有用水权利案件的一般判决做出了修订,得到了同等分庭法院的确认。然而,在 2001 年,亚利桑那州最高法院在一个部落的必要

---

① 见 Sierra Club v. Yeutter,911 F. 2d 1405(10th Cir. 1990)。
② 见 Potlatch Corp. v. United States,12 P. 3d 1256(Idaho 2000)。
③ 见 Arizona v. California, 373 U. S. 546(1963)。
④ 见 General Adjudication of All Rights to Use Water in Big Horn System,753 P. 2d 76(Wyo. 1988)。
⑤ 见 Wyoming v. United States ,492 U. S. 406 (1989)(Big Horn)。

用水量判决中拒绝适用PIA方法,认为使用这种单一的方法,忽略了不同土地上各部落的差异性,这样就可能损害其他部落的利益。[①] 法院运用了一个更宽泛的测试,把一个部落的文化、历史、自然资源以及现在和未来的人口规模等许多其他因素也考虑在内。

这种拓宽了的印第安保留地的目的不同于联邦保留地的特定目的。最典型的区别在于:建立印第安人保留地的文件里面,引用了一般的目标比如"鼓励工业生活"或者"提高印第安人的文明化进程"。几乎所有印第安保留地建立的目的都是让它们成为印第安人的家园,在这里印第安人可以保持自治并在经济上自足。但这些目标就需要大量水源来满足,包括提供市政供应;支持经济活动比如农业、采矿以及娱乐活动;还有维持鱼类、野生动物和自然植被。

在Big Horn案中,怀俄明州法院认为,虽然条约中规定,要建立一个"永久的家园"一些因素需要被考虑,但是设立保留地的目的还只是保证农业活动的进行。因此,其拒绝承认渔业、矿业、工业或者野生动物保护等其他目标的保留权。美国最高法院没有评价该法院对此部分的判决。

8.3.2 原始目标之外的水资源使用

自从印第安人的水资源保留权被量化之后,超出被量化范围的水资源使用也有可能发生。举例来说,沿科罗拉多河的印第安人保留地有权利根据农田灌溉面积来取用一定的水量。但是,印第安部落也可能把分配给他们的水资

[①] 见the Gila River System and Source, 35 P. 3d 68 (Ariz, 2001)案有关所有用水权的总体裁判理由。

源用在工业上。[1]

在 Big Horn 案的后期阶段,怀俄明州法院做出了一个有分歧的判决,该法院认为被量化的用水权是根据 PIA 确定的,不能在没有通过州法律程序的情况下改变为恢复溪流水量用来捕鱼。[2] 该案当事人没有提出上诉。

8.4 水资源的保留

在联邦和印第安人土地中,目前被合理地作为保留地的基本都有水资源保留权。当然,这一前提是水资源在保留地建立时还没有被占有。

8.4.1 毗邻或横穿保留区的水域

在类似 Winters 案中,河流与印第安人保留地相邻或者通过保留地,这块特定的区域就受到这条临近河流的影响,因此就暗含着对这条河流的水资源保留问题。

8.4.2 离保留区较远的水域

一个保留区域不应该因为没有河流在其区域内,或者出于被保留的目的被建立在没有水源的地方,就简单地被剥夺保留水资源的权利。因此,在 Arizona v. California 案[3]中,最高法院支持了一个水资源的分配方案,把科罗拉多河的水资源分配给两英里之外的印第安人 Cocopah 保留地;在该判决之前的几年时间里,来自科罗拉多河的水源

---

[1] 见 Arizona v. California,439 U.S. 419(1979)。

[2] 见 Big Horn River System,835 P.2d 273(Wyo. 1992)案有关所有用水权的总体裁判理由。

[3] 见 Arizona v. California,373 U.S. 546(1963)。

已经通过灌溉管道被运输到这片保留地了。保留地因缺水建立水道的原因有很多。举例来说,印第安人可能已经选择最经常居住的区域作为保留区,却割让了居住区和水源之间的土地。或者,一个国家历史遗迹的公共保留地就可能建立在一小块区域上,这个区域的用水则依靠其他地区的水源。

几乎所有州(除了最早的13个州、得克萨斯州和夏威夷州)的创建大都出于公共领域,所以在这些区域政府基本控制了所有的水。同时,美国政府默认在州法和属地法下私人水权的建立。在保留权利原则下,当联邦政府为了特定的政策目标,指定一片公共土地作为保留地时,就意味着政府收回经其同意所建立的私权利。因此,保留区域与水源分离开,并不意味着因为这一段距离的隔离,保留区域就没有保留水源的权利。司法把这种权利作为保留地的一个"附属物",并不是指具体的水资源附属在这片土地上,而是指在法律原则下,在满足保留区设立目的的条件下,把水权赋予这些土地。

不相邻的水源能否被使用取决于保留地上的水源是否可用,而这些都应实际考虑现实的影响(如运输的便利程度和水质问题),这样考虑就使远处的水源利用更具有可行性。如果政府或者部落在几处水源中选出一处,那么法院基本上会遵从这种自由裁量权的选择,但是如果这个选择并不合理,那么法院也会干预。

8.4.3 地下水

显然,权利保留原则也适用于地下水。在 Cappaert v.

United States案[①]中,最高法院支持了一个抽取地下水的禁令,禁止一个拥有完全水权的私人水使用者在国家历史遗迹建立后的附近区域抽取地下水。设立该遗迹的目的是保存鳉鱼,持续不断地抽取地下水会使它们陷入生存危机。因为鳉鱼的栖息地在一个石灰岩洞穴的池塘里,而池塘连接着私人水井的水源。私人水使用者抽取水井中的地下水会导致鳉鱼栖息地池塘里的水位下降,鳉鱼的生存因此受到了威胁。在这个案件中,最高法院认为"美国政府能保护它的水源不被随后转移,不管转移的是地表水还是地下水"。

在Cappaert案之前,一个联邦地方法院就发现这个相同的含义致使"最高法院认为地表水的保留权利同样可以引申适用到地下水"[②]。至少从1953年起,联邦内务部门就主张这个原则适用于印第安人保留地的地下水源;最近亚利桑那州最高法院认为联邦的保留权扩展到印第安人保留地的地下水,同时,印第安部落也拥有保护地下水不被抽取的权利。[③] 这也是法院唯一拿来和Big Horn案进行比较的案件。但该判决没有被最高法院复核。

8.5 保留权利的转让

水资源保留权的本质是满足保留区域的设立目标。在

[①] 见Cappaert v. United States,426 U.S. 128(1976)。

[②] 见Tweedy v. Texas Co.,286 F. Supp. 383(D. Mont. 1968)。

[③] 在Gila River System & Sources(Gila III),989 P. 2d 739(Ariz. 1999)案有关所有用水权的总体裁判理由。

某些情况下,公共保留地或者印第安人土地的水资源会被私人团体使用,比如作为受让人经营一家在国家公园里的旅馆,或者作为灌溉部落土地的承包人。使用水保留权的合同安排,无论在不在印第安人的保留地上,同样需要满足设立这些保留地的广义目的。

8.5.1 公共土地或者印第安土地的使用者

个人出于私人目的使用公共土地,不能行使水保留权,并需要遵循州法保护水权。保留权只有在公共土地被保留的时候才会产生——收回这块土地并且用来实现联邦的特定目标,当个人参与到实现联邦政策目标活动中时,保留权也可能被个人行使。联邦目标也有可能通过私人个体实现(这些个体也可能从他们的角色中获利),具体包括在军事基地经营食堂,铺设道路或者在其他类型的保留地进行建设活动,以及在国家公园里经营。

一般来说,承租人和被许可人在公共土地或者印第安人的土地上进行营利活动,而他们的活动对于联邦政策目标并不是必要的,那么他们需要在州(或部落)法下建立自身的水权。但是,在某些环境下,保留水权的租用可能是适当的。租用印第安土地进行使用和发展本身符合联邦印第安土地的租用计划意图,并帮助实现联邦对印第安地区的经济发展目标。印第安人的水权,与其他印第安人的不动产利益一样,没有国会的授权同意不能被转让。法规已经允许在租用印第安土地时拥有水使用权,但是水权的租用不能与土地分离。

8.5.2 印第安个人的分配

1887年的《普通分配法案》形成的政策是,把部落土地分配给个体私有。这个政策的目的是为了让印第安人从游牧方式转变为农业方式；因此，这个政策被认为是最有效的方法，因为每个印第安人都可以获得一块土地进行耕种。没有被分配的土地对非印第安人移居者是"开放的"。立法以及条约中的其他分配计划也体现了相似的方法和目标。这些分配给个人的土地与美国政府之间是信托关系，在分配后的25年信托期内，这些土地不被征税，同时也不能在没有内务部允许的情况下进行出售或者转让。后来立法对信托期限进行几次延长。最终，国会发现这个法案的缺陷，因此将信托期限延长至没有固定期限。分配法案早些时候也进行了修订，许可分配的土地在内务部门同意的情况下出售和租赁。这些条款也解决了许多非印第安人占用保留土地的问题。

《一般分配法案》并没有将部落水权像部落土地那样个别分给印第安人个体。[①]《一般分配法案》第七节授权内务部出台法规确定一个公正平等的分配方法，对保留地印第安人的灌溉水源进行分配。[②] 这个规定只是确定被分配土地的个人有权使用部落的水权，而不是他们拥有水保留权。[③]

在 Colville Confederated Tribes v. Walton 案[④]中，第九巡回上诉法院对土地分配法案进行了解释，每个被分配土地的个体有权使用部落水保留权的一定份额。一个非印第安人对分配的土地进行购买，他也享有权利使用部落水

[①] 见 Grey v. United States, 21 Cl. Ct. 285(1990)。

[②] 25 U.S.C.A. §381。

[③] 见 United States v. Powers, 307 U.S. 214(1939)。

[④] 见 Colville Confederated Tribes v. Walton, 647 F. 2d 42(9th Cir. 1981)。

资源保留权利的一定份额,并且他的用水权根据保留地建立的日期具有优先性。此种结果的合理性是基于国会在分配土地的出让方面,保证作为卖方的印第安人得到这块土地的全部价值,包括水资源保留权的价值。Walton案的方法也被批判,人们认为这给了印第安分配土地的购买者比那些农场所有者邻居们还要多的优势;这些购买者得到的权利优于许多其他私人用水者。这就破坏了州法下的水分配计划,也为把印第安土地转变为非印第安土地提供了激励政策,同时在没有国会授权下通过小块土地的使用剥夺了部落的水资源保留权。在 Walton 案中,怀俄明州最高法院的判决遵从了第九巡回上诉法庭的规则。① 法院共同否决了一个争议:在保留区内未分配土地的非印第安人有权随着部落的优先日期使用水。

8.5.3 印第安保留区外的用水

建立印第安人保留地的目的包括让印第安部落实现经济上的自足。制定保留地的条约和其他法律以及最近很多的联邦立法鼓励经济发展和资源利用。尽管许多部落发展保留地资源以获取收益,但极少有部落把水资源在保留地以外交易。

缺乏联邦法律许可,部落不能出售、出租或者交换他们的水权,因为这些权利是受联邦印第安法律约束的不动产利益。国会还没有对印第安部落出租和其他市场安排给予任何总的许可。有观点很早之前就建议作为一种方法去除现存保留水权的不确定。国家水资源委员会在 1973 年的

---

① 见 Big Horn River System,899 P. 2d 848(Wyo. 1995)案有关所有用水权的总体裁判理由。

报告提议:允许印第安水保留权利的出租,可以使非印第安人高效使用那些不被印第安人即时利用的水资源。

一个不在印第安保留区上交易的方法是延期或者交换协议,该方法使印第安部落承诺在一定时期内不使用他们的水资源,而允许后来拥有水权的非印第安人不受打扰地使用水资源。比如水资源的租赁,这种形式的协议没有国会的授权是无效的,但这可以使非印第安使用者受益,并鼓励对保留地资源进行有效益的使用,同时也可以实现保留地的政策目标。站在水资源高效利用的立场上,延期协议非常具有吸引力,因为它把水资源的利用标准提高,并获得更多的收益。最近的保留水权处理期望得到保留地以外的租赁以及非印第安人用水的其他安排。

8.6 保留水权的量化

理想状态下,在先占优先权制度中,每个个体取得优先权的日期和水资源数量都是明确的。这些信息,再结合年流量和季节流量信息,可以使水权拥有者预测通常情况下能使用多少水量。把水资源保留权合并到州水法体系中是有困难的。第一,保留权利引申出的水权数量不是那么容易限定的。第二,保留权利的拥有者,美国政府和印第安部落,他们借助较高的地位免于诉讼,这也就破坏了州政府为了裁定他们的权利和规制他们的水资源使用所做出的努力。幸运的是,这些困难目前已经通过以下途径得到部分解决,具体包括:通过国会程序使联邦放弃豁免权;通过协商谈判,立法程序和诉讼程序使保留权利得到具体的量化。

一旦部落的保留权利被量化后,保留权水量与保留地的优先日期就与私人水权结合在一起综合考虑。那些在保留权确立后仍然拥有完全水权的人会发现的存在大量潜在的优先用水要求。联邦或者印第安部落可能在实践中不能完全使用他们所有的水权,但是了解保留权利的完全数量可以明确地许可其他个体在水使用时做出更明智的选择。

法院还没有解决关于如何让这个原则在未来发挥预期作用的问题。将来,为满足保留目的需要,保留区域需要的保留水量也会不断变化。一个军事基地可能会增加人口或者职能;随着对鱼类和野生动物栖息地需求知识的不断增加,这些野生动物的保护地也可能需要改变河流的流量;公园内的新型娱乐设施可能需要更深的水池或者流速更快的水流。不断变化的水需求问题在印第安人保留区更加显著,因为这里的政策目标经常是一个很宽泛的概念——确保为部落建造一个永恒的家园和民生需要。

8.6.1 裁判

量化权利的最常用方法就是裁判。在 Arizona v. California 案①中,法院适用的是"实际可灌溉面积"的裁判标准,它需要在土壤特性、水文地理、工程学和经济分析方面取证。土地是可灌溉的,即土地能够支持可持续的农业活动,且土壤质量长期不会退化。然后,必须确定构成必要水资源输送系统的物理和财政方面的可行性。水资源的需要量根据实际可灌溉土地的平均需要量计算。

1. 美国政府提起的诉讼

美国政府可以通过一些诉讼发起量化保留权利的程序,它可以对在相同河流里的其他水用户提起诉讼,也可以

---

① 见 Arizona v. California,373 U.S. 546(1963)。

对有关的一个或几个州提起关于政府监管能力的诉讼。联邦法院寻求量化联邦和印第安人保留权利的案件已经在美国西部各州出现。其中最著名的就是 Arizona v. California 案[①]，它在最高法院案件中作为一个原始模板：亚利桑那州遵循美国政府的委托，它可以介入并主张联邦和印第安人的权利，也可以阐明这些权利要求的范围。这个案件解决了国会法案在几个州之间分配卡罗拉多河的用水权利问题（见第 10 章 10.3）。联邦政府成功得到了对印第安保留地和野生动物保护区保留权进行明确量化的裁决，确定将印第安保留地和野生动物保护区的水需求量从每个州分配到的用水份额中扣除。

最高法院表示，一旦权利的量化裁决做出，就不能轻易地被干扰。用水需求的改变必须与水使用类型的改变一致，而水使用类型的改变由保留地的水量裁决所决定，但是水量是固定的。在 1983 年，最高法院表示，只有在法院发现因灌溉面积测量错误引起面积变化时，或者保留区边界重新确定时，分配给亚利桑那州部落的用水量才可以增加。在 Arizona v. California 案[②]中，法院否决了部落主张增加他们用水份额的要求，因为美国政府过去没有对保留地所有的土地主张水权，而这些土地现在被认为是可以灌溉的。另外，水权裁决对非印第安人利益的确定，对实际可灌溉面积方法的重新开始有很大的阻碍作用。

民众对水权判决的信赖是法院关心的问题，这也是

---

① 见 Arizona v. California, 373 U.S. 546(1963)。
② 见 Arizona v. California, 460 U.S. 605(1983)。

Nevada v. United States 案①的基础。Pyramid 湖沿岸的 Paiute 部落主张,美国政府没有为维持渔业的进行安排足够的水源,尽管渔业是设立这个保留地的原因。相反,他们说,政府把更多的水资源用来保证一个垦荒计划的土地灌溉使用,而这些土地的所有者是非印第安人,从而导致印第安人与非印第安人的水竞争。法院判决的影响使印第安人相信水裁决的决定,使印第安人相信美国政府是代表印第安人的,尽管政府的倡议有时是脆弱的、不完全的或者在利益冲突中做出让步的。

2. 在州法院案件中美国政府的共同诉讼——麦卡伦修正案

因为在没有美国政府的允许下,不能对其提起诉讼,所以国会必须在某个特殊案例或者某类案例中,免去美国政府的豁免权。豁免权的放弃也可以发生在美国政府作为一个团体自愿加入到诉讼中。

印第安部落也享有主权豁免权。尽管在案件关系到合同、商事交易等内容时,印第安部落也能放弃豁免权,但是没有国会的允许,印第安部落放弃豁免权是无效的。这是因为部落的财产,包括水权,是印第安部落与美国政府之间成立信托关系才持有的。但是如果印第安部落在行使它的权利时,发起了一个联邦诉讼,要求法院公平审判确认其权利,法院可能会寻求一个有效的方法免除其豁免权。

美国政府已经通过一个法规免除了自身的豁免权,这就是众所周知的麦卡伦修正案。② 这个法规明确允许了美

---

① 见 Nevada v. United States,463 U. S. 110(1983)。
② 见 43 U. S. C. A. §666。

国政府参与诉讼的情形：

在以下诉讼中,美国政府可作为被告:①关于一个河流系统或者其他河流的水资源使用权利的判决;②此类权利的管理,在实践中显示出美国政府是这些权利的拥有者或者是通过在州法下通过授权、购买、交换或者其他途径得到的水权,同时美国政府在这样的案件中是必要参与的一方。

因此,当一个私人团体走进法院要求裁定一个河流系统的水权时,他会在参加诉讼的名单中加上美国政府。不这样做会导致通常的河流水权裁决结果具有不确定性,因为美国政府可能会有一个重大的诉讼请求,尤其是当美国政府代表印第安部落时。

麦卡伦修正案只在关于河流体制的水权综合裁决中授权美国政府的共同诉讼。这包括在科罗拉多州水资源法庭正在进行的案件,United States v. District Court In and For the County of Eagle 案[①],甚至州行政机构本质上也可裁决并同时被法院监督。不过,在 Dugan v. Rank 案[②]中,就美国政府和特定原告的优先权,政府在私人诉讼中不受州法院的审判。

麦卡伦修正案允许美国政府参与州或者联邦法庭的共同诉讼,但在实际情况下,它只参与州法院的诉讼案件,因为联邦法院关于水权的审判案件通常并不由州或者水资源使用者个人发起。

联邦法院的审判权是为了美国政府发起诉讼而存在

---

① 见 United States v. District Court In and For the County of Eagle, 401 U. S. 520(1971)。

② 见 Dugan v. Rank, 372 U. S. 609(1963)。

的,麦卡伦修正案并不妨碍在这个层面上对政府水权进行裁判。尽管也有同时存在的诉讼,最高法院支持地方法院在美国政府参加同等法院的诉讼案件之前,驳回联邦政府发起的诉讼请求。然而,在 Colorado River Water Conservation District v. United States 案[①]中,却包含了这么一个"例外情况"。虽然,联邦政府的案件申请在州政府传唤其参加州法院的诉讼案件之前六周就已经提出,但是州法院的这个诉讼案件是关于正在进行的河流制度问题,并已经有 1000 个其他个体参与,如果美国政府不参加诉讼,会导致他们对州法院的抗议。因此,推迟一些时间后,联邦法院的诉讼请求被驳回了。这种情况的发生是因为州法院的诉讼是全面性的,而联邦法院的行为是单一的。

修正案的内容仅仅指联邦"通过购买、交换或其他方式,在州法律下得到的占有权",但是,在 Eagle County 案中,法院发现内容中的"其他方式"包括保留权。

印第安部落的水权并不是联邦的财产,但是相当于美国政府所拥有的私权以信托的形式交给了印第安部落。结果,其中一些问题仍然存在争议,比如这些权利在麦卡伦修正案下不允许被提起诉讼,因为它是专属于美国政府的权利。但是在 Akin 案中,最高法院仍然在麦卡伦修正案下规制了印第安人的保留权利,这是因为"我们需要牢记,在美国西南部,印第安人保留水权是无处不在的特性,很显然,排除了这些权利的修正案会阻碍修正案目标的实现"。Big Horn 案是在麦卡伦修正案下,第一个裁定关于印第安

---

① 见 Colorado River Water Conservation District v. United States,424 U. S. 800(1976)(Akin case)。

人保留权全部请求的州诉讼案件。

法院认识到,麦卡伦修正案没有给予印第安部落豁免权,同时印第安部落可以提起诉讼来裁定水权。但是,在 Akin 案中,如果相同的权利在州诉讼案件中至关重要,那么印第安人发起的联邦诉讼案件会被驳回诉讼请求。在 Arizona v. San Carlos Apache Tribe 案①中,San Carlos 案件涉及亚利桑那州和蒙大拿州,它们都被国会授权,以州的法律地位裁定保留权授权案件和控制印第安区域。法院认为,麦卡伦修正案消除了授权法案中的司法障碍。

一旦政府参与到诉讼中后,它必须遵从州的诉讼程序。② United States v. Bell 案认为,不能成功主张水权会妨碍后来对保留地日期的优先权登记。然而,最高法院认为,法案对主权豁免权的放弃并不允许州法院从美国政府那里得到法定的登记费用。③

企图让法院命令政府去主张保留权利,但当行政人员没有使用它们的公诉人自由裁量权而这样做时,这个目的就失败了。在 Sierra Club v. Yeutter 案④中,地方法院要求相关机构表明他们的野生动物保护授权在没有水资源保留权的情况下也可以圆满实施。在 Shoshone－Bannock Tribes v. Reno 案⑤中,部落不能说明关于总检察官自由裁

---

① 见 Arizona v. San Carlos Apache Tribe,486 U. S. 545(1983)。

② 见 United States v. Bell,724 P. 2d 631(Colo. 1986)(没有成功使用保留地的优先权排除较晚建立的权利)。

③ 见 United States v. Idaho,508 U. S. 1(1993)。

④ 见 Sierra Club v. Yeutter,911 F. 2d 1405 (10th Cir. 1990)。

⑤ 见 Shoshone－Bannock Tribes v. Reno,56 F. 3d 1476(D. C. Cir. 1995)。

量权的合法范围。但是,在 Pyramid Lake Paiute Tribe v. Morton 案[①]中,法院发现,自由裁量权的滥用导致没有成功主张和保护印第安部落的保留权。

8.6.2 其他的量化方法

另一个量化保留权的方法是通过谈判达成协议。协议涉及联邦的权利,但大部分集中表现为印第安人的权利。如果协议涉及限定或者允许其他人使用印第安人的保留权,那么这些协议就必须经过国会的许可。1982 年后,有超过 10 个州的 20 个部落使用谈判解决问题。协议的主要方面不仅包括量化印第安人的权利,也包括提供基金(联邦加上这个州的消耗份额)或者水资源(经常来自一个新的或者正在进行的联邦工程),以此保证印第安人的用水权不因非印第安人的使用而遭受侵害。许多协议允许在保留地内外进行有限的印第安人的水权交易。一些协议提供给部落"发展基金"。另外,一个协议的签订会涉及水的高效利用、保存、环境问题以及州际之间的合同义务。谈判避免了包括诉讼成本在内的大量的成本,同时也更可能达成协调各方需求的解决方案。

宽泛的联邦立法权成为保留权量化的一个依据。尽管国会在量化和修改保留权之前收到许多建议,但是都没有获得通过。有关程序中复杂的现实变量和政策视野显示,量化权利的最好办法是通过对个人保留权的谈判和诉讼。

8.6.3 监管机构

尽管联邦政府把私人持有的水权管理委托给州政府,

---

① 见 Pyramid Lake Paiute Tribe v. Morton,499 F. 2d 1095(D. C. Cir. 1974)。

但是政府间豁免权利原则防止州政府在没有国会许可的情况下规制美国和印第安部落拥有的水权。

在联邦土地上,州监管机构可以在没有妨碍特定的国会命令和目的的情况下行使权利。在印第安人的保留地上,没有国会的授权,州政府的规制不适用于印第安人的土地;当然也有几种例外情况,这取决于土地是否被非印第安人所拥有以及规制的影响。

1. 联邦政府的优先权

国会可以行使宪法赋予的权力来阻止州法律的运行。根据宪法条文(VI,cl.2.)的最高条款,如果在宪法中发现这样的权力并实施,那么这种宪法权力显然在州法之上。但是国会是否想要优先于州水法是一个困难的问题,因为没有专门的法律条文来说明这个问题。一般来说,法院必须找寻国会意图的指示。举例来说,如果州政府关于合理使用的定义不许可联邦政府为实现保留地区目的的必要水使用,州法律就会被取代。由此,如果州政府没有认识到在国家公园里河流流量的水使用是一种合理使用时,那么州法院将分析问题的意图并取代州法。法院会参照《公园组织法》中设立公园的目的、这个特定公园的立法指向以及其他制定法和立法历史。这样可能把案件变得相对简单,因为设立公园是为了"保存风景和自然的、历史的物质,在那里生活的野生动物以及为未来人们提供相同的宜人环境……"因此,州法律会被取代,以此来排除实现联邦政策目标的阻碍。

州工程师出具的归档报告、水权登记报告和行政机关行使其他行政行为等的法定条件要求不能被取消。与州水法不一致的联邦政策已经引起了法院的重视,同时法院也认识到：如果该项联邦政策的实施会给其他联邦规划和政策增加不切实际的负担,那么法院应当援引州法律来对案件做出裁判。具体参见 California v. United States 案①,该案在第9章的9.4中具体讨论。是否政府被要求放出储存的水冲刷航道或者控制某种化学浓度,取决于这些要求对政府实现联邦目的和计划的能力有什么样的影响。

2. 部落的自治权

印第安部落管理他们的族人和土地的权利,来自于他们从来没被消除的原始主权。国会有权力取消部落的管理权,但是其一般并不使用这些权力去影响印第安部落规范水权的审判。在1953年(麦卡伦修正案颁布一年后),国会颁布公法280,授权给州政府对印第安保留地上的刑事犯罪案件和民事诉讼案件的审判权。这个法案不包括"任何动产或不动产的转让、负债或者征税,还有属于任何印第安部落的水权"。② 印第安部落的自治传统体现在联邦政府和印第安部落之间大量的条约中,还有那些强调印第安部落自我决定和加强部落自治的法令和政策中。国会同意对印第安人水权唯一重要的州审判就是麦卡伦修正案授权把印第安人的水权审判归于州管辖。③

在联邦政策存续期间,保留地上的印第安部落自治权是为了撤销符合州法的通常适用于公共土地的推定,当然前提是联邦政策不被破坏。然而,当涉及非印第安人时,就是另外的一种情况,以下会具体讨论。

---

① 见 California v. United States ,438 U. S. 645(1978)。
② 参照 18 U. S. C. A §1162(b);25 U. S. C. A §1321(b)。
③ 见本章的8.6。

在国会法案没有允许联邦或者州政府裁决时,印第安人用水的规制属于部落。一部联邦法规,《土地分配法》的第七条,允许内务部长在印第安保留区,依照对农业水资源"确保一个公正和公平的判决"的规定进行管理①,但是在这条法规下,没有规章被采纳。第七节没有限定部落规制水资源使用的权力,除了内务部的法规能够阻止部落做出一个不公平的农业水资源分配。

一些印第安部落通过水资源法令来规制水资源的分配以及在保留地上的水使用。这些法令和印第安部落规范约束着印第安人在保留地上的水权使用,这不仅因为印第安人的保留权利是部落的财产,也因为部落对它的成员和领土拥有主权。印第安人行使因保留地而优先占有的权利也受部落规定的约束。保留地上的主权活动是部落管辖权的基础。

在印第安人或者州政府寻求对保留地上非印第安人的水使用进行管辖时,更困难的问题就出现了。

保留权合并租赁关系或者其他在部落或者分配土地上的合意使用,通常都受部落的规则制约。因为在保留地内印第安部落对印第安人财产享有主权,因此州政府的规制权力在这里就受到阻碍。

有一点必须要做区分:对水保留权使用的规制和对这些权利之外的水资源——剩余的水资源。使用保留地上剩余的水资源的权利可在州法律下构建。非印第安人行使这些权利是否可以遵循州的规制,取决于州政府的权力行使是否被取代或者部落的自治权是否被侵犯。部落在保留地水资源连续的、统一的管理中有明确的利益,而州政府同时

---

① 见 25 U.S.C.A § 381。

发生的管辖权就会与部落的水管理政策相冲突。但是,如果部落缺乏一套水资源分配和管理的体系,那么部落就很难主张州政府在水资源统一管理中侵犯了他们的利益。

相比完全在保留地上或者大部分流经保留地的河流,在不流经保留地的水源问题上,法院更倾向于适用州政府的管辖权。具体可比较 Colville Confederated Tribes v. Walton 案[①](在保留地内的河流,州政府管理权被取代)和 United States v. Anderson 案[②](部分流经保留地的河流,州政府管理权没有被取代)。

还有其他重要的因素是,保留地上水资源使用和联邦灌溉系统的存在对水资源的依赖程度。近来的案例法建议,一个州政府假定可以规制非印第安人在非印第安人土地上使用占有的"或者剩余的"水资源,除非这样做会影响政治完整性,经济安全或者部落的健康和福利。[③]

8.7 联邦的"非保留"水权

除了拥有保留水权外,联邦政府可以在州法律下拥有其他水权。不过,联邦机构必须根据州法律来申请这些水权。联邦政府对水权的申请会和其他个体水权申请者在平等基础上进行统一考虑。[④] 美国政府在一些情况下可能需要根据州法获得水权,比如,在保留地政策目的之外的水资

---

① 见 Colville Confederated Tribes v. Walton,647 F. 2d 42(9th Cir. 1981)。
② 见 United States v. Anderson,736 F. 2d 1358(9th Cir. 1984)。
③ 见 Motana v. United States,450 U. S. 544(1981)。
④ 见 State v. Morros,766 P. 2d 263(Nev. 1988)。

源使用情况(如国家森林的水储备问题)或者因为保留区建立前水资源已经被私人占有,同时这些水权已经全部属于私人个体的情况。而且,当国会指引或者一个行政决定要求时,联邦政府也可能在州法律下取得水权。如果美国政府在没有州法授权的情况下寻求占有或者使用非保留的水权,那么关于它是否有权利这样做的问题就出现了。当然,只要国会在宪法授权下指引美国政府这么做,那么美国政府行使获得这些水权的权力就是毫无疑问的。

为了不妨碍联邦计划的实施,州法律可能不会阻止联邦政府获得或者使用水权。因此,在 California v. United States 案①中,最高法院认为,州政府可以决定在一个联邦开垦项目中由美国政府获得的属于州的水使用权,但是如果这个决定在项目如何运行方面和国会指示相冲突时,那么这个决定就是无效的。不过,是否国会允许土地管理者在与州法律不一致时占有并使用水资源,需要对相关的成文法做一个认真的检查来确认国会的目的。只有当联邦计划或者国会命令失败时州法律才会优先适用;否则,州法律必须尽可能地遵从联邦计划和国会命令。

---

① 见 California v. United States,438 U.S. 645(1978)。

第 9 章 联邦控水与水资源开发

9.1 联邦权力

一般情况下,水资源的利用由州法律规定,但联邦政府基于以下原因在水资源配置上发挥着重要作用:一是对重大水利工程项目给予资金支持;二是满足公共土地管理的制度与政策需求;三是国家环境质量管理的必要性;四是对于联邦政府而言,首要的义务是处理与航行和国际条约相关的事宜。随着联邦政府在水资源开发中的作用不断提升,州与联邦政府间的关系也日趋紧张。由于水资源匮乏、联邦土地高度集中,西部各州的冲突日益剧烈。

州界内的水资源,甚至包括公共土地,均依据州法律进行管理和分配,不受国会优先权的影响。联邦最高法院对 California Oregon Power Co. v. Beaver Portland Cement Co. 案[①]的裁决是,依据州法律,私人对公共土地的所有权仅限于水权,因为 1877 年的《沙漠土地管理法案》规定,土地和水资源中的不动产权是相互分离的(即便较早一些的

---

① 见 California Oregon Power Co. v. Beaver Portland Cement Co., 295 U.S. 142 (1935)。

联邦法律明确表示可以遵守州水法)。虽然如此,当国会基于宪法需要对水资源进行规划利用的时候,联邦政府对水资源的控制权便显得至关重要。法院承认联邦政府对水资源拥有如下权力:开展贸易权(包括其附属的船只航行权)、财产权和履行条约权,甚至调用国防力量来保障联邦政府建设军用水电站。① 问题的关键不在于权力是否存在,而在于国会是否打算取代州法律行使权力。

第8章已经讨论过,为了实现公共土地的利用目的,联邦政府有权从州占有的水域中保留部分水资源,并对保留的水资源享有优先权。本章重点阐释政府权力可能对各州水资源利用能力产生影响的其他领域。

9.1.1 适航性与国会权力

1. 历史沿革

在北美洲的探索、移民安置和经济发展过程中,合理利用航道扮演了重要的角色。Lewis 和 Clark 在对路易斯安纳州购置地的研究中发现,就像早期移民的西进运动中那样,土地购置在一定程度上有赖于河道运输。在铁路和现代电动交通工具出现以前,水路是货物运输最可行的方式。在国家河流的两岸,大城市在这些天然商业动脉的滋养下发展壮大。相应的,这里有强大的联邦资金保证商业沿着航道自由流动。

在 Gibbons v. Ogden 案②中,最高法院主张:纽约州授予罗伯特·富尔顿在纽约航道上的独家轮船运营权与美国宪法中的贸易条款相矛盾。首席审判员马歇尔声明:"所有

---

① 见 Ashwander v. Tennessee Valley Auth. ,297 U. S. 288(1936)。
② 见 Gibbons v. Ogden ,22 U. S. 1(1824)。

美国的理解,统一起来,'贸易'一词应理解为航道。"

2. 航行权力在现代的重要意义

早期,我们使用适航性来确定国会权力的扩张是否超越法律规定。基于航道对贸易的重要性,国会行使的贸易权包含与航道相关的各方面控制。今天适航性几乎不再作为国会权力的要素,因为众所周知,贸易权已经远远超出了航道的范围。①

通常情况下,联邦最高法院不会单独考察国会制定法案的目的是否事实上促进了航运业的发展。在一项国会决议中,证明贸易权包含航道利用权是十分必要的。② 甚至可以说政府工程对适航性有待论证的介入在一定程度上支持了对航运能力的合理开发。在 Arizona v. California I 案③中,法院拒绝接受亚利桑那州持有的以对航行的相关陈述作为博尔德峡谷项目法案的目的只是一个借口的论点,其原因在于该项目向科罗拉多河水流域提供了广泛的筑坝和可消费的水。在更早的案例中,美国政府尝试禁止私人灌溉工程从不适航行的支流中引水,因为这威胁到主航道的适航性。最高法院认为航行权应扩展至适航行的支流,支持联邦法律禁止对美国水域的通行能力设障。已设立的项目以及原有的航行障碍均受国会控制。④ 在非航道

---

① 例如 Kaiser Aetna v. United States, 444 U. S. 164(1979)。

② 见 United States v. Chandler-Dunbar Water Power Co., 229 U. S. 53(1913); United States v. Twin City Power Co., 350 U. S. 222(1956)。

③ 见 Arizona v. California I, 283 U. S. 423(1931)。

④ 见 United States v. Rio Grande Dam & Irrigation Co., 174 U. S. 690 (1899)。

支流上的防洪工程也一直持续保护通航水域。①

在联邦项目中法院没有顺从遵循国会意见的案例仅有一次。在 United States v. Gerlach Live Stock Co. 案②中，法院没有接受国会的申诉，他们认为在 1937 年和 1940 年的《防洪法》中，整个中央谷项目是"以改善航行……为目的"的。然而，法院认定宪法赋权的项目均为一般的公共福利（第八节第一条第一款）。

3. 所有权意义上的适航性

现在，"适航性"最重要的用途在于确定河床的所有权。当河流两边的土地被联邦政府征用，在决定是否需要给予补偿时，也需要判断"适航性"（如航行地役权的存在）。

一段水路是否适合航行一开始便基于它"实际上可供航行"。③ 在给定的时间段内，航道并不一定要真正在实际中用于航行。如果此河流曾用于航行，那么其适航性不因其后来的废弃不用而消失。虽然 Daniel Ball 牵涉到国会权力，但适航性的定义依然用于确定河床的归属权。如果此河流是可用于航行的，河床的归属权将归属于州。④

为了实现《联邦电力法》的立法目的，国会将适航水域的定义扩大至通过合理手段可被改造而具有适航性的所有水域。⑤ 应注意的是，为确定允许公共使用的特定流域，各

---

① 见 Oklahoma ex rel. Philips v. Guy F. Atkinson Co., 313 U. S. 508 (1941)（防洪也是规定的目的之一）。

② 见 United States v. Gerlach Live Stock Co., 339 U. S. 725(1950)。

③ 例如 Daniel Ball, 77 U. S. 557(1870)。

④ 见第 5 章 5.1。

⑤ 见 United States v. Appalachian Electric Power Co., 311 U. S. 377 (1940)。

州可以确定其自身对适航性的定义。①

9.1.2 航行地役权

应把航行地役权从航行权和适航性中区别开来。航行权力是在贸易条款下,国会拥有的,与航行有关的立法授权。适航性这一词汇用来确定美国政府与州之间的河床所有权。"航行地役权"或者无补偿原则,是一个在特殊环境下允许联邦政府不支付赔偿金即可影响私人权利的概念。当联邦政府摧毁或重铸了水路上或水路周边的私有制体系,当美国联邦大坝毗邻部分水路或者通过提高水位来削弱私人发电厂的发电功率时,业主的财产可能会受到损害并得不到补偿。

虽然《宪法》第五修正案禁止没有合理的补偿不能为公共使用征收私有财产,但是却允许在所有经济可行的使用被损害也得不到补偿的情况下,对私有财产的使用予以监管干预。在此种状态下,除了受财产特点的固有限制之外,征收私有财产时予以补偿是应尽的义务。② 当然,在宪法中列举的监管应是国会权力的体现。当这种在适航水域上的私有权被政府损害或毁灭时,国会将进行干预。因此可以推断,在适航水域上或附近的所有权人将会受到国会实施航行权的限制。

1. 航行地役权的法理基础

历史上,航行是一项重要的公共权利。在英格兰,王室拥有并可以授予对适航水域河床的特定权利。被授予的权利理应从属于公众自由航行的权利,但由于王室的保护,这

---

① 见第 5 章。
② 见 Lucas v. South Carolina Coastal Council, 505 U.S. 1003(1992)。

项权利与公共利益的冲突导致了国民权利的减少。美国殖民地削弱了英王室在航道设置中的权利。监管贸易的势力当时屈服于殖民地政府通过的宪法中有关商业的条款,但在航道自主权上并未屈服。联邦政府才得以在河道主权的基础上拥有航道控制权。

一些观点主张在"通知主义"的基础上判定航行地役权。由于投资人在航行水域投资时已经知晓了航行至高无上的历史重要性方面的知识,所以投资者们如果迁移或拆除那些妨碍航道的工程,他们并不能得到合理的补偿预期。但实际情况远远超出这个基本原理。法院已经扩大了适航性的定义,国会授权一些土地可用于多用途的联邦工程,哪怕它们与航道建设只有名义上的关联。这种零回报的管理模式,尽管现在一直在应用,但在1973年的报告中遭到了国家水资源委员会的批评,国家水资源委员会建议应当通过立法,对许多航行地役权案件中的当事人提供经济补偿。

2. 航行地役权的范围设定

航行地役权的设定取决于财产权受影响的程度和被涉及的财产权类型。通常,航行地役权仅适用于坐落于、涉及或在航道流域中的财产。征收非航行支流中的财产必须被补偿。[①] 但是国会明确指出,如果这些项目建设的目的明显是为了提高航道的通行能力,那么补偿请求很容易被驳回。在航道通行河段,无补偿的规则扩展到普通高水位标志的河流。无补偿规则适用于河床(包括上至高水位线,下至河床以下所有的陆地部分)及河床中的构筑物。

---

① 见 United States v. Kansas City Life Insurance Co., 339 U. S. 799 (1950)。

(1)航行的障碍物

最早应用航行地役权的案例是关于航道障碍物的拆移。在第一起诉至联邦最高法院涉及通航地役权的案件中,法院驳回了在 Monongahela 河收取通行费的特权。[①]驳回裁决认为该项目是可补偿的,因为最高法院发现水闸和大坝建造是在国会的"蓄意邀请"下建造的。在之后的法院裁决中,Monongahela 案一再被强调作为一个反面的、禁止性的典型案例。但是何种类型的国会"邀请"构成禁止是不确定的,需要更多的对比,例如,发布联邦疏浚通知和发给许可证。

对航道障碍物的后续处置被认为从属于航行地役权。例如,在 Union Bridge Co. v. United States 案[②]中,政府成功地利用了 1899 年《河流和港口法》强制改进了在 Allegheny 河上阻碍交通的桥梁。根据通知理论,法院确定了通行地役权的合法性,判定这种损失是不需要补偿的。桥梁公司依据的理论如下:依据联邦政府可能有一天会行使它的通航权,桥梁公司建造了该桥梁。

(2)航道中的财产损害

一个早期的案例,即 United States v. Lynah 案[③],法院裁定,由于联邦大坝导致的在一条河流的最低水位和最高水位间的洪水对土地造成的损害是应予以补偿的。法院的裁决可能会使处于通航航道上的土地所有者有维护水位

---

① 见 Monongahela Navigation Co. v. United States,148 U. S. 321 (1893)。

② 见 Union Bridge Co. v. United States ,204 U. S. 364(1907)。

③ 见 United States v. Lynah,188 U. S. 445(1903)。

处于自然状态的使命感。然而,通过 United States v. Chicago,Milwaukee,St. Paul & Pacific Railroad 案①,Lynah 案的判决结果被推翻。在这个案件中法院认为,航行地役权扩展到在航道中上至普通高水位(所有季节的最高水位线的平均值)的所有土地。

所有与通航航道相关的事务都从属于航行地役权,因此,由于疏浚纽约大南湾造成的对牡蛎养殖场场主的私人财产的损害补偿已经被否认了。②

(3)适航河道上的工程对不适航支流上的财产权造成的损害

当在通航河段上建造大坝的截流之水引起洪灾或其他灾害,并对不适航支流上的财产造成损害时,这些损害应予以赔偿,除非国会为了保护主干河流的通航能力明确援引国会的航行权力。在 United States v. Cress 案③中,在一条具有通航能力的河流主干道上,政府建造的大坝提高了支流河水的水位,结果淹没了支流流经的土地,并且破坏了位于该支流的磨坊的潜在水力发电。最高法院认为,这种损害必须被赔偿。

法院在 Cress 案中确立的规则赋予土地所有者有权在自然条件下维持支流河水水位。这个规则已经遭到了批评,因为该规则规定财产的可赔偿性取决于建筑物的位置:在不适航的支流需要赔偿,而在 Chicago 案中,在航行水域

---

① 见 United States v. Chicago,Milwaukee,St. Paul & Pacific Railroad, 312 U. S. 592(1941)。

② 见 Lewis Blue Point Oyster Cultivation Co. v. Briggs,229 U. S. 82 (1913)。

③ 见 United States v. Cress,243 U. S. 316(1917)。

完全相同的损害却是不需要赔偿的。法院再次确认了Cress规则,如果农场中的土地被盐水渗透是由于大坝阻碍了密西西比河导致临近不能适航的河流的土地被淹没,在这种情况下应该给予补偿。[①]

在 United States v. Willow River Power Co. 案[②]中,一座适航流域内的大坝将主流和支流的水位都提升了,这破坏了从人工河道把支流引向主干工程中的水力资源。法院根据Cress规则不支持赔偿,因为被影响的财产权是在河流主干而非支流中。

如果支流洪水是由支流大坝引起的,而该大坝的修建是为了保障主干河流的通航能力,那么国会就有理由拒绝赔偿。[③]

(4)通过私人努力使河流通航

如果正常情况下不可能通航的水域,通过私人努力使之可以通行,且这种方式引领公众探索了新的航道水域,那么政府就必须支付补偿。在 Kaiser Aetna v. United States 案[④]中,一位开发者加深了一个池塘且在面朝海洋的方向开了一个河道,使之成为了一个码头。改造前的池塘是通航的,虽然唯一的通道需要穿越私人土地。最高法院认为,不适用于美国陆军工程兵团的航行地役权试图获得一个通往海洋的公共权力。尽管适航性已经充分引起了联邦管理当局的关注(如组织涉及通航的活动),但是为了

---

① 见 United States v. Kansas City Life Insurance Co., 339 U.S. 799(1950)。
② 见 United States v. Willow River Power Co., 324 U.S. 499(1945)。
③ 见 United States v. Grand River Dam Auth., 363 U.S. 229(1960)。
④ 见 Kaiser Aetna v. United States 444 U.S. 164(1979)。

公众能够获得达滨权可以征收私人财产。另外一个相伴的案件,即 Vaughn v. Vermilion Corp. 案①,也否认了在路易斯安那州一条连接墨西哥海湾和内河的人造航道的航行地役权的适用。

3. 征收造成损害的测算方法

征收高地(即最高水位线以上的土地)会给予补偿,即使它们位于适航水域。然而,取决于航道流动性的私人权利则受到地役权的限制并且不可以被补偿。这些权利包括水力价值、消费用水的权利以及区位价值(即邻近水域土地的增值)。

(1)水力价值

在 United States v. Chandler-Dunbar Water Power Co. 案②中,为了保护位于密歇根州地势较高的密西根湖的航行能力,美国政府征收了位于河流上的一座发电厂和邻近的高地。法院发现,水力价值依赖河流快速流动,水力价值的征收不具有补偿性,这不仅是因为根据地役权可以移除河流中的建筑物,而且还因为被主张的发电权是河流流量权利的表现形式之一。有种观点认为,在适航水域,对流动河水拥有的权利可以归私人所有,该私有权利被征收可以予以补偿,法院认为该观点难以置信并予以驳回。

(2)区位价值

邻近航道的陆地或许更具有价值。因为,无论将它作为水力发电站、娱乐区或者港口都是可用的。当位于普通

---

① 见 Vaughn v. Vermilion Corp. ,444 U. S. 206(1979)。
② 见 United States v. Chandler-Dunbar Water Power Co. , 229 U. S. 53(1913)。

高水位之上的河岸土地作为联邦工程项目的一部分被征收时,问题就出现了:征收补偿是否应当包括其区位价值呢?在 United States v. Twin City Power Co. 案①中,Savannah 河航道所涉及的陆地被一家电力公司收购并将其作为可能的水库选址。这块地作为电力选址的价值是作为农业用途价值的近十倍。所有者辩说这些土地不属于航行地役权的范围,因为它们位于高水位标识以上。法院驳回了这种观点,法院认为根据在河流中的位置确定的土地价值增量是河流流量的固有价值,在 Chandler-Dunbar 规则之下,土地的区位增量价值不具有补偿性。

Twin City Power Co. 案的裁决不会改变航行地役权的现实范围,即航行地役权只包含与高水位标记接壤的河床部分。航行地役权并不包括补偿与河流流量紧密相连的高地部分的价值。尽管高地是确定无疑需要补偿的,但它们的价值可能仅涵盖非河岸目的,如农业或矿业的合理价值。

在 United States v. Rands 案②中,俄勒冈州的 Rands 拥有沿着哥伦比亚河的土地。该州曾有过一个选择,即买下这块地作为港口使用。如果这块土地作为港口使用,则创造的价值将比作为其他用途(诸如沙滩、碎石和农业)创造的最高价值高出五倍多。美国政府将这块土地纳入哥伦比亚特区整体发展计划的一部分。法院认为,一些特殊价值,比如因达滨航道而产生的港口区位价值,受制于航行地役权。因此,法院拒绝对这些价值做出任何补偿。此外,法

---

① 见 United States v. Twin City Power Co., 350 U.S. 222(1956)。
② 见 United States v. Rands, 389 U.S. 121(1967)。

院还认为,土地增加的价值仍保留在 Rands 的所有权中,因为即便扣除掉所有的损害补偿额,新河岸土地的位置仍然会给所有权人带来收益。

Rands 案所确立的规则会产生很糟糕的后果,可以用前任院长 Trelease 提供的一个例子来说明。假如一片土地不考虑它临水的位置,值 1 万美元。但是滨水的位置给这片在水上的土地增加了 5 千美元的价值。如果这片土地在水上的区域有一半被淹没,那么征用土地的裁定额只有非滨水区域的价值,因为港口的价值并没有被考虑到。但剩下的土地会升值,因为现在它变成了滨水区,而这个价值没有算到裁定额中。最终,土地所有者没有获得被淹没的土地的补偿。

因为 Rands 案裁决结果的荒谬影响,对于扩大征收土地的赔偿范围,国会承受着很大的压力。在 1970 年,国会通过了《河流与海港法案》的第 111 条[①],该法案规定,因航行改造项目征收的土地不动产的赔偿额,应该是该不动产在使用最好时的公平市场价值,最高的使用价值应该根据通行或者利用航行水域的价值确定。这样,所有者就可获得被征收土地的临水价值。而实际恢复的价值总额又因现在坐落在这片水域的高地提升的价值而缩减。在上文 Trelease 的假设中,111 号法案会给土地所有者 1 万美元用来支付被淹没土地的价值(港口的价值也被包括在内),因为剩余土地升值的 5 千美元将会被扣除。而剩下的土地因失去了适航行水域会贬值,111 号法案却也限制对贬值部分进行补偿。

---

① 33 U.S.C.A. § 595(a)。

通常的规则是,如果土地所有者位于河岸的土地价值的增加是因为其靠近航行水域,则土地所有者不能就此增加的价值要求赔偿,但是如果第三人获得了该块土地的漫灌地役权,则上述规则也可以被法院裁判严格限制,即土地所有者可以获得赔偿。漫灌地役权是依附于土地的一种利益,权利的拥有者有权淹没另一个土地所有者的土地。在 United States v. Virginia Elec. & Power Co. 案①中,这家能源公司原本打算建造一个水库进行水力发电,它购买了一个水域的地役权,这样就可以允许它把另一块土地灌水淹没。但美国政府决定在同一地方建立一个联盟项目。能源公司承认潜在的水力发电的价值是不能补偿的,但是他们辩解最高法院同意水域的地役权还有另外的价值,该价值并不依赖于流水量。法院认定的基本原理是:水域地役权的所有者有权利通过灌水淹没去破坏有用土地的价值。土地的所有者放弃将土地作为农业、林业或畜牧业使用之前,可以向地役权所有者索取这一部分的价值赔偿。因为漫灌地役权不用的可能性很大,所以如果漫灌地役权的拥有者完全不可能或不太可能使用这一地役权,土地所有者还可以低价把地役权卖掉,因此法院考虑到这一可能性,通常会通过对地役权价值打折的方式严格限制对土地所有者的损害补偿数额。事实上,联邦政府已经决定建造这些项目,尽管这些项目并没有考虑"地役权实施的可行性"。

(3)基于州法律产生的水权

在很多方面,联邦权利跟各州创立的水权是相冲突的。

---

① 见 United States v. Virginia Elec. & Power Co., 365 U. S. 624 (1961)。

如果国会合理地运用其权力来监管水权,那么就不存在可赔偿的权利。如果水权被剥夺或者完全被破坏,那么补偿的权利将依赖水权是否受制于航行地役权。

美利坚合众国会通过调控水资源的使用来实现联邦的立法目的。在 United States v. Rio Grande Dam & Irrigation Co. 案①中,为了实施联邦保护河流航行能力的立法,最高法院维持了政府拥有阻止州实施其水权的权力,这是一个监管授权而不是征补偿收的案例。国会也会授权联邦官员从联邦项目中分配水资源,而不用在意州法律下水权的优先权。② 对于法院而言,唯一问题就是国会是否打算推翻或者取代州法律。

当联邦项目需要征收或者破坏一项根据州法律产生的水权时,补偿应该给与,除非项目目的是为了通航,这种情况下水权应该受制于航行地役权。在 United States v. Gerlach Live Stock Co. 案③中,加利福尼亚州 Central Valley 地区的农民使用 Sacramento 河的季节性溢流灌溉他们的草地。作为大规模 Central Valley 项目的一部分,为了避免河流的季节性洪水,政府建设了 Friant 大坝,结果使下游土地的所有者失去了溢流。政府主张这种损失不需要补偿,因为是为了控制通航国会才授权建设 Central Valley 项目的。法院认为,这个计划是一个开垦项目而不是通航项目,尽管国会宣称此项目完全是为了改善通航,因为

---

① 见 United States v. Rio Grande Dam & Irrigation Co. ,174 U.S. 690(1899)。
② 见 Arizona v. California, 373 U.S. 546(1963)。
③ 见 United States v. Gerlach Live Stock Co. , 339 U.S. 725(1950)。

1902年《开垦法》明确规定,联邦政府在意图获取类似项目的所有权时应遵照州立法律,剥夺的水权需要被补偿。

9.2 水电项目的联邦许可

9.2.1 《联邦电力法》(FPA)

1920年的《联邦电力法》为水力发电的开发创建了普遍适用的国策。联邦电力委员会,现在叫作联邦能源管理委员会(FERC),作为执行该法令的一个独立机构产生了。联邦能源管理委员会有权授予私有水电设备建设许可证,并调控州际电力买卖及传输。

《联邦电力法》是自然资源保护论者数年努力的结果,这些人致力于寻求联邦立法来保证国家范围的广泛水力计划的实施。法令的其中一个目标是协调计划体系内用水者(例如,航行、灌溉、再生、野生动植物保护、电力及食品管控)之间冲突。

这项法令要求(缺少现存的1920年前的通行权):如果在建造水力发电设施,包括"大坝、水管道、水库、动力室及其他工厂设备"时,需要穿过、毗邻或建造适航水域、公共土地或联邦保留地,就需要从联邦能源管理委员会获得许可证。法令还要求使用政府堤坝的过剩水资源或水力也需要获得批准。

如果委员会发现非通航水域上的拟议建设设施"会影响州际利益或国际贸易",那么该设施需要获得许可证。这一表述使得法院支持委员会对许可司法权给予广泛的延伸。在 Federal Power Commission v. Union Electric Co. 案[①]中，一个电力公司提出要修建一个"抽水蓄能"设施，该设施可以把水抽到高处的水库存储，然后释放水量产生电能。联邦最高法院维持委员会要求项目许可证的决定，因为电力的产生要经由国家电网的传输。法院补充：如果这个项目没有被合理地运行，那么河流下游通航部分流量的时间会受到影响。

在其他情况下，如电力的产生对通航水域和州际贸易有实质的影响，委员会拒绝运用司法权。只有水力发电项目，委员会才会要求其获得建设许可证。许多火力发电厂需要从可供通航的科罗拉多河抽取大量冷却水并且会在州际贸易中向美国西南部输电，为了维护对上述火力发电厂的司法管辖权，最高法院支持委员会的拒绝权。[②] 法院坚持认为，这些电厂不是《联邦电力法》规定的需要获得许可证的那些"工程项目"，并且这些工厂也没有从联邦筑坝中使用"过剩水资源"。法院还坚称，国会制定《联邦电力法》的意图是授权委员会只能给水电厂颁发许可，而不是那些通过燃煤来产生蒸汽发电的工厂。

9.2.2 与州法律的冲突

联邦大坝会对流域的流量产生巨大影响，使州的水资源配置混乱。尽管冲突经常涉及水法，但关于鱼类栖息地保护和环境保护的州法律也同样会被影响。这种情况在拥

---

① 见 Federal Power Commission v. Union Electric Co., 381 U. S. 90 (1965)。

② 见 Chemehuevi Tribe v. Federal Power Comm'n, 420 U. S. 395 (1975)。

有联邦大坝的俄勒冈州和华盛顿州尤为明显,因为大型的联邦大坝会阻碍逆河产卵的鱼类(如鲑鱼)的产卵和迁徙。

《联邦电力法》有两个条款看起来可以保护州的法律免受联邦的侵蚀。第九条第二款要求许可证申请者提交符合国家法律关于促进水电发展的证明文件。法案的第二十七条规定:

任何没有包含在本章的行为将被视为以各种途径影响或干扰各州有关控制、占有、使用水电的法律,或影响灌溉用水或市政工程的用途,或对任何既定的权利产生不良影响。

虽然这两个条款似乎维持了州的法律,但司法解释限制了它们的有效性。

联邦最高法院认定第九条第二款没有给州政府否决联邦项目的权力。[①]在 First Iowa 案中,艾奥瓦州方面认为,委员会应当许可授予在艾奥瓦州的支流上建一座大坝以便进行水力联合发电。最高法院则裁定,任何时候要同时满足州和联邦的许可要求都是不可能的,依州法律建设的项目可能会有损《联邦电力法》综合性、全国性的规划目标。法院表示,第九条第二款仅仅提供了少量提示;如果该委员会自身对州法律遵守的程度表示满意,则委员会的决议具有约束性,那么州的许可证就没有必要再获得了。

法院在 First Iowa 案中确立的规则在 California v. FERC 案[②]中被进一步扩展。加利福尼亚州试图通过

---

① 见 First Iowa Hydro—Electric Co—op. v. Federal Power Comm'n, 328 U.S. 152(1946)。

② 见 California v. FERC,495 U.S. 490(1990)。

PERC提高对水力发电项目设定的最小流动速率标准。与First Iowa案不同的是,此次争论的焦点在于国家是否有权决定在何种情形下水资源可被项目利用。最高法院发现第二十七条并没有因First Iowa案对第九条增加任何解释。法院也区分了其对几乎和第二十七条相同的条款的相反解释,为了联邦调查局的复垦项目,该条款允许州设定水资源使用的情形。① 在California案中,法院认为《联邦电力法》"在对(私人)水电开发项目上,比《开垦法案》发挥更为广泛的和更积极的联邦监管作用",尤其在重要的联邦水利工程预算和建设方面。因此,第二十七条仅是一个一般规定,它不能超越特定条款对该问题的优先适用或逾越《联邦电力法》的预期目标。但是,如果根据州法律产生的权利被征收,则必须要求支付补偿。②

在那些国会法案代表对一个州的环境保护义务的地方,无论如何,PERC的排他性授权可能是最合适的。《清洁水法》第401条③要求,联邦能源委员会在颁发联邦许可证或执照之前,必须调查认证申请人是否违反了国家水质标准。在PUD No. 1 of Jefferson County v. Washington Dept. of Ecology案④中,联邦最高法院裁决维持了地方州强行规定河流的最低水位和流量作为联邦能源委员会颁发

---

① 见California v. United Stated,438 U. S. 645(1978),本章9.3。

② 见Portland General Electric Co. v. Federal Power Comm'n,328 F. 2d 165(9th Cir. 1964); Scenic Hudson Preservation Conference v. Federal Power Comm'n,453 F. 2d 463(2d Cir. 1971)。

③ 33 U. S. C. A. § 1341。

④ 见PUD No. 1 of Jefferson County v. Washington Dept. of Ecology, 511 U. S. 700(1994)。

执照的必要条件。

一份水力发电许可证赋予被许可方享有联邦政府的特定优先权。在 City of Tacoma v. Taxpayers 案①中,Tacoma 市向联邦能源委员会提出申请,请求在哥伦比亚河的一个支流上建设一座大坝。华盛顿特区反对这个项目,因为建设大坝将会淹没一个州的鱼卵孵化所,州法律规定禁止市政当局征收州政府财产。尽管如此,联邦能源委员会还是颁发了许可证。最终联邦最高法院判决联邦颁发的征收城市土地权的许可不得征收州政府的财产。

9.2.3 对鱼类和野生动物的保护

水力发电设施能够破坏鱼类的栖息地和迁徙模式。与 100 年前相比,哥伦比亚河中鲑鱼产量只有以前的 8% 左右。洄游性鱼类的严重破坏主要是河流上的水电设施引起的,这些设施的建设阻碍了洄游性鱼类的洄游,改变了水温,也改变了水的化学成分,进而危及洄游性鱼类的生存。

根据《联邦电力法》,联邦能源监管委员会必须在发行项目许可证之前,审查该项目是否"与综合规划高度融合",其中综合规划是指涵盖水资源开发、航运、水力发电和"其他合理的公共用途,包括休闲娱乐目的"的规划。② 1986 年修订通过的《清洁水法》明确指出,联邦能源委员会在审批项目时必须考虑对鱼类和野生动物的保护。法院将会审查 PERC 驳回的一项综合性规划的决定,以便确定该驳回是否在历史上曾经被支持,或者确定该驳回的决定是

---

① 见 City of Tacoma v. Taxpayers, 357 U.S. 320 (1958)。
② 16 U.S.C.A. §803(a)。

否是恣意的或者是反复无常的。①

许多联邦环境法令都要求,联邦政府机构在项目建设或颁发执照时应考虑鱼类和野生动物的价值。《国家环境政策法》(NEPA)②要求,可能显著影响人类环境的主要联邦政府计划在进行前必须编制环境影响评价报告,确定其可能产生的环境后果。同时要求政府的其他项目计划尽可能使用"一切可行的手段"来规划并与其他部门做好协调工作,在决策的过程中也应充分考虑环境的影响。

《鱼类和野生动物协调法》(TFWCA)③,要求在水资源发展项目中"平等考虑"野生动物的保护。在实践上,均衡水利工程的多元化价值目标和保护鱼类与野生动物的价值之间是极为困难的。为了有利于保护鱼类和野生动物的国家利益,在建设项目之前,该法案要求美国鱼类与野生动物服务局和州鱼类与野生动物代理机构间进行协调。

《西北太平洋电力规划和保护法》(PNEPPCA)④,虽然不能说是一个完整意义上的环境立法,但它在综合分配联邦政府电力供应与缓和联邦水力发电项目的影响方面扮演着重要的角色。该法案重点保护和恢复太平洋西北区的洄游性鱼类资源,这些地区也是受水利设施影响最严重的区域。根据该法案,市政当局肩负着保护、缓解和增加鱼类与野生动物的职责。此外,联邦电力设施的管理者需要承担"平等对待"鱼类和野生动物的义务,确保鱼类和野生动物

---

① 见 National Wildlife Fed'n v. Federal Energy Regulatory Comm'n, 801 F. 2d 1505 (9th Cair,1986)。

② 42 U. S. C. A. § § 4331—44。

③ 16 U. S. C. A. § § 661—666c。

④ 16 U. S. C. A. § 839。

不从属于建设项目。市政当局的计划方案必须"考虑FERC规定程序中的每一个相关的阶段"。[①]

印第安部落有关在河中的捕鱼权、通过引水妨碍河流水量、蓄水或水污染等损害鱼类栖息地的协议,这些内容都可能涉及关于减少部落共享鱼类的能力。内政部被依法起诉,原因在于根据法令设置的条件,FERC 有义务保护印第安人的保留权利,而 FERC 在颁发许可证时未能完全履行其责任。[②] 另外,联邦政府可能会因未能保护条约规定的权利而承担赔偿责任。

9.3 联邦复垦工程

9.3.1 目的

国会试图通过颁布诸如《宅基地法》等法律给移民者提供低价或免费的土地鼓励西部开发。国会的目的是解决通过欺诈或滥用公共土地的手段挫伤自给自足农场主利益的问题,因为投机商们为了投机利益(如铁路和森林资源),能够聚合控制大片公共土地的所有权和管理权。

许多西部公共土地因得不到灌溉而太过干旱。但当地定居的人们却很少有建筑水坝和引水工程的充裕资本,因此联邦政府在支持融资和建设水利工程方面的作用亟待增强。

[①] 见 National Wildlife Fed'n v. Federal Energy Regulatory Comm'n, 801 F. 2d 1505 (9th Cir. 1986)。

[②] 见 City of Tacoma v. FERC, 460 F. 3d 53 (D. C. Cir. 2006)(驳回 FERC 试图对机构设置的时间限制)。

1902年国会通过《复垦法》,在内政部设立垦务局负责管理复垦工作。虽然该法案的目的是提供灌溉用水,但该法案也试图成为分配公共用地的国家政策的一部分,而这种国家政策既不会推动土地项目的投机行为,也不会造成对土地的垄断。国会的明确目的是促进西部小型农场的增多和福利的增加。后来立法补充完善了复垦项目的目的,进一步包含了水力发电、工业用水和市政使用等。依照规定,复垦项目也使诸如娱乐、鱼类与野生动物保护、防洪和航运等项目受益。

早期的复垦项目提案建议项目应当实现自给自足。随着对计划项目政治观念的转变,因信赖项目通常能给国家带来利益,考虑到受益人还款能力匮乏,出现了大量对计划项目的财政补贴。然而,后来政府开始更关心经济效益,设计项目计划要求有详细的包括成本—效益分析和偿还项目成本的可行性研究。

随着《复垦法》颁布,一些特定的项目被批准。例如,1929年通过的《波尔德峡谷工程法案》[1],作为全面发展计划的一部分,该项目法案规定了在科罗拉多河上大坝(包括Hoover大坝)的建设。后续的《小型项目法案》[2]规定,只要地方政府保护了必要的水权、地役权和土地所有权,就可以加快小型项目的审批,并且小型项目也可以部分使用联邦的资金。

9.3.2 国会的权力

国会参与多数复垦项目的基础是《联邦宪法》的存在。

---

[1] 43 U.S.C.A. §617。

[2] 43 U.S.C.A. §§422。

早期的判例认为国家财产权神圣,国会可以通过法律管理联邦财产。[①] 另一个基础是征税权和预算能促进社会福利。[②]

9.3.3 项目受益人的限制

1. 背景和政策

1902年通过的《复垦法》目的是为了防止投机行为。单一所有权人不能在超过160英亩的土地上使用水资源,水资源的使用者只能是当地居民或者是在附近土地上居住的人。除此之外,该法案还要求项目受益人随时间偿还部分建设项目工程的成本,尽管不需要支付利息。然而,这些要求却经常被随意改变。通过的修正案规定,当受益人遇到困难时,允许延迟或减免其付款义务,由此也产生了巨大的财政补贴费用。

2. 受土地面积限制

为了协助小型家庭农场实行《复垦法》,该法第五条规定,在共同所有权下,禁止销售超过160英亩开垦土地的用水量。面积限制(或"超过土地"条款)引发了《复垦法》中比其他任何一个条款更多的争议和抵制。这种滥用引起对1926年的《综合调整法案》的改革。《复垦法》第46条规定,除非所有者根据先前部长设定的价格签订出售额外附加土地的"书面合同",不然额外附加的土地不能继续使用项目的水资源。如果所有权人十年之内未卖出土地,那么合同通常授权部长有权出卖这些土地。

在符合联邦法律的前提下,1926年的修正案还规定了

---

① 见 Kansas v. Colorado,206 U. S. 46 (1907)。

② 见 United States v. Gerlach Live Stock Co. ,339 U. S. 725(1950)。

局部地区的水资源分配。内政部还与复垦区签订了长期的服务合同,并且复垦区与用水者也签订了子合同。

利用租赁可以成功避免面积限制的规定(因为法案中提到的只是最常见的"所有权"),其他形式的物权能使单个运营商控制数千英亩的土地。内政部未能阻止这类情形的发生。这在某种程度上是一个暗示,至少在西部地区160英亩开垦区的限制不是必须完全被遵守适用的。

国会也对某些特定项目进行了各种各样的豁免。对已经是灌溉土地或开垦水域仅为"补充"的投机风险而减弱的,理论上面积限制可以超过160英亩(如San Luis Valley项目是480英亩)或完全不受限制(如Colorado－Big项目)。另一种豁免的情形是,如果土地所有者同意偿付把水引到多余土地上应当支付的利息,则允许土地所有者不必签订书面合同条款(限制转售价款)(如Washoe项目)。在Imperial灌溉区,通过司法解释,关于160英亩的限制给大型土地所有者带来的困难被避免了。联邦最高法院裁定,根据《Boulder Canyon项目法案》,该地区的豁免是有效的。[1]

最终国会解决了多余土地面积的问题。1983年的《土地复垦改革法案》增加了受益土地的面积,从原来的160英亩增加到960英亩,与此同时也加大了对水资源的控制。该法案也对租赁问题进行管控,它对所有权进行了总体设置即租赁不得超过2080英亩。现在,对附加面积收取的全部费用受制于向这些土地引水支付的全部成本。复垦区可以选择根据新的限制修改合同或为额外附加的土地支付全

---

[1] 见Bryant v. Yellen,447 U.S. 352 (1980)。

部费用。但在加利福尼亚州 Central Valley 的几个复垦区开始挑战这个"霸王条款",他们认为《土地复垦改革法案》违反了宪法第五修正案有关正当程序的规定。第九巡回法庭判决该法案没有违反正当程序。法庭认为,国会对租赁土地的供水保持沉默并不意味着授予这些区域合法的权利;这种权利和《复垦法》的目的相冲突。此外,法庭还认为,国会从未放弃其主权权力去监管政府提供补贴的水量。①

《复垦改革法》还废除了 1902 年《复垦法》第五条有关居住条件的规定。该条规定开垦水域只提供给当地的真正居民或居住在该地域附近的居民,但没有规定具体的执行部门。

9.3.4 与州水法的冲突

联邦复垦项目可能与一些州的水法发生冲突(如原产地的保护立法或优先权法),如《联邦电力法》。1902 年的《复垦法》包含的内容似乎是要求联邦遵守地方州立法。该法第八条规定:"内政部长在执行有关控制、占有、使用或分配灌溉用水等的规定时,应当符合州立法。"尽管用语广泛,但该条款不允许特殊复垦立法或立法特别授权的特定项目违反州立法。

直到 1978 年,联邦最高法院在解释上文第八条的规定时,对于那些需要赔偿的建设项目,在定义财产利益时只需遵守地方州立法。但在 California v. United States 案②中,

---

① 见 Peterson v. United States Department of Interior, 899 F. 2d 799 (9th Cir. 1990)。

② 见 California v. United States, 438 U. S. 645 (1978)。

法院宣布,一旦获得权利,必须根据州立法重新分配来源于联邦复垦项目的水资源,除非州立法与联邦复垦法条款相冲突。法院的早期裁决并不支持上面的观点,否认了州政府强加的供水条件,在某种程度上是在研读第八条的规定后,才确定了对用水权人的赔偿和州政府立法中收购性质的权利。在 United States v. California 案①在押候审中,上诉法院几乎支持了所有给这个项目强加的许可证。在履行项目目的时,除非政府能证明蓄水是必要的,否则为了保护鱼类、野生动物和娱乐使用将禁止蓄水。

在 California v. United States 案判决之前,还没有一个旨在否决联邦最高法院判决联邦在复垦工程中有超越州立法并具有广泛的优先购买权的案例,那些判决的效果微乎其微。最重要的先例是 City of Fresno v. California、Ivanhoe Irrigation Dist. v. McCracken 和 Arizona v. California 案。② 在 Fresno 案中,Fresno 市试图实施州法律有关生活用水和在流域用水的优先权。法院认为,在《复垦法》第八条和《复垦法》第九条第三款(给予灌溉用水的优先权)之间发生冲突时,内政部长不需要遵守地方州立法。加利福尼亚州反对法院交替适用第八条,认为州法律不能阻碍为获得水权而行使的土地征用权。

在 Ivanhoe 案中,法院裁定,1902 年《复垦法》第五条关于 160 英亩限制适用于 Central Valley 工程。联邦最高

---

① 见 United States v. California, 694 F. 2d 1171 (9th Cir. 1982)。

② 见 City of Fresno v. California, 372 U. S. 627 (1963); Ivanhoe Irrigation Dist. v. McCracken, 357 U. S. 275 (1958) 和 Arizona v. California, 373 U. S. 546 (1963)。

法院裁定,《复垦法》第八条的规定不是对第五条面积限制表述的否定。

在 Arizona v. California 案[①]中,最高法院认为,《Boulder Canyon 工程法案》的条文授予内务部长裁量权,让其制订科罗拉多河水资源的分配计划,这已经足够否定了州水资源分配法案。尽管根据第八条的规定,内务部长应在州法律框架下进行水资源管理,但是法院发现国会不希望政府的裁量权在管理项目水资源中受到太多约束。法院引用具有代表性的 Fresno 和 Ivanhoe 案作为说明,在项目水资源的输送中,美国政府不需要在《开垦法》第八条规定的约束下去遵从州法律的优先地位。在 California v. United States 案[②]中,法院否定了亚利桑那州关于 Fresno 和 Ivanhoe 案的解释,认为尽管在亚利桑那州方面并没有实质上的冲突可供引用,但是法院建议判决的做出应该依据州的优先地位和联邦项目的运转之间的直接矛盾。

在 California v. FERC 案[③]中,法院裁定,基本上与第五条的规定几乎相同的州法律保留条文,在面对经过联邦权利法案授予许可证的民间水力发电项目时是无效的。[④]法院发现,相比于取代《复垦法案》的需要,实现联邦权利法案中关于河流流域的综合发展目标更需要对州法律进行更大力度地修订。

---

① 见 Arizona v. California,373 U. S. 546(1963)。
② 见 California v. United States,438 U. S. 645(1978)。
③ 见 California v. FERC,495 U. S. 490(1990)。
④ 见本章的 9.3。

9.4 环境立法

9.4.1 《濒危物种法》

《濒危物种法案》(ESA)是世界范围内最富效力的物种保护法律之一。该法案第七条大体规定了禁止危及任何濒危物种继续存在的联邦行动,并要求联邦机构与美国鱼类和野生动物管理局进行协商确定拟议行动的影响。所有的联邦环境立法都是为了尽最大可能地限定水权的存在。例如,利用《濒危物种法案》进行干涉,可以禁止国家水权的拥有者行使自己的权利。在 United States v. Glenn-Colusa Irr. Dist 案[①]中,法院判决禁止灌溉区在分水渠中使用拦鱼网,裁判理由是使用拦鱼网会损害处于迁徙旺季的濒危物种鲑鱼的活动。

在《濒危物种法案》的适用中,近来最受争议的莫过于该法案在 Klamath 河上的适用,在与行使权利的用水者博弈的过程中,该法案逐渐从尝试适用变成了强制适用。当大量的鱼死于低水位以及自然原因后,人们把注意力转向了河道上损耗河道流量的联邦灌溉项目。在《濒危物种法案》中,美国国家海洋渔业局(NMFS)是保护临危和濒危物种的责任主体,美国垦务局(USBR)是灌溉项目的管理者,同样所有的联邦机构都肩负着保护临危或濒危物种的职责。当联邦机构的作为和不作为都面临诉讼的时候,联邦机构试图去限制用水,但是没有成功。尽管联邦机构试图

---

① 见 United States v. Glenn-Colusa Irr. Dist., 788 F. Supp. 1126(E. D. Cal. 1992)。

去缓解灌溉项目造成的影响,但是法院还是坚持援引《濒危物种法案》拒绝减轻对该河水使用者的判决。

在国家海洋渔业局的十年规划中,针对银鲑鱼受到威胁提出的八年短期措施需要延期。这个计划被渔民和环保团体挑战并认为是过于随意、反复无常的。在 Pacific Coast Federation of Fishermen's Associations v. U. S. Bureau of Reclamation 案①中,灌溉者诉称联邦机构的契约造成可循环用水量供应的减少,法院裁定《濒危物种法案》的颁布是为了公共利益的需要,因此政府的行为因符合《濒危物种法案》的规定并未违反约定。这就是所谓的"主权行为主义",它被认为是一个完整的防御违约索赔体系。

9.4.2 《清洁水法》

《清洁水法》是 1972 年通过的,它取代了原有政府对污染的无效监管,建立起一套由州和联邦共同分担责任的综合性国家污染防治系统。② 该法案的目标旨在到 1985 年消除污染物排放,并"恢复和维持化学、物理和生物完整性的水域……"另一个临时目标是到 1983 年,水域恢复到可以游泳及可以垂钓的水平。该法案允许对提供水污染监控和记录的公益诉讼进行强制执行,使违法者受到刑事处罚并可以对政府公益基金进行直接使用。

该法案中规定的污染控制标准有两类。污水排放标准限制污染物排放的数量是源,环境水质标准限制污染物的

---

① 见 Pacific Coast Federation of Fishermen's Associations v. U. S. Bureau of Reclamation,426 F. 3d 1082 (9th Cir. 2005)。

② 见 33U. S. C. A. §1251-1376(在本章后面部分的数字是指最初的立法,而不是代码)。

浓度是流。在应用环境水质标准时,因为经常很难识别污染物的确切来源,《清洁水法》利用废水的标准是基于可用的控制技术。这种方案的主要控制机制是从"点源污染"角度限制污染物的排放。《清洁水法》主要是通过州政府建立自己的规划而并非都要完全服从于联邦标准,去除"非点源污染"是最小限度的控制。

1. 国家污染物清除系统(NPDES)许可证制度

《清洁水法》第402条确立了在排污许可证制度基础上的 NPDES。NPDES 许可证制度需要由原来的"点源污染物排放许可"变成"通航水域污染物排放许可"。"点源"是指一条管道、一个水沟、一条隧道、一个浮动的容器、一口井、一个集中饲养场或其他废水的集中且有别于地表积水。该法案还规定,灌溉农业的回流水不是点源污染。通航水域被广泛确定为"美国全部水域"。

点源污染要受到国家污染物清除系统排污许可证的管制,需要满足"排放的污染物"排入美国的通航水域。排入通航水域的污染物不需要是污染物生成的源头,只需要满足点源污染。[1] 由此一来,一个大坝或管道的一部分只要将污染物从一个溪流流入另一个水域即要满足第402条排污许可证制度的要求。第九巡回法院认为,用来存储采矿废水的大坝需要取得许可证。[2]

要想获得污染物排放许可证,申请人必须符合联邦排

---

[1] 见 South Florida Water Management Dist. v. Miccosukee Tribe of Indians,541 U. S. 95(2004)。

[2] 见 Committee to Save Mokelumne River v. East Bay Municipal Utility Dist. ,13 F. 3d 305(9th Cir . 1993)。

放标准。1972年《清洁水法》第301条规定的排放标准由两部分组成,一是最佳现有实用控制技术(BPT)标准,该标准使用期限截止到1977年7月1日;二是最佳可行技术标技术(BAT)标准,该标准使用期限截止到1983年7月1日。后来1987年的《清洁水法修正案》又将最佳可行技术标准的最后期限延长至1989年3月31日,同时扩大了《清洁水法》中规制的污染物范围,将有毒物质和"非常规"污染物也纳入进来。这些修正案还规定了一类新型的"常规污染物"(细菌、悬浮固体物、生化需氧量、酸碱度),当然最常规的控制技术(BCT)必须同时可以获取。新的污染物来源当然适用特殊的排放标准。

2. 水质标准

水质管理标准是由州政府决定的,州政府设立的水质管理标准是自主决定的,并且应比联邦政府设定的水质管理标准更为严格。州政府应确定水质标准应用的领域,诸如家庭、渔业等,并足以支撑这些应用。州政府必须利用排污许可证制度使其满足水质标准的要求。大量的污染物由非点源污染几乎是不可能的。在《清洁水法》通过后,一些州开始实施自己的环境水质管理标准。州立法会还在授权持续发布适用本州的航道水质标准,但如果他们适用的航道不满足充分的条件,那么美国环境保护局(EPA)将可能会强行适用自己的标准。尽管环境保护局有权否决个别州在不遵守《清洁水法》时颁布的排污许可证,但州政府也应当按照国家制定的指导方针或发布的其他规则进行活动。

在 Ford Motor Co. v. United States E. P. A. 案[1]中,法院判决环境保护局否决福特汽车公司在另一污染源排出前通过增加水稀释原来污染的计划是无效的,其裁判理由是环境保护局并未在此前确定禁止使用减少流量提高水质的方针政策。

《清洁水法》第303条要求各州流经本地区的"水质限制"(那些由州使用认定的废水限制被证明并不能完全保护本州的水质)并确定每一个这样污染的"最大日负荷总量",使用者之间可以对容许的负载废物进行交易。如果地方州政府没有这样做,那么美国环境保护署为了维护环境水质可以建立更为严格的点源污染的排放限制,如上文提及的水文水流不足以稀释废水时。

由于按《清洁水法》第402条颁发排污许可证时还需要符合水质标准,水质降低时应符合该法第303条的要求,即在增加污染物时增加水流的稀释能力,水流减少时减少污染物的排放。如果需要维持较大的水文流量确保必要的水质水平,州政府应尽可能地通过污染物排放许可制度保障一定程度的生态基流,同时也可以限制污染物的排放。

在联邦机构准许水利开发项目前,联邦机构必须获得一个证明,即该项目不违背地方州政府根据法案第401条确定的水质标准。从大坝排出的潜在可能足以引发州政府的认证要求,同时最低的流速及流水量和过鱼设施也需要

---

[1] 见 Ford Motor Co. v. United States E. P. A., 567 F. 2d 661 (6th Cir. 1977)。

满足相应的条件。① 如果州政府的水质标准需要实行最小流量,那么这种需求必将影响到用水的量。②

3. 制订计划的条件

《清洁水法》第 208 条规定了区域性废水管理计划的开发问题。存在废水处理问题的区域被指定,并且建立了地方机构以便开发并监管当地水资源污染处理计划的实施。计划必须确定必要的处理设施,包括选址的建议。美国环保局结合法案第 208 条和第 303 条有关计划必要条件的规定,单独规定了的制订"水质管理计划"所需的必要条件。计划是否按照法案第 208 条的限定条件选址,如果不符合将可能导致被扣缴联邦建设资金或不能获得该法案第 402 条的排污许可证。下游用水者如果依赖废水作为水源供应可能会影响到计划选址,就需要按照第 208 条的规定设定选址,需要增加一个新的清洁设备在污水进入河道前分散污染物。

4. 非点源污染控制

水污染最难控制的原因是"非点源"污染源。这些污染源包括扩散源,如城市和灌溉径流、地表采矿和建筑工地,还包括诸如法律不认为是污染源的农业灌溉回流水。这些污染源游离于《清洁水法》的监管范围之外,因为它们数量太大、监管难度大并且监管的成本太高。在一些情况下(像农业污染源),污染源的控制会遭到激烈的政治反对。

---

① 见 S. D. Warren Co. v. Maine Bd. of Enviornmental Protection,547 U. S. 370 (2006)。

② 见 PUD No. 1 of Jefferson County v. Washington Dept. of Ecology,511 U. S. 700(1994),这个问题在本章的 9.3 进行了讨论。

根据《清洁水法》第208条和303条的规定,通过利用"最佳管理实践"(BMP),管理计划都必须包含一个可识别程序以便控制污染扩散源,但这个必要条件在激励有效控制非点源污染方面,很大程度上是不成功的。如果没有实质性的指令,地方州政府并不乐意采取对灌溉者来说花费高昂的引水控制措施。例如,一些水质的问题是由水流量、利用时机和利用方式造成的。当过量的水被引走和土壤盐碱化时,盐和其他有机化学物质就会污染河道。引走太多的水资源会造成污染物停留并在河道中汇集。

1987年通过的《清洁水法》修正案(第319条)要求,各州通过如下条件确定非点源污染的地点:第一,对非点源污染进行评估并确定使用BMP进行控制的必要性;第二,实施BMP的程序。如果一个计划不能得到充足的资金支持,该计划就很难实现。因此在许多州,非点源污染的控制工作成效相当低。

5. 疏浚和填堵许可

《清洁水法》第404条规定授权许可陆军工程兵团负责美国各个水域的疏浚和围堵。因为被管控的活动领域和类型以及严苛的联邦条件要求,第404条已经远远超过了该条款调整的范围。

《清洁水法》的管辖权不仅扩展了通航水域,而且涵盖了所有的支流和相关湿地。根据该法案,通航水域被定义为整个"美国的水域"。第404条中规定,陆军工程兵团监管的水域包括所有涉及州际贸易的全部水域,这些水域涵盖供其他州的旅行者游玩的州内水域。[①] 法院进一步界定

---

① 见 United States v. Byrd, 609 F. 2d 1204(7th Cir. 1979)。

了毗邻这些水域包括湿地在内的概念。作为土地的一种类型,湿地被定义为供植物生长的特殊地域(如柳林)。① 但是,根据404条的规定,陆军工程兵团对水域的疏浚和围堵管辖权需要获得许可证。但是,当陆军工程兵团对并不毗邻开放水域的、孤立的、季节性的池塘进行疏浚和围堵时,并不需要许可。②

联邦最高法院进一步限定了陆军工程兵团对水域管辖的范围仅限于"美国水域"。③ 因为观点支离破碎,较低级别法院的不同判决引发了管辖权的混乱,但没有任何一种观点能够压倒联邦最高法院的主流观点。代表多数意见的Scalia大法官认为,这样的水域只包括"相对固定的、长期的或连续流动的水域",并且对于湿地,也只包含与这些水域水面相连的湿地。与多数意见一致的Kennedy大法官进一步认为,陆军工程兵团的管辖范围根据疏浚和围堵的位置和传统意义上的"适航水域"之间存在的"重大关系"来确定。例如,如果湿地足以影响CWA管辖范围内其他水域的化学、物理或者生物系统的完整性,那么陆军工程兵团对该湿地具有管辖权。第七和第九巡回法院采用了Kennedy大法官的观点,将其视为更严格的标准。第一巡回法院遵循与上述意见有分歧的Stevens大法官观点,法院认为只要满足Scalia大法官或者Kennedy大法官任何一种标准,陆军工程兵团都有管辖权。2007年,美国环境保护

---

① 见 United States v. Riverside Bayview Homes, Inc. , 474 U. S. 121 (1985)。

② 见 Solid Waste Agency of Northern Cook County v. U. S. Army Corps of Engineers, 531 U. S. 159 (2001)。

③ 见 Rapanos v. United States, 547 U. S. 715(2006)。

署颁布了一项指导性文件,尽管该文件设置了很多限制性条件,但基本上还是采用了第一巡回法院"非此即彼"的标准。

该法第 404 条许可的活动范围覆盖了远比传统意义更广泛的对河道的疏浚和围堵。监管活动包括诸如桥梁、大坝、建筑物建设及道路、防洪活动甚至是对贝类的运营。当然有一部分被排除在外,比如"农业、林业、畜牧业正常的灌溉用水"和灌排沟渠的建设。但是,法院认为,为了灌溉更多的农业区而建设堤坝和灌溉系统,需要获得由《清洁水法》第 404 条规定的许可证。①

如果一项活动属于第 404 条规定的许可范围,那么陆军工程兵团在授予项目许可证之前必须考虑"所有相关因素"。似乎不存在其他的环境法律,可以像《清洁水法》一样需要考虑覆盖面如此广泛的参考因素,并赋予联邦政府官员如此大的自由裁量权。联邦机构规章中列举了经济问题、文化问题、能源供应、淡水供需、人类福利和其他环境因素,任何这些因素都可能导致工程兵团否决项目。即使工程兵团发放了许可,该许可还需要面临环境保护署的审查和否决。事实上,环境保护署不考虑社会需要,仅仅评估新建大坝的不利影响即可否决计划项目。②

《清洁水法》第 404 条整合了一整套联邦环境立法规定的条件,使得其能遵守这些法律。当然私人项目方也会遵守这些法律,因为他们需要获得根据第 404 条办理的许可证。美国陆军工程兵团在审查联邦政府所有项目时也必须

---

① 见 United States v. Akers, 785 F. 2d 814 (9th Cir. 1986)。
② 见 James City County v. E. P. A. ,12 F. 3d 1330(4th Cir. 1993)。

遵守《鱼类和野生动物协调法》《濒危物种法》《自然和风景河流法》《海岸带管理法》《国家环境政策法》及其他法律。

例如,根据《濒危物种法案》第7条否决了根据《清洁水法案》第404条颁发的泰利库大坝的许可证,因为大坝建设影响了一种小鱼——蜗牛镖的关键栖息地。[①] 蜗牛镖的案例引发了对争议法案的修改建议,即建立一个高级别委员会,由其决定对某些符合《濒危物种法》的政府行为进行豁免。其确定豁免的条件有三:其一,政府机构不存在其他更为合理的和谨慎的替代行为;其二,政府行为带来的利益明显超过保护濒危物种带来的利益;其三,该政府行动对地方或国家具有重大意义。

然而,因缺乏精心设计的豁免程序,当根据第404条的管辖权颁发许可证时,陆军工程兵团必须确保保护濒危物种。例如,在科罗拉多州,为保护在内布拉斯加州下游美洲鸣鹤的关键栖息地,法院已经支持了一项要求从拟建大坝放水的许可条件。[②]

6. 对习惯法救济措施的影响

《清洁水法》第505条b项规定,不得约束任何法定或普通法的权利迫使其实施污水限制"或寻求任何其他救济措施"。因此,在地方州法院很难找到非法妨害或非法侵占的补救措施。[③] 虽然这样的案件可能通过另一个州受污染影响的当事人提出,但是诉讼必须适用污染者所在州的法

---

① 见 Tennessee Valley Auth. v. Hill, 437 U. S. 153(1978)。

② 见 Riverside Irrigation Dist. v. Andrews, 758 F. 2d 508 (10th Cir 1985)。

③ 见 Biddix v. Henredon Furniture Indus., Inc., 331 S. E. 2d 717(N. C. App. 1985)。

律进行裁判。联邦最高法院认为这种相反的诉讼结果将会危害《清洁水法》。最高法院解释了第505条,只有涉及诉讼地的当事人引起的污染,才允许州实施额外的救济措施。①

9.4.3 《鱼类和野生动物协调保护法》

《鱼类和野生动物协调保护法》要求联邦政府机构在提出或颁发水利工程许可证时,应当向美国鱼类和野生动物服务局咨询有关"保护野生动物资源的观点",并采取一定缓解措施把对环境的不利影响降到最低。

9.4.4 《自然与风景河流法》

《自然与风景河流法》的立法目的是,在无闸坝的特定水域,保存该水域持续拥有显著的"风景、休闲、地质、鱼类和野生动物、历史、文化和其他类似的价值……"。国会可能会指定一些河流,并且州也可以推荐一些河流,使其纳入《自然与风景河流法》的保护体系,最终那些河流是否可以纳入该体系需要由内政部长批准。法案规定,把州和联邦的建议提交给国会的内政部长(或者涉及国家森林土地的事项由农业部长)负责对这些河流进行调查论证。截止到2002年,已经有177条河流被纳入到这个保护体系之中,还有100多条河流正在被调查论证以便确定是否可以纳入保护体系。

该法案禁止联邦能源委员会在自然与风景河流保护体系内的水利工程许可,同时对正在研究论证的河流进行临时性保护,如暂时禁止项目许可。一个法院认为,这种禁止适用于联邦推荐的待研究论证河流,而不适用于州推荐的

---

① 见 International Paper Co. v. Ouellette, 479 U. S. 481(1987)。

河流。①

9.4.5 水权实施的影响

环境立法确保了最大可能防止根据州立法或联邦契约产生的水权全部实施。联邦环境法律可以在多大程度上减少水权的实施,取决于国会的立法意图,也取决于联邦法令或法令的强制实施是否对没有合理补偿的财产进行违宪征收。对联邦实施的、为公益目的征收私有财产的行为,既没有法律规定也没有法律禁止对其提供有效的限制。

1. Wallop 修正案

关注《清洁水法》对水资源使用者的潜在影响,出现了保证已经建立的水权不能被宣告无效的语言表述。Wallop 修正案,第101条g项,是一项国会的政策声明,即《清洁水法》不应被解释为可以废除、取代或者削弱州当权者在管理水资源分配方面的权力,或者州对水资源(比如,州际条约下的水资源)所拥有的所有权。然而,修正案的立法目的,不是禁止仅仅"偶然"影响个体水权的"合法水质标准"。② 在必要时,这可能导致国家水权下的水资源消减枯竭和过度消费。③ 华盛顿最高法院声明 Wallop 修正案只是一项"政策声明",该修正案并不禁止水质管理规章妨碍

---

① 见 North Carolina v. Federal Power Commission, 533 F. 2d 702 (D. C. Cir. 1976)。

② 见 National Wildlife Fed'n v. Gorsuch, 693 F. 2d 156 (D. C. Cir. 1982)。

③ 见 Riverside Irrigation Dist. v. Andrews, 758 F. 2d 508 (10th Cir. 1985)。

现有水权的实施。①

2. 征收的监管

控制水资源利用时间、数量或方式的联邦法规很大程度上会影响水权的价值。因为水权中的"财产权"仅限于在特定时间、为实现特定的目的对水资源利用的权利,所以行政征收破坏了水权人依照上述时间和目的利用水资源的能力,这种在美国宪法框架内的环境监管行为无疑需要补偿。有关联邦的案例可能会对水资源利用,包括《清洁水法》中为了防止污染或者保护环境所需的水资源存量产生影响,陆军工程兵团根据404条的授予许可条件中包括必须满足公共利益、禁止改变水道,以免危及《濒危物种法》中的生物生存。

第五修正案并没有规定,个人有权对水资源利用规章的不利影响提出赔偿,除非该规章包含以下两种情况:(1)破坏了所有财产的经济价值;(2)所有者不需要预见在其治安权规制下,其财产会受到如此严格的限制。② 通常来讲,一个人应当预期到他们的权利会受到主权行为的限制。因此,法院认为《濒危物种法》的条款和联邦执法是限制个人水权实施的主权行为。③ 唯一的补救办法是提出违约之诉,而不是依据征收提起诉讼。④ 在一起案件中,垦务局没

---

① 见 Public Utility Dist. No. 1 of Pend Oreille County v. Washington Dept. of Ecology, 51 P. 3d 744(Wash. 2002)。

② 见 Lucas v. South Carolina Coastal Council, 505 U. S. 1003(1992)。

③ 见 Klamath Water Users Protective Ass'n v. Patterson, 204 F. 3d 1206(9th Cir. 1999);O'Neill v. United States, 50 F. 3d 677(9th Cir. 1995)。

④ 见 Klamath Irrigation Dist. v. United States, 67 Fed. Cl. 504(Fed. Cl. 2005)。

有给灌溉者提供灌溉用水,而是依据《濒危物种法》把水资源保留在河流中,以保证水中鱼类栖息地的用水,联邦索赔法院由此曾判赔一千四百美万的补偿金给灌溉者。取代对管制性征收的应用分析,法院发现对原告财产权"物理入侵"本身就是征收。[①] 在 Casitas Municipal Water Dist. v. United States、Tahoe−Sierra Preservation Council, Inc. v. Tahoe Regional Planning Agency 案[②]中,法院回避了这种方法(暂停土地开发不是物理入侵):"迫使我们尊重政府接管的财产(要么通过物理性入侵,要么为满足自身需求直接使用他人的财产)与政府限制所有者对此财产的使用权之间的区别"。

9.5 国际条约

位于多国边界处的水资源或含水层通常对这些国家均至关重要。从历史上看,上游国家,包括美国,都希望能控制其领土内的水源。"绝对领土主权"原则阐释了友好处理与周边国家关系的现实必要性。现在,为灵活解决国际水资源争端,有限领土主权与公平分配的原则,一般通过条约来实现。

美国与加拿大签署的几个水资源条约,包括 1909 年的《边界水域条约》《伍兹湖条约》《圣劳伦斯条约》和《哥伦比

---

① 见 Tulare Lake Basin Water Storage Dist. v. United States, 59 Fed. Cl. 246(Fed. Cl. 2003)。

· ② 在 Casitas Municipal Water Dist. v. United States, 76 Fed. Cl. 100 (2007); Tahoe−Sierra Preservation Council, Inc. v. Tahoe Regional Planning Agency, 535 U. S. 302(2002)。

亚河条约》。美国与墨西哥签订的条约包括1906年的《灌溉协定》和1944年的《科罗拉多河及其他河流条约》。一旦联邦政府与某国签订条约,该条约就成为宪法之下"具有最高法律约束力的土地法律",任何其他州法律均不再适用。因此,条约影响了国家行使权力的方式和程度。

9.5.1 国际条约范例

1. 墨西哥

1944年的《墨西哥条约》是为了结束美国与墨西哥之间共同水域——科罗拉多州的蒂华纳河和里奥格兰德河的长期分歧而签订的。另外,依据公约建立了美国和墨西哥的边界和水资源委员会负责条约的执行和纠纷解决。委员会还处理水资源的分配以及与项目相关的防洪、水力发电、水质等问题。

最麻烦的问题通过与科罗拉多河相关的条约解决了。美国,作为上游国家,最初根据"Harmon原则",该原则以绝对的领土主权原则为基础。然而,随着墨西哥用水量的增加,美国也感到一定的压力:从河流中取到的水量减少了。这份1922年《科罗拉多河条约》是关于与河流毗邻的七个国家之间的协议,协议要求上游国家和较低流域国家在将来要履行贡献相同水量输送给墨西哥的义务。

为了减少美国严重的旱灾事件,该条约保证了墨西哥每年可以分配到1.5百万立方英尺的科罗拉多河水。这个条约是由国际委员会执行的。这样的协商结果是在仓促中导致的,若干麻烦的问题也被意思不明确搪塞过去。条约最显著的是没有提起关于水质的问题。后来,上游的发展引起河流含盐量的增加,导致更多的水被污染浪费掉。建造了大坝和水库意味着河里很少的水从水库中蒸发掉,从而引起对含盐量的关注。灌溉流水中含有大量没有溶解的固体污染物,这给灌溉者增加了许多麻烦。

1961年以前,盐化问题一直搁置未解决。1961年,在亚利桑那州的Wellton－Mohawk灌溉区开始从它们的陆地下方抽取地下废水,并把这些咸水排入墨西哥正北方的科罗拉多河中。墨西哥采用了相同方法来报复美国。美国和墨西哥达成了一系列的暂时协定,在这些协定中美国同意采取减少含盐量的措施。最终的协定,即国际水域边界委员会第242号备忘录,规定在Imperial大坝的底部河水含盐量升高的地方放置一个隔板。

为了满足242号备忘录确定的缩减含盐度的责任,联邦政府承担了相关义务。通过联邦含盐度缩减工程,比如绕过Wellton－Mohawk灌溉区的回流水、大型淡化工厂以及建造拦截各类天然和人类产生的含盐水资源的工程。事实上,这些联邦工程计划是一份"保险单",它通过科罗拉多河流域国家承担含盐度缩减责任对抗了这些国家的发展限制。

然而,跟墨西哥有关的很多水资源问题没有得到解决。例如,目前没有相应的体制解决跨界地下水的划分问题。像这种未受管理可以持续汲取地下水的国家、边界城市,如El Paso和Juarez,发现他们自己正在与日益减少的水量供给竞争。日益增加的用水量和逐渐减少的供应量是相矛盾的。因此,通过谈判形成的261号备忘录,授权国际水域边界委员会处理地区边界的水质问题。美国和墨西哥已经达成了合作计划,共享科学数据和共同研究共有含水层的相关问题。

2. 加拿大

加拿大既是一个上游国家,又是一个下游国家,因为哥伦比亚河蜿蜒地流在加拿大和美国两个国家。一些争议问题双方已经谈判协商过。

现存问题是两个国家的蓄水责任,以及加拿大分享美国从加拿大蓄积的水资源中获得利益的问题。在加拿大,大规模蓄水是切实可行的,但加拿大并没有激励措施去鼓励修建蓄水设施。最初,对于在美国大坝后面因洪水造成的加拿大土地的任何损失,美国政府都支付损害赔偿款。然而,加拿大并没有从美国大坝的下游找寻更多有价值的资源分享,包括增加水力发电和免受洪水的损害。当多次对下游利益分享争论之后,两个国家签订了《哥伦比亚河条约》,该条约规定了公平分配经济利益的方法。条约具体规定,加拿大将提供 15.5 百万立方英尺的存储水资源,美国将运营大坝,并有权从加拿大存储的水资源中获取最大经济效益,在紧急情况下,尽管加拿大的水力发电也需要蓄水,美国仍然可以要求加拿大释放储蓄水量,并且加拿大不能把科罗拉多河中的水从美国引走并把所引水量注入哥伦比亚河的弗雷泽河。

3. 国际法院和国际条约

国际法院(ICJ)管辖国际水资源争端,并有权使用国际法的一般原则解释国际条约。此类诉讼很少被提起。1997年,针对 1977 年匈牙利和斯洛伐克之间 Gabcikovo-Nagymaros 工程建设和大坝系统的条约,法院做出了宣判。法院确定,匈牙利不能把环境保护因素作为单方面终止与斯洛伐克共同建造大坝的条约的借口,即使在那些对环境的关注至关重要的地方也不例外。匈牙利终止条约的时候,项目的可感知风险并没有被充分确立,结果构成一个严重的迫在眉睫的危险。此外,终止协议并不是匈牙利维护其利益的唯一手段。

9.5.2 条约效力高于国家水法

《美国宪法》的第八条第一款及第九款赋予总统有权力根据参议院的建议和准许缔结条约。因此,国家水法律从属于国际条约。例如,在 Sanitary Dist. of Chicago v. United States 案[1]中,法院禁止芝加哥市继续从密歇根湖引水,因为芝加哥市对湖域水流的引水行为使湖水水位下降并且下降量超过 1909 年美国与加拿大签订的《边界水域条约》的约定。

---

[1] 见 Sanitary Dist. of Chicago v. United States,266 U.S. 405(1925)。

第 10 章 州际水资源分配

由于美国州与州之间的边界划分通常不与江河流域或含水层的边界划分相对应,因此,各州的水管理权不足以解决水事纠纷或进行理想的水资源分配。随着水资源需求的与日俱增,州与州之间水资源的分配和管理也愈来愈重要。这就需要一个可靠的方法来解决州与州之间水资源的使用和污染问题。这些争议主要围绕以下问题展开。

(1)州际诉讼中司法管辖权的分配;

(2)州际协定;

(3)国会主导下的立法权分配。

10.1 裁决

10.1.1 私人团体之间的诉讼

典型的州与州之间关于水资源的私人诉讼,包括居住在下游的原告指控居住在上游的另外一个州的被告引水而受到损害的诉讼。一些案件还涉及上游污染问题。此类案件的管辖法院必须对诉讼双方都要有属人管辖权还要有对诉讼标的管辖权。

1. 属人管辖权

属人管辖权通常采用被告住所地原则。然而,长臂法案(Long-arm Statutes)①已经改变了依被告住所地的管辖原则。

2. 诉讼标的管辖权

私人团体通常在被告住所地或原告住所地的州法院提起诉讼。如果这个诉讼涉及联邦诉讼标的管辖权,如存在公民身份的多样性并且在数量上有争议或者某些联邦问题,就可以去联邦法院诉讼。

一个州法院对于其他州的水资源使用权所做的裁决是否有效一直存在着争议。早些年的观点是:水权是不动产物权的一种,创设水权自然就是创设物权,因此,关于水权的诉讼管辖就应当按照由不动产所在地法院管辖的原则来处理。② 其他法院采用了更为自由的非居民管辖权的观点,即一旦某一法院对一个不在经常居住地的人适用了属人原则,这一判决无须直接对财产采取措施,法院可以通过使用藐视法庭权力而强制实施法令。在 The Brooks v. United States 案③中,第九巡回法庭就适用属人管辖权。Brooks 案涉及 Gila 河流在亚利桑那州的水权以及在新墨西哥州的水用户。被告主张在亚利桑那州拥有管辖权,法院坚持管辖权的排他性——尽管必须要考虑相邻州水资源使用者的权利。

管辖权的问题易被放大,原因在于,根据法律规定在一

---

① 长臂法案是一种特定的立法规定,该规定将州法院的权力延展到非本州居民当事人。长臂法案的基础是默示同意,如果某个当事人在某个州从事经营或者实施了侵权行为,那么就视为其同意在该州法院当被告。

② 见 Conant v. Deep Creek & Curlew Valley Irrigation Co., 66 P. 188 (Utah 1901)。

③ 见 Brooks v. United States, 119 F. 2d 636 (9th Cir. 1941)。

项普通的河流争议诉讼中,所有受影响的用水者必须要全部参与诉讼。对一般溪流的判决必须参考对主要河流的判决。如果美国在小溪流上也设置了水权,那就更加需要对管辖权问题予以考虑,因此,联邦法案(麦卡伦修正案)[①]放弃了主权豁免,并且在普通的河流争议中,允许州法院对根据联邦法律产生的水权行使管辖权。

3. 适用的法律

由于各州的法律存在很大差异,假如一个州的水资源使用者在其所在州的地域范围内试图阻止其他州的水资源使用者对其用水的干扰,这时候水资源的权利归属判断就很困难。比如,如果下游的州实行河岸权法律,上游的州实行先占法律,那么下游州的公民是否可以主张持续畅通的水流,并由此宣告上游已经建立的先占权无效呢?从理论上来说,问题很简单,但是如果当水流跨越州界时并且两个州都实施先占优先权制度,如何整合排列跨州界水流水资源使用者的优先等级呢?因此,在早期案件中,最高法院推定如果没有州边界的存在,这些水用户之间的纠纷将优先得到解决。[②] 但是,该裁决并没有提出如何在州边界范围内界定或规范流域的水权(没有联邦立法或州际裁决)。虽然有观点认为,如果按照下述条件:通过优先占有权分配现有的水资源无须考虑州界的纷争,国会可将公有土地转让给私人,但这一观点并没有被广泛接受。[③]

由于不同州之间法律的差异,加之司法和执法的差别,

---

① 43 U.S.C.A. § 666。

② 见 Bean v. Morris, 221 U.S. 485 (1991)。

③ 例如 Howell v. Johnson, 89 F. 556 (C.C. Mont. 1898)。

导致在由州提起的国家侵权案件中,往往由州代表各自的公民。这种类型的诉讼已经被广泛应用于各方复杂利益掺杂其中的大型跨州的流域,而不适用于某些小的流域中个别有竞争关系的水使用者之间的诉讼(尽管这个诉讼过程可能仍然很复杂)。①

4. 国家监护诉讼

一个州可以其国家监护角色进行诉讼以防止来自另一个州的私人团体对其公民的侵害。当一个州做出了不利于另一个州的民众的民事行为时,最高法院有初始但并无排他的管辖权,因为还存在着相关联的联邦地区的法院管辖。在国家监护权力范围内,州的诉讼资格有一定的限制条件:首先,州必须有独立于公民个人的利益,这样的诉讼就不仅仅是企图代表公民个人,而且州内大部分居民的利益也不会受到不利影响。这条规则,正如在 Kansas v. Colorado 案②中所体现的那样,通常要求处于下游的州必须是受到上游州行为的实质影响。一个州在国家监护下的诉讼被视为代表所有公民,每个公民都受该法令的约束。因此,一旦州的权利被裁定,与此相关的私人诉讼往往就被排除了。其次,国家监护受美国宪法第十一修正案的进一步限制。修正案规定,美国的司法权不得被扩大解释到任由一州公民对抗另一州的诉讼中。正如最高法院解释的那样,修正案是为了防止一州在对抗另一州时任意援引法院的初审管辖权,如原告所在州极力寻求对公民个人进行补救(如金钱赔偿),而诉讼中这种直接对公民补偿可能是被禁止的。

---

① 见 Bean v. Morris, 221 U.S. 485 (1911)。

② 见 Kansas v. Colorado, 206 U.S. 46 (1907)。

5. 执行措施

由于法规需要被经常监督和修改,导致私人的州际诉讼法令引起严重的执法问题。例如,在 Lindsey v. McClure 案①中,新墨西哥州工程师试图禁止自来水公司从新墨西哥州大坝在科罗拉多州内取水,法院裁定该行为无效。法院指出,正确执行补救办法是通过司法程序,而不是通过州工程师的要求。在 Bean v. Morris 案②中,最高法院支持了一个联邦法院跨州先占优先的执行事项。

10.1.2 州际管辖权

1. 最高法院的初始管辖权

最高法院对凡是一个州作为一方当事人的所有案件都具有初始管辖权。对于州际之间的私人诉讼,对"案件和争议"的需要限制了对"可裁判的"争端的管辖权。在州与州之间的诉讼中,最高法院可作为一个审讯法庭。从程序上来说,首先应从记录投诉和对意愿的听证开始(如解雇案例)。如果投诉多于意愿,那么作为被告的州应当提出一个解决方案。通常,法院会指定一个专家组织听证和评估证据,准备有关事实依据和法律结论,并推荐一个法庭直接适用或比较尊重的法条。

一个州际裁决对所有水资源请求人都具有约束力,无论他们是否是诉讼当事人。私人水使用者在州既定的配额外没有多余的水使用权,因为在国家监管下,州被认为代表它所有的居民,每个居民都需要被法律约束。私人不允许干预州际裁决,除非该私人干预者能够显示其有一种超越

---

① 见 Lindsey v. McClure,136 F. 2d (10th Cir. 1943)
② 见 Bean v. Morris, 221 U. S. 485 (1911)

本州公民的非常强烈的利益。

法院不愿对水资源分配纠纷行使管辖权的原因有很多,具体包括:(1)占有水资源的标准模糊;(2)法院持续监管的社会需求和法院不愿做裁判者之间的矛盾;(3)大量难以管理的、初次接触的技术数据,并且法院缺乏处理此类数据的专业人才;(4)诉讼成本及聘请专家的费用。并且,即便当法院对此类事件行使了管辖权,法院也会建议应用州际协定可能会使纠纷得到更好的解决。

2. 可诉性

宪法第3条第2款明确规定了联邦法院对"案由和争议"管辖的范围。即使法院拥有属人和诉讼标的管辖权,它依然可以拒绝审理不具有"可裁决性"的案件——也就是说,案件不适于以司法的形式解决。如果一个案件没有实际意义、是被串通的、不成熟的或是一个"政治问题"(即会侵犯行政或立法机构),那么案件可能被认为是不可裁决的。作为一类常规问题(例如,下游的州主张上游使用了过量的水资源,但并没有证据证明多余的使用对下游州造成的损害,法院会认为不存在案由或争议),有关可诉性的争议通常出现在水资源案件中。在这样的案件中,为未来水资源开发的水权分配就不能被裁决。此外,最高法院已经表示,在州际水资源诉讼中将不会发布任何宣告式的裁决令。这种情况在实际中的效果往往否认了对原告的救济,并进一步延续对州际水流不平衡的开发利用,因为安全的水权对于水利发展项目的投融资或获得国会授权都是必须的。

3. 法的渊源:平等占有原则

联邦普通法被应用于比较狭窄的案件范围,在这类案件中,联邦的某一政策或利益不根据州法而实施。因此,在涉及州界划分或资源分配(如州际水资源)的案例中,法院在判决依据的规则设计中扮演着特别的角色。最高法院已经制定出普通法来解决有关州际河流水资源分配和污染而引起的纠纷问题。

如果国会谈及此类纠纷,法院将会拒绝适用普通法并遵守成文法的规定。在 Milwaukee v. Illinois 案[1]中,两个州指控 Milwaukee 排放地下污水污染了密歇根湖,在最高法院受理了该诉讼案之后,法院发现联邦普通法已经被其干预制定的《清洁水法》修正案所取代。此外,在 Arkansas v. Oklahoma 案[2]中,法院已经裁定支持环境保护机构颁发的污染物排放许可证中确定的条件,该许可证颁发给上游州的排污者,上游州要求遵守下游州的水质标准。在另外一种情况下,在 Arizona v. California 案[3]中,国会进入州际间水资源的分配领域,从而取代了法院审理。

最高法院根据"公平分配"已经制定了一个全面的关于州际间水资源分配的联邦普通法原则。该原则于 1907 年在 Kansas v. Colorado 案[4]中被宣布。该原则的一个基本宗旨是"权利的平等",而不是占有水量的平等。"权利平等"只是意味着各个州在"同一水平上"或"在一个相同的起跑线上……就权力和权利而言,在我们的宪法体制下"。

法院不受个别州的法律约束。因此,在 New Jersey v.

---

[1] 见 Milwaukee v. Illinois, 451 U. S. 304 (1981)。

[2] 见 Arkansas v. Oklahoma, 503 U. S. 91 (1992)。

[3] 见 Arizona v. California, 373 U. S. 546(1963)案件,在本章的 10.3 中讨论。

[4] 见 Kansas v. Colorado, 206 U. S. 46(1907)。

New York案[①]中,严格执行河岸法会妨碍上游州——纽约州,其引水供纽约市使用;法院驳回下游州——新泽西州要求发布禁令的诉讼请求。相反,它力求平衡各方当事人"获得公平分配,而不是循规蹈矩"。Wyoming v. Colorado案[②]中,在两个实施优先占有的州之间的纠纷中,法院已将现有的优先占有原则作为一种公平分配方法应用其中。

尽管现有的优先占有原则的应用是合理的,但是对既存用水者的保护可能比严格优先权更加公平。Nebraska v. Wyoming案[③]确定了公平占有水资源(并且证明了背离严格优先权原则的合理性)的因素包括:

①物理和气候条件;

②在河流部分河段的消费用水;

③回流水量的特征或速率;

④已使用的范围和基于该使用建立的经济结构;

⑤储存水的可用性;

⑥不经济用水对下游地区的实际影响;

⑦如果上游用水被缩减,则需要比较下游收益与上游用水缩减受到的损害。

在Colorado v. New Mexico案[④]中,法院表示,两个州实施先占优先权制度的结果是,以牺牲采用更加高效新型用水的科罗拉多州为代价,保护了处在下游的浪费而低效用水的新墨西哥州,在这种情况下,法院不会拒绝适用严格

---

① 见 New Jersey v. New York, 283 U.S. 336 (1931)。

② 见 Wyoming v. Colorado, 259 U.S. 419 (1922)。

③ 见 Nebraska v. Wyoming, 325 U.S. 589 (1945)。

④ 见 Colorado v. New Mexico, 459 U.S. 176 (1982)。

优先权原则。但是,在 Colorado v. New Mexico II 案[①]中,与在新墨西哥州的低效用水者相反,法院拒绝把水资源分配给科罗拉多州的非优先用水者,因为科罗拉多州缺乏具体的、长期的未来用水规划。

在两个实施先占优先权制度的州中,对于两个占有者的纠纷,最高法院也没有遵循严格的优先权制度,而是采用了"集中分配"的方式。鉴于法院不愿意自己插手到州内的水资源分配,所以最高法院授权每个州根据各州水资源占用制度分配一定量的水资源。法院或许会支持以下几种观点:某些特定的支流属于某个州的分配份额;一个州可能有固定的水资源数量以供使用;或者一个州可能有给定的河流水资源使用份额,在此不考虑在州水资源中混杂的所有个人水资源优先权。

10.2 合约的形成

通过两个或更多的州达成共识,州与州之间的合约往往可以实现多种目标。虽然第一个州际水资源分配合约是在干旱的西部达成的,当时是为了解决卡罗拉多河水资源使用的争议。但是,不管是在西部的河流还是在东部或者南部的河流,相似的合约都起着解决争端的作用(波托马克河,皮迪河以及阿巴拉契科拉河—查特胡奇河—弗林特河)。在经过多方同意的"公平分配"原则下,该合约已经 25 次被用来解决州际之间的水资源分配问题,若不是如

[①] 见 Colorado v. New Mexico II, 467 U.S. 310 (1984)。

此,这些问题或许就需要最高法院进行判决。①

一种可用的司法补救就是鼓励州与州之间用合约的方式来解决争端。相对于司法裁决,合约有一个特别明显的优点:即合约避免了在争议河流尚未被超量占有的时候对可诉性界定的问题。合约允许多方共同分配未被占有的水资源,并由此做出"为未来使用水资源而现在占有"的约定。提前做出这些约定对于水资源的长期计划是非常重要的。州际水资源合约除了可以约定水量分配问题,还可以解决其他各类不同的问题,包括水资源储存、洪水防控、污染防控以及流域综合规划(主要通过联邦和州政府之间的共同协议)。

10.2.1 宪法授权

州与州之间谈判拟定合约的根据是宪法第一条第十款第三项,条文如下:

在没有国会允许的情况下,任何州……不得与其他州或者国外组织签订协议或者合约……

这个有关合约的法律条款意味着,州政府进行谈判和签订某些协议的权力依附于国会的同意。在 Hinderlider v. La Plata River & Cherry Creek Ditch Co. 案②中,最高法院阐明:"合约……是美国独立主权国家由来已久条约制定权的体现。"

通常而言,合约的形成经过三个步骤:第一步,国会对

---

① 见 State ex rel. Dyer v. Sims, 341 U.S. 22 (1951) (八州签署契约来控制俄亥俄河中的污染问题)。

② 见 Hinderlider v. La Plata River & Cherry Creek Ditch Co., 304 U.S. 92 (1938)。

合约的谈判程序进行授权,通常情况下国会还会派出一名联邦政府代表列席谈判过程;第二步,合约谈判正式进行;第三步,国会审议并同意合约的签订。

合约是否是经过允许的协议,或者是否违反宪法有关"条约,联合或同盟"的禁止性规定,取决于国会的审查批准。州际之间的各种协议是否需要国会的许可,这是一个饱受争论的话题。在 Virginia v. Tennessee 案①中,一种观点认为,只有那些改变州之间的政治力量,存在打破联邦政治平衡潜在可能的合约,才需要国会的允许。一个由州推动下案例——Dyer v. Sims 案②所引申的观点又主张,所有州与州之间合约的签订都需要被国会许可。虽然如此,大家普遍同意:关于州际水资源分配合约的签订,需要国会许可才可以进行。

10.2.2 合约的管理和实施

最近的合约签订都要求设立一个管理机构,通常是一个"合约管理委员会",这个机构制定规则以保证合约的施行,同时收集河流环境信息(如河流的流速)来决定合约是否可以适用或者在什么范围内适用。合约管理委员会的成员构成,除了由合约参与州的行政长官直接任命的成员以外,还有一名联邦政府任命的成员,该成员没有投票权或者仅仅当票数持平时,用来投决定性的一票。通常情况下,州政府不愿意对合约管理机构授予太多的权力或者特权。

如果合约中的某州政府违反合约可能只需要付出资金

---

① 见 Virginia v. Tennessee,148 U. S. 503 (1893)。
② 见 State ex rel. Dyer v. Sims ,341 U. S. 22 (1951)。

赔偿的代价,而不会影响未来水资源的使用份额。①

10.2.3 合约的法律效力

1. 对私人用水者的限制

不管合约参与州的公民是否参与了州之间水资源合约签订的谈判,合约中对水资源的分配规定均适用合约参与州的公民。在 Hinderlider v. La Plata River & Cherry Creek Ditch Co. 案②中,新墨西哥州和科罗拉多州达成协议,他们同意公平地划分拉普拉塔河的水资源使用权,这样每个州每隔一天都可以使用这条河流的所有水资源。案件的原告是拥有先占优先权的水资源占有者,他要求禁止这样的轮流用水计划,因为这侵害了根据州法建立的水权利,但是他的主张被法院驳回了。

法院给出的合理解释是:州法律下的水资源权利法令,不能对超过该州的水资源份额部分授予水权。同时,法院认为,这个案件中对已经赋予的产权没有补偿,同时正当的程序也没有受到侵害,这是因为原告有足够的机会在合约的谈判期间提出反对意见,并且没有证据证明合约的形成过程中有瑕疵、不公正或者在谈判中有不诚信的行为。

2. 国会批准的效力

与州际合约有冲突的州立法,并不能妨碍合约的实施。③ 但是,国会对合约条款批准的范围具有不确定性。尽管国会不能修改州际之间协议的条款,但是国会可以设

---

① 见 Texas v. New Mexico, 482 U. S. 124 (1987); Kansas v. Colorado,533 U. S. 1 (2001)。

② 见 Hinderlider v. La Plata River&Cherry Creek Ditch Co. , 304 U. S. 92 (1938)。

③ 见 State ex rel. Dyer v. Sims, 341 U. S. 22 (1951)。

定其对州际协议的批准条件,从而促使州去修改不符合条件的合约。国会也可以运用具体的立法,保留推翻合约条款的权力。

扰乱州际贸易的州行为通常被认为与宪法委托给国会行使贸易的权力相矛盾。但是,国会有权力授权州政府规范贸易活动,并给贸易强加其他的条件,如果不这样做,这些贸易活动将会是违宪的。因此,当州立法妨碍了州际贸易时,国会对合约的批准可能使州立法免于受到攻击。[①]一旦被国会批准,合约就具有联邦法律的效力,因此在与州法律不一致时,应优先适用合约。最高法院在 Hinderlader 案中,把这个问题阐述得很清楚,即在某种程度上,合约条款以公平占有原则为基础,与州法律冲突时,合约条款具有优先适用性。

3. 合约的解释

最高法院是合约条款含义的最终解释者。法院根据自由裁量的公平占有原则来解释合约条款。

然而,法院的最终使命是确定各方当事人的目的与意图。在《佩克斯河合约》中,新墨西哥州根据"1947 年的河流状况"向得克萨斯州输送水源,但是记录河流当年情况的文件中的数据是错误的。是依照这个错误的文件执行合约,还是依照河流实际情况进行水资源分配?合约管理委员会(由来自两个州的同等代表组成)的争论陷入了僵局。特别专家建议重建委员会来解决这个问题,但是法院认为这样做会改变合约的条款。作为替代的方案,法院命令特

---

① 见 Intake Water Co. v. Yellowstone River Compact Comn'n, 590 F. Supp. 293 (D. Mont. 1983)。

别专家使用精确的数据来解决争端,法院这样做显然是相信各方的意图。[1] 在 Oklahoma v. New Mexico 案[2]中,法院仔细调查外部证据,对加拿大河合约的谈判历史进行研究,以最有可能符合各方意图的观点阐明合约中模糊不清的条款。

较低级联邦法院是否对合约的解释拥有管辖权,取决于这个争议是否是一项联邦问题(换言之,"是否是基于宪法、法律或者由美国政府签订的条约引起的问题")。在有些联邦地方法院案件中,法院裁定州之间的合约不属于联邦法律问题,但是在 League to Save Lake Tahoe v. Tahoe Regional Planning Agency 案[3]中,第九巡回法庭认为联邦问题管辖范围包括对州际合约条款的解释。

10.3 立法分配

有关州与州之间水资源的立法分配,唯一的例子是科罗拉多河的分配。在 Arizona v. California 案[4]中,最高法院认为:国会在 1928 年通过《Boulder Canyon 工程法案》时,其意图是把河流的水资源在下游几个州之间进行分配。在这种观点下,法院认识到,其他的合约分配机制和司法分配方案失败、无法获取或没有使用的情况下,国会可以制定水资源分配法案。

---

[1] 见 Texas v. New Mexico, 462 U. S. 554 (1983)。

[2] 见 Oklahoma v. New Mexico, 501 U. S. 221 (1991)。

[3] 见 League to Save Lake Tahoe v. Tahoe Regional Planning Agency, 507 F. 2d 517 (9th Cir. 1974)。

[4] 见 Arizona v. California, 373 U. S. 546 (1963)。

加利福尼亚州南部经历了早期的快速经济增长，大量的人口汇集在那里。水资源广泛用于农田灌溉（特别是在因皮里尔河谷）。亚利桑那州经历了比较平缓的发展，但是期待着未来的经济增长。由于地理环境上的障碍以及水资源输送设备的缺乏，限制了亚利桑那州对科罗拉多河水资源的使用，这里的用水大多依靠对地下水的抽取。然而，对地下水的抽取会导致地下水位的下降，这也就意味着亚利桑那州想要保持经济水平，最终还是需要依靠对科罗拉多河水资源的使用。为了达到此目的，亚利桑那州提出一份详尽的水资源的引水和输送方案。因此，为了把科罗拉多河的水源输送到本州居住人口最为密集的地区，《亚利桑那州中心工程》最终被规划并开发实施。

1922年，一个合约管理委员会达成一致意见：在位于科罗拉多河上游的州（科罗拉多州、新墨西哥州、犹他州和怀俄明州）和位于下游河段的州（亚利桑那州、加利福尼亚州和内华达州）之间，尽量公平分配科罗拉多河的年流量（估计超过15百万立方英尺（MAF））。但是合约的批准过程被搁置了很长一段时间，原因是同为下游河段的亚利桑那州和加利福尼亚州之间，就分配给下游河段州的7.5百万立方英尺（MAF）的水资源各自所占份额展开了长期的争论。亚利桑那州害怕合约将强化加利福尼亚州的主张——从而把大部分水资源分给加利福尼亚州使用，所以亚利桑那州拒绝同意这个合约。

鉴于亚利桑那州和加利福尼亚州之间的谈判陷入僵局，国会在1928年颁布了《Boulder Canyon 工程法案》，批准在科罗拉多河上建筑 Hoover 水坝和一系列的其他储水水库。亚利桑那州反对这个法案。但是法案附加了条件：

参与合约的七个州中至少有六个州同意接受合约,因此在这种情况下,法案还是获得了批准。加利福尼亚州也不得不同意将本州的水资源分配量限制到 4.4 百万立方英尺(MAF),不过如果下游河段其他州用水有剩余,那么其中的一半也归加利福尼亚州使用。国会又批准了另一个关于下游河段各州的单独合约,给予亚利桑那州 2.8 百万立方英尺(MAF)的用水量,给予内华达州 300000AF 的用水量。这类的合约没有经过谈判,其他几个州试图停止 Hoover 水坝的建筑工程,但在最高法院的介入下都没有成功。在这之后,亚利桑那州为了在科罗拉多河下游河段获得公平的水资源分配,提起了诉讼。这个诉讼 1936 年被驳回,原因是美国政府作为不可缺少的参诉一方拒绝参与诉讼。[1] 然而后来,美国政府同意参加诉讼。在法院审判三年后,最高法院同意了特别专家报告的大部分内容,法院认为:

①国会可以在考虑水运能力和公共福利的前提下,通过立法来分配州际河流的使用。

②通过颁布《Boulder Canyon 工程法案》,国会行使它的水资源分配权,批准了下游河段州际合约,在限制条款中把 4.4MAF 的水资源"分配"给加利福尼亚州,并且,具体规定了亚利桑那州和内华达州的水资源份额。此外,国会委派内务部长并授权其签署有关工程水资源储存和输送的合同,随后,内务部长也可以扩大解释反映授权份额的合同内容。

③联邦法律调控州际以及州内工程水资源的分配,其

---

[1] 见 Arizona v. California, 298 U.S. 558 (1936)。

法律地位高于州水资源法(注意对照集中分配方法,这种方法使州内水资源分配根据州法而进行)。因此,尽管"现有的完备水权"必须被满足,但内务部长得到授权,可以在水资源短缺时期采取任何合理的措施分配水资源。

④亚利桑那州支流的水资源(1.75百万立方英尺)不属于与加利福尼亚州共享参与水分配的一部分,这是除了分配的2.8MAF的干流水资源之外,亚利桑那州可用的其他水源。

法院竭力主张联邦政府权力在州际水资源分配问题上应发挥作用。这一点可能反映了法院的偏好:在州际水资源分配问题上,相对于需要复杂诉讼的司法分配,法院更偏向于通过国会的程序进行分配。

在《Boulder Canyon 工程法案》和随后的立法授权下,大型的水坝和水库被建造起来。多年以后,虽然为了安抚亚利桑那州的问题,亚利桑那州中心工程建立了,但是在当时的立法授权环境下,亚利桑那州有必要服从本州在科罗拉多河的用水份额,并且承认加利福尼亚州的授权水资源份额。在随后的一年里,加利福尼亚州对于水资源的需求超过了其被授权使用的份额。内务部长授意七个州在一起商讨水利设施运行和解决水资源短缺和过剩问题的规则,因为问题已经很明显,根据历史的水流量和周期性的水资源短缺已经无法满足七个州用水者的期望。然后,内务部长很罕见地接受了反映协议内容的规则。这些协议通过水资源存储条款,在短缺时期共享水资源,重新定义"过剩水量",并且采用水权交易措施来最优化地使用科罗拉多河的水资源。加利福尼亚州实施了一个复杂的量化解决协议,以此把本州对科罗拉多河的水资源使用量限制在合约授权的份额之内。

一个有趣的方案使科罗拉多河的水资源法律有了灵活性,这个方案就是亚利桑那州创建的"水银行"方案,该方案极大地满足了内华达州大部分地区不断增长的水资源需求。在2004年,亚利桑那州同意拿出科罗拉多河水资源份额中的1.25百万立方英尺储存在蓄水层中,以供给内华达州在未来水资源短缺时使用,内华达州同意为这些水资源的储存和输送支付43亿美元。

10.4 州政府对水资源输出的限制

美国宪法的第一条第八款第三项是贸易条款,其授权国会规制州际间的贸易活动。虽然宪法并没有明确地限制各州妨碍贸易活动的能力,但是法院已经在宪法向国会授予的贸易权力中发现了"消极含义"。这个原则禁止各州进行歧视性的州际贸易和没有正当理由地妨碍州际贸易,尽管国会在相关区域还没有相应的立法。这个原则的目的是促进自由贸易和防止贸易保护主义。

在评估州立法是否抵触贸易条款的过程中,法院会考量其是否涉及以下几个方面:①州的法律歧视非居民;②州拥有合法的现存利益;③州利益超过了任何有竞争关系的国家利益;④没有太多的选择方案来实现州政府的目的。对照有竞争关系的州和联邦利益,在评估州的规制的合理性时,上述测试不失为可行的办法之一。

在 Sporhase v. Nebraska ex rel. Douglas 案[①]中,内布

---

① 见 Sporhase v. Nebraska ex rel. Douglas, 458 U.S. 941 (1982)。

拉斯加州的地下水作为一种贸易物品输出到其他州,同时其他州给予内布拉斯加州互惠的特权,这一合法的贸易活动被内布拉斯加州法律所限制,最高法院认为该法律是不符合宪法精神的。在 Sporhase 中,法院回顾了两个早期的判决,即 Hudson County Water Co. v. McCarter 案[①]以及 City of Altus v. Carr 案[②]。法院认为,Hudson County 的州公共所有权理论在一个涉及野生动植物的案件中没有被支持,该理论仅仅简单地表达了州政府规制的重要性和保护公共资源的重要性。

州法律是否违反了贸易条款,在一定程度上,取决于州政府想要保护利益的性质。干旱的西部各州,水资源较为匮乏,因此西部各州对水资源保护的利益非常重视。州政府出台公平的水资源限制措施等于州政府为保护本州水资源所做的努力,这些措施是被支持的。为了使法院发现本州除了限制措施之外,没有其他选择来保护水资源,同时除了禁令也没有其他方法来减轻贸易的负担,州政府必须证明水资源的匮乏并通过出台水资源保护措施做出最大努力来解决该问题。

在 El Paso v. Reynolds 案[③]中,新墨西哥州在阻止得克萨斯州的厄尔巴索市开发和使用新墨西哥州蓄水层的水

---

① 见 Hudson County Water Co. v. McCarter,209 U.S. 349 (1908)(新泽西州的法律禁止水资源在州际之间输送,因为水属于公共所有权,受州法律规制而不应受贸易条款规制)。

② 见 City of Altus v. Carr,255 F. Supp. 828 (W. D. Tex. 1966)(得克萨斯州法律不能禁止地下水的出口,因为根据该州其他法,地下水是一种贸易物品)。

③ 见 El Paso v. Reynolds, 597 F. Supp. 694 (D. C. N. M. 1984)。

资源问题上困难重重。新墨西哥州出台的禁止地下水州际输出的法律被认为是违反宪法的。由于公共利益也被应用在州内水资源使用方面，当修订的法律把水资源输出的范围定义在"保护"和"公共利益"立场上，该修订的法律就被宪法所支持。但是该法律的其他条款给予州决策部门考虑新墨西哥州公民的利益而歧视州际贸易的特权，因此，法律没有通过违宪性审查。

科罗拉多州要求，将水资源输送给其他州是科罗拉多州的义务，但科罗拉多河的水资源输送给其他州时必须根据可应用的合约和其他的水分配方案。这个观点在某种程度上被看作是在执行国会批准的水分配方案，因此受到支持。保护州利益的其他方案也被尝试，如全州的综合水资源规划、水资源的经济价格以及创新性的税收计划。

第 11 章 水资源服务和供应组织

众所周知,为家庭、市政和工业供水的公司或城市机构是实际参与供水的实体。大多数私营水务公司归投资者个人所有,也有少数是"互助公司",该公司归全体用水者共同共有。然而,作为公用事业的水务公司,通常要受某一国家机构的监管。水权的所有者是水务公司,而不是用水者。在东部各州河岸权理论盛行的地方,有必要通过专门立法授权水务公司甚至是市政当局出售水资源给那些用于非河岸土地灌溉的当地居民。

虽然几乎每个人都是国内水资源服务公共事业的受益者,但是获得分配水量最多的却是为西部提供农业灌溉用水的组织和机构。其中一部分组织和机构也为市政和工业等用途供水。

可用水资源匮乏是影响人们到西部干旱地区定居的一大障碍。首先被利用的联邦公共土地靠近河流,在这些地方可以轻易获取用于采矿或农业的水资源。虽然 1866 年《矿业法》出台之后,在公共土地上建设将水引到更远区域的输水设施合法化了,但是如何负担输水设施的建设和维护费用却是制度运行的一大障碍。虽然通过修建简单的、低效率的水渠,可以将灌溉水资源分流到河流底部的土地上,但数量不断增加的农民很快抢完了这些易于灌溉的土地。如果农民的土地距离河流很远，他们自身无力承担自建水渠的费用，那么将水输送到这些土地上需要社会的共同努力。可以在一个主渠道上建设横向渠道将水输送给一些农民使用，并且蓄水设施也会保障人们在水资源供不应求时有水可用。

普韦布洛地区印第安人和美国西南地区早期的西班牙定居者们使用公共水渠来灌溉他们的土地，这为合作灌溉的探索提供了范式。一些古老的公共渠道，被称为"灌溉水渠"，直到今天仍在新墨西哥州被继续使用。最初，许多个体定居者反对组织建造大型水利设施，而这些努力都以失败告终。最早接受和使用合作方法的定居者是位于犹他州的摩门教创始人，其强大的社会组织成功推动了在干燥、荒凉的犹他州领地内的灌溉农业。

早期定居者的企业逐渐演变成形态各异的输水组织。水资源利用者的组织可分为公共实体和私人实体两种。私人水资源分配公司包括营利性公司（"输水渠道公司"和自来水公司）和非营利性公司（"共有公司"）。私人公司通常是企业法人，但也有许多其他商业形式。现如今，也有少数的灌溉供水组织完全是私有的、营利性公司；大多数纯粹的私有公司拥有税收豁免或获得其他政府补贴的权利。

公共供水组织大致可以分为监管机构和供水组织。监管机构，如地下水管理区，主要职责是执行水法和水资源保护规划。供水组织，如灌溉和保护区，其形成主要是为建设和运营灌溉工程筹集资金（通过财产税和销售债券）。一些供水组织与联邦政府签订合同，目的在于管理政府资助的荒地开垦工程。

11.1 私人组织

11.1.1 水资源公用事业

水资源公用事业是私人公司,有权取水、引水、存水,并通过其所拥有的水利设施将水资源分配给消费者。他们可能是法人、合伙企业或独资企业。水资源通常作为商品出售,拥有水资源的公司售出水后,其所占有的水量将会减少。许多西部的州(如科罗拉多州)将水资源视为国家财产,公司收取的费用是引水的服务费。几乎每个州的法律均把自来水公司作为公共事业。在服务特定区域的独家专营或垄断交易中,它们会受到国家委员会、董事会或市政府的监管。一些特别规章要求将水输送到限定服务区域内的所有消费者,禁止出现歧视消费者行为,并且重大交易事项(如资产出售、合并、解散或收购)需要报请批准。费率调节是最主要的调控方式。正如其他类型的公共事业一样(如电力、通信和汽油),水资源费率固定,企业获得合理的利润。虽然消费者自身不享有水权,但却享有国家公用事业法律规定的权利。

11.1.2 互助水务公司

互助水务公司的存在是为了服务于他们的股东。有些州将它们作为公共事业进行监管,但大多数州并不是,因为作为用水者自己所有的非营利性机构或协会,监管几乎是不必要的。通常,互助水务公司既不会允许公司将水出售给公司股东外的其他人,也不会被强迫这样做。互助公司的水权一般归本公司的股东所有,股东拥有的水量通过其持有的股份来确认。下面关于互助水渠公司的大部分阐述适用于互助水务公司。

11.1.3 输水渠道公司

私人的、以营利为目的的公司,被称为输水渠道公司,在早期定居者向西部扩张期间普遍存在。输水渠道公司由追求利润的投资者投资设立,公司出资建造用于输水的灌溉工程,可供输送的水资源是在个人用水者拥有的权利基础上产生的。几乎所有这样的公司都以失败告终,可能因为其不具有可操作性,也可能是由于农民选择了"免费"的地下水而导致预期的用途没有实现,或是因为农民为避免支付供水费用而选择旱地耕种。后来,许多这样的公司被改组为灌溉区或者非营利的互助水渠公司;投资者通过变卖他们拥有的这些实体来收回一些资金。还有少量输水渠道公司在亚利桑那州、得克萨斯州和其他地方继续运行。

11.1.4 互助水渠和灌溉公司

灌溉公司,通常是企业法人,为融资和设备维护、运输、储存和配水给股东,提供了一种将用水者组织起来的方法。作为非营利性组织的灌溉公司可以免缴州和联邦所得税,但他们受到《公平劳动标准法》和《失业补偿法》的规制。

早在19世纪60年代,互助水渠(或灌溉)公司就由特定的国家法律授权成立。互助公司的互助方式主要包括:通过水权转让取得新公司的股权;通过进行股票交易、与设施扩建的持股人进行股票买卖;通过土地开发商将股票随土地共同出售;或是服务该区域的营利性公司破产后通过当地的用水户形成。如此一来,互助公司的股份不被国家证券法承认,因为股票本质上是一种在股东间分配和使用共有水权的契约安排,而不是营利性经营实体的投资介质。

公司章程通常严格限制股东通过公司主张或改变他们的水权。①

当西部各州的法律(亚利桑那州、科罗拉多州、新墨西哥州、犹他州和怀俄明州)豁免了互助公司所有的水渠、运河及相关工程的财产税后,互助水渠公司取得了蓬勃发展。一些因与联邦政府签订了荒地开垦工程用水合同而成立的互助企业,至今仍在进行此项工程。然而,如下所述,到目前为止,荒地开垦用水目的通常通过灌溉区来实现。

1894年《凯里法》②规定,只要任何一个西部的州愿意灌溉那些荒芜的土地并在那里定居,就可以被授予一百万英亩的土地。根据该法案,许多私人灌溉公司形成了,这通常是通过鼓励组建企业修筑灌溉工程完成的。随后这些土地被国家出售给为运营灌溉项目而建立的互助水渠或灌溉公司股份的个人。像输水渠道公司一样,很多根据《凯里法》建立的公司由于他们无法偿还本金而破产;一些公司改组为灌溉区。

1. 融资

虽然灌溉公司的收入几乎全部来自用水户(即通过向用水户收取费用和增收股款),但是部分发行的债券需要用灌溉工程或股东的土地来担保。股票增收的股款(用于支付运营成本和债券分期偿还金)可以通过强行扣留未缴费用水户的水量来实现。③

---

① 见 East Jordan Irrig. Co. v. Morgan, 860 P. 2d 310 (Utah 1993)。
② 见 43 U. S. C. A. §641。
③ 见 Henderson v. Kirby Ditch Co., 373 P. 2d 591 (Wyo. 1962)。

2. 所有权归属

灌溉公司通常会发行代表股东水权可获水量的股票。他们没有为公共服务区内不是公司股东的市民提供服务的义务。① 该公司拥有合法水权并代表其用户对抗其他占有者。但每个股东都是被其股票证明的私有水权的受益人（除得克萨斯州）。② 法院将保护股东的私人水权不被公司滥用。

3. 转让

拥有水权，如持有水渠公司的股份，可方便转让。股票发行必须遵守联邦《证券法》和《蓝天法》。《统一股票转让法》规定，转让股份的所有权需要所有者个人交付或出具书面的委托书。互助公司的股票一般被认为是附属于（以此连接）土地的，并清楚地记录在股权证书上。事实上，一些小企业并没有纸质的股票，因为仅仅通过土地就可以实现其权利。相反的推定也可以通过法律来设定。例如，犹他州一部法律规定，如果出让人没有明确声明代表水权的股票是附属于土地的，则水务公司的股票不可以离开土地单独转让。

为了防止公司出现不得不向距离较远的用水户输水这一不经济的行为，可能需要根据公司章程或具体规章制度来规定股票不可与土地分离或者单独转让。公司本身也可能会严格此类情况下股票的可转让性（例如，需要通过公司

---

① 见 Thayer v. California Development Co., 128 P. 21 (Cal. 1912)。

② 见 Jacobucci v. District Court, 541 P. 2d 667(Colo. 1975)（虽然公司拥有合法所有权，但互助水渠公司的股东才是真正的利益相关方，在诉讼中他们应当联合起来谴责公司享有的水权）。

的同意①)。加利福尼亚州已经认可,公司有权禁止将股票转让给其他不在灌溉服务范围内的水渠或土地用水者。② 尽管科罗拉多州已经允许,当出让方愿意继续承担部分合理维护费用时可以进行转让③,但是已有的地方法规规定,当被灌溉的土地只在一个单独县域范围内的时候,应当限制水资源灌溉地点的改变。④ 如果灌溉地点或土地用途的改变会导致对他人的伤害,无论如何,转让将会受到限制。⑤ 州法律中有关水权转让的条款同样适用。

4. 优先权

一般来说,即使在供水不足的时期,同样供水条件下股东获取的相应权益也不存在优先权。但是,如果用户在不同时间先后将水权转让给互助公司,那么公司可以根据优先权和不同的负债和特权发行不同类型的股票。因此,持有高优先级的股票预期可获得较高的收益率,因为高优先级对应更大的收益。⑥

5. 规则

如果公司向股东以外的人提供供水服务,通常情况下,

---

① 见 Riverside Land Co. v. Jarvis, 163 P. 54(Cal. 1917)。

② 见 Consolidated People's Ditch Co. v. Foothill Ditch Co. ,269 P. 915 (Cal. 1928);Jenison v. Redfield, 87 P. 62 (Cal. 1906)。

③ 见 Wadsworth Ditch Co. v. Brown, 88 P. 1060 (Colo. 1907)。

④ 见 Fort Lyon Canal Co. v. Catlin Canal Co. ,642 P. 2d 501 (Colo. 1982)。

⑤ 见 City of Boulder v. Boulder and Left Hand Ditch Co. ,557 P. 2d 1182 (Colo. 1976);第3章的3.4。

⑥ 见 Robinson v. Booth—Orchard Grove Ditch Co. ,31 P. 2d 487 (Colo. 1934)。

公司可能会像公共事业一样受到监管。[①]

11.2 社会团体

11.2.1 监管和规划团体

在一些公共实体监管水资源利用的同时，另一些公共实体已经计划着未来的水资源利用。例如，科罗拉多水质控制委员会在《科罗拉多州水质控制法》中发布了水质量控制标准和协助管理水污染的控制措施。水资源管理委员会负责联邦和州共同制定的水利工程和水资源利用规划，同时也负责为公共和私人的灌溉项目提供资金支持。地下水委员会有权指定地下水流域的水权归属并管理水资源利用。在指定的流域内，为了协助地下水管理委员会监管地下水利用，地下水管理区可能会拥有水资源利用管理和税收的双重权力。

11.2.2 市政当局

大多数州的法律都承认城市拥有分配给自己市民水资源的自治权。为避免水法的限制，国家宪法、法律通常授权市政当局开展供水服务。例如，实施河岸权制度的州可能会允许市政当局获得把水资源用于非河岸土地的权利。在实施先占优先权制度的司法管辖区，市政当局可能会通过特定方式、为特定目的占有水资源，而这样的方式和目的其

[①] 例如 Yucaipa Water Co. No. 1 v. Public Utilities Comm'n, 357 P. 2d 295 (Cal. 1960)（公司通过向外供水来缩减股份）。

他用水者却不可以使用。①

市政当局提供给本市居民的服务通常可能会被认为是应当受到监管的公共事业。然而,根据很多州的法律,市政当局即使在提供服务时超过了其权限范围,也可免于受公共事业的监管。②

基于与城市的公共健康和安全的合理关联性,市政当局可以拒绝或撤回自来水的供应。③ 当然拒绝服务必须不能是任意或恶意的。如果拒绝提供服务使得他人的土地丧失了更加经济的、切实可行的使用路径,如果拒绝提供服务与公共实体的合法利益(如限制供给)没有合理关联,则该行为理论上可能会导致具有宪法可补偿性的合法财产的取得。④ 然而,该裁决结果需要原告提供证据证明无此供水服务将无法进行更加经济可行的土地使用,而不仅仅只是证明其土地财产价值的减少。Lockary 案是一个判决先例,先前的法院并没有这样判决,并且在法院确立上述判决规则前,原告撤回了起诉。

不管怎样,市政当局没有超过自己权力界限给消费者

---

① 见 Thornton v. Farmers Reservoir & Irrigation Co., 575 P. 2d 382 (Colo. 1978)(通过约束满足未来十五年需要的水权的征用,州法律不能限制城市的宪法权力)。

② 见 Board of County Comm'rs of Arapahoe County v. Denver Bd. Of Water Comm'rs, 718 P. 2d 235 (Colo. 1986)(虽然市政服务是公共事业,但是法律却规定其免受城市公共事业监管委员的监管)。

③ 见 Dateline Builders, Inc. v. City of Santa Rosa, 194 Cal. Rptr. 258 (Ct. App. 1983)(如果超过法定的总量增长计划,市政将拒绝给开发者提供污水处理服务)。

④ 见 Lockary v. Kayfetz, 908 F. 2d 543 (9th Cir. 1990)。

提供服务的义务。① 但是如果市政当局经常超职权范围提供服务,那么他们可能会被要求基于习惯法和宪法职责提供非歧视服务。这并不意味着用水者需要支付相同的水费。市政当局对非居民消费者是否有权以合理的价格使用水有不同的观点。比较两个案例 Hansen v. City of San Buenaventura 案和 Southgate Water District v. Denver 案②的不同,在前一案例中,市政当局有以合理价格提供服务的义务;在后一案例中,市政当局要求支付合理水价并未遭到司法审查。

11.2.3 灌溉区

灌溉区有不同的称谓,包括管理区、保护区、复垦区、控水区和淡水供应区。尽管他们有着不同的组织形式和职权,但灌溉水资源的分配彼此之间均是相同的。一些灌溉区也履行其他职能,如水力发电、排水和防洪等。灌溉区是根据国家法律的特别规定形成的,享有政府或准政府的地位,同时在税收和公共责任上拥有一定程度的合法自治权。在西部,通过灌溉区分配的水资源占到用水量的大约一半,这给当地带来了经济活力和政治影响力。

1. 灌溉区的形成

从 1887 年加利福尼亚州的《莱特(Wright)法案》开始,西部诸州就开始以法律授权的形式形成灌溉区。法律明确了灌溉区的组织形式、权力和灌溉区成立的目的。通常情

---

① 见 Fulghum v. Town of Selma,76 S. E. 2d 368 (N. C. 1953)。

② 见 Hansen v. City of San Buenaventura,729 P. 2d 186(Cal. 1986)和 Southgate Water District v. Denver,862 P. 2d 949 (Colo. App. 1992)(虽然市政服务是公共事业,但是法律却规定其免受城市公共事业监管委员的监管)。

况下,灌溉区是根据当地土地所有者或选民的请愿书形成的。有时请愿书的请求事项可以在州法院听证程序后得以实现,但通常选举是必须的程序。当然也有例外情形,即立法机关不经过选举或当地居民的同意即可成立灌溉区。

为了一定区域土地能够获益,当需要当地全体居民共同参与灌溉区项目,工程才是切实可行的时候,不情愿加入灌溉区项目的土地所有者会被迫参加进来。挑战灌溉区形成的持反对意见的土地所有者始终都是不成功的。①

2. 灌溉区的福利

通过行使对灌溉区范围内所有财产进行评估征税的权力,灌溉区在历史上曾经为灌溉工程建设提供了有效的资金支持。灌溉区的形成有助于解决长期困扰西部干旱地区的资本形成问题。政府机构给灌溉区的福利,比如税收减免、出售免税债券等,激励人们进行灌溉区的建设。然而,如果形成灌溉区是为了政府设定的目标,如提供灌溉水资源,然后又从事其他的经济活动,这可能使灌溉区失去其免税资格。基于在水资源供给中实质上扮演了独一无二的角色,灌溉区(或城市)也可能免于政府的起诉。

在联邦复垦项目中,大部分灌溉区创建背后的最大动力就是政府提供了参与的工具。联邦复垦计划开始于 19 世纪和 20 世纪的世纪之交。该水利项目惠及了美国西部多数灌溉农业区,见第 9 章的 9.4。起初,联邦政府打算直

---

① 例如 People ex rel. Rogers v. Letford, 79 P. 2d 274 (Colo. 1938)(将非灌溉区收取税费纳入到城市供水范围不违反正当程序原则); Fallbrook Irrig. Dist. v. Bradley, 164 U. S. 112 (1896)(支持《怀特法案》中关于反对正当程序的合宪性)。

接运营该项目,但1992年法律授权联邦政府与灌溉区签订对已完成项目进行管理、运营、维护以及从灌溉区调配水资源的合同。灌溉区一般必须同意通过征收评估并向用户收费偿付项目成本。

3. 水权所有者

灌溉区,而非灌溉区的原居民,拥有可以行使的水权。用水者(灌溉区)的权利主要根据合同的约定。[1]

4. 董事会的选举

灌溉区的董事会成员通常选举产生。在一些州,某些类型的灌溉区(如管理区)规定了当选的人员。在一个地区的选举中可根据每个选民和土地所有者种植面积的拥有量加权投票。

灌溉区的投票不受宪法第十四修正案平等保护条款下一人一票原则的约束。在 Ball v. James 案[2]中,在多功能区有限的土地所有者只有有限的投票权,并允许土地所有者按拥有的土地数量投票,每英亩一票。原告是那些拥有土地数量不足一英亩的人们,他们诉称委员会的权利(征收财产和销售免税债券)和非灌溉的利用目的(给大城市菲尼克斯提供水电)将会受到非土地所有投票者的影响,因此他们要求给予投票权。遵循在 Salyer Land Co. v. Tulare Lake Basin Water Storage District 案[3]中确立的规则,法院反对特定的灌溉区可以限制土地所有者的投票选举权。在

---

[1] 可见 Bryant v. Yellen, 447 U.S 352 (1980)(根据州法律,《博尔德峡谷工程法案》规定"现有完善权利"的满足条件保护了私人用水者的权利)。

[2] 见 Ball v. James, 451 U.S. 355 (1981)。

[3] 见 Salyer Land Co. v. Tulare Lake Basin Water Storage District, 410 U.S. 719 (1973)。

Ball案件中,法院认为,如果一个灌溉区的水资源利用目的受到限制,并且其活动极大影响了土地所有者,那么投票的限制和法定的目的需要形成一定的"合理关系"。因此,在某些灌溉区,少数大型的土地所有者能够控制选举的结果。

Ball案和Salyer案是著名的案例。由于相当多的居民关注并支付了灌溉区的供水和卫生服务费用,所以一些州法律剥夺没有土地居民的选举权是违宪的。[1]

5. 财政方面

灌溉区有权通过评估财产、征税、用水收费和销售等业务来增加收入。灌溉区财政收入权力需要国家法律的授权。例如,科罗拉多州"管理区"的征税范围覆盖州所有土地,而在"灌溉农业区"的征税范围仅包括应税的灌溉土地。按灌溉区收益的一定比例收税是没有必要的。[2] 州法律允许在征收过程中根据土地价值或土地类型(如面积大小或土壤类型),对所有土地进行应税税额的评估。一些灌溉区对每一英亩土地设置固定的应税评估价格。政府债券几乎可以在所有灌溉区发行,也正是这样的政府机构才促使大多数早期灌溉区的形成。[3]

对用户收取的水费有时是根据用户的实际用水量收取的,也可能是除税收和估价之外的费用。

6. 职能

灌溉区刚开始时职能相当简单,其唯一目的就是提供

---

[1] 见 Bjornestad v. Hulse, 281 Cal. Rptr. 548 (Ct. App. 1991)。

[2] 见 Millis v. Board of County Comm'rs of Larimer County, 626 P. 2d 652 (Colo. 1981)。

[3] 见 Sullivan v. Blakesley, 246 P. 918 (Wyo. 1926)。

灌溉用水,但随着发展,很多灌溉区开始承担诸如水力发电、休闲娱乐、排污、防洪、市政卫生和工业供水的职能。例如,致力于服务亚利桑那州的大都市菲尼克斯的盐河农业升级项目和电力区,该项目就占用所有电力销售收入的98%。复合功能的灌溉区管理也导致不同的利益群体之间的冲突,但是灌溉区用水者可能感觉他们的利益保障是次要的,如果不考虑灌溉区建立时的最初立法目的。

尽管灌溉区通常被认为是"州政府的下属职能部门",但灌溉区因兼具公有和私有的双层属性,因此可享受两个属性带来的好处。它们的公有性使它们能从监管部门那里获得免税、享有一定征税的权利和其他的税收优惠,同时其私有性质又使它们享有业务上的灵活性,一定程度上可以独立于监管机构和选民。在前述的 Ball 案中,最高法院判决盐河项目区不但是一个"政府实体",而且还是一个能提供给消费者服务的"工商企业"。因为拒绝支付高昂的联邦政府融资复垦项目费用和不愿改变灌溉区的原来功能,许多州的立法机关可能需要重新评估灌溉区在政治和经济生活中的地位。

11.2.4 市政用水区

有些州也设立了针对解决城市用水采购问题的特殊区,这些区域与灌溉区没有必然联系。它们类似于从"灌溉区"引水并运输传送,之后提供给多家自来水公司、市民和大型用水企业。科罗拉多州广泛采用"公共用水设施区"作为运输水的工具,同时为房地产商提供水资源和污水处理基础设施。开发者形成一定用水区域后,转而为将来的房主提供运营服务。加利福尼亚州已经通过授权立法形成这种被称为城市供水区和补给区的特殊区域,来管理地表水的输入、执行关于地下水资源的工程判决、控制抽水的年利润、输入供应和防止海水倒灌。① 虽然在给新增用水者提供服务时,市政供水区可以根据水资源的短缺额行使自由裁量权,但是市政供水区不能限制新增用水者的数量,只能限制其用水规模。②

---

① 可参考本书第 6 章的 6.5。

② 见 Swanson v. Marin Mun. Water Dist., 128 Cal. Rptr. 485 (Ct. App. 1976)。